페미니즘의 도전

정희진 지음

페미니즘의 도전

한국 사회 일상의 성정치학

교양인
GYOYANGIN

15주년 기념판 머리말 • *8*

개정증보판 머리말 • *14*

머리말 • *28*

| 1부 |

"태초에 목소리가 있었다" —————————— *51*

위험한 여성들 | '대중적인' 여성운동가? | 개인적인 것이 정치적인 것이다 | 협상과 공존의 사유, 페미니즘 | 공략하지 말고 낙후시켜라

어머니는 말할 수 있을까? —————————— *67*

어머니가 없는 사람들 | 움직일 수 없는, 변할 수 없는 여성 | "성(姓)을 갈다", 어머니의 섹슈얼리티 | '더러운' 노동, 불가능한 임무 | 혐오스런 아줌마, 신성한 어머니

여성주의, '가장 현실적인' 세계관 —————————— *87*

여성주의가 필요한 이유 | 말과 성차별 | 여성주의 언어란 무엇인가 | '위안부 누드'의 지배 에로티시즘 정치학 | 여성 정치인 시대? | 공주는 여성일까

사랑과 섹스 —————————— *116*

남자는 외롭다? 여자는 더 외롭다! | 여성의 섹스, 남성의 섹스 | 다이어트와 섹스 | 스와핑에 대하여 | 여관의 정치경제학 | 늑대와 여우의 사랑? | 그들이 '화학적 거세'를 선호하는 이유

| **2부** |

가정폭력의 정치학 ————————————————— *147*

    진보와 보수는 누구의 전선인가 | 진보의 개념을 넓히다? | 인류 공통의 역사, 가정폭력 | 가정은 사회가 아닌가 | 무엇이 정치적인 문제이고, 그것은 누가 정하는가

'피해자다움'이라는 성역할 ————————————— *161*

    피해의식은 남성의 전유물 | 남성 언어로 말하기의 고통 | 피해자 중심주의와 여성 범주의 딜레마

여성의 눈으로 다시 보는 인권 ————————————— *169*

    누가 인간인가? 그것은 누가 정하는가? | 성폭력 가해자의 인권? | 개인적인 것은 왜 정치적인 것인가? | 여성 인권 문제와 탈식민주의 | 인권의 시각에서 다시 묻는 여성 차별과 폭력 | 무엇이 인간의 권리인가?

나이 듦, 늙음 그리고 성별 ————————————— *200*

    한국 사회의 연령주의 정치학 | 여성의 늙음과 남성의 나이 듦 | 여성의 순환에 의존하는 남성 질서 | 영화 〈집으로〉와 〈죽어도 좋아〉의 여성 노인 | 몸에 새겨진 계엄령

| 3부 |

'성판매 여성'의 인권 ———————————— *221*

성매매, 근절과 허용의 크레바스로부터 | '무엇을 할 것인가'
가 아니라 '무엇을 문제라고 보는가' | '성판매 여성'이라는 범
주 | '강제'와 '동의'의 구분은 '중요하다' | 권력은 듣는 자에
게 있다 | 성과 사랑은 노동이어야 한다

성매매를 둘러싼 '차이'의 정치학 ———————— *240*

국가, '포주'에서 '보호자'로 | '성판매 여성'과 '페미니스트' |
왜 구매자인 남성의 이름은 없는가 | 성폭력, 인신매매로서 성
매매 | 성 노동자로서 성판매 여성 | '제국'적 상황, 성폭력과
'성 노동'을 넘어서 | 여성 억압을 누가 말할 것인가?

군사주의와 남성성 ————————————————— *260*

〈알 포인트〉의 근대성과 남성성 비판 | 군사주의와 성별화된
시민권 | 한국 '평화운동'의 군사주의와 남성성 | 남성 섹슈얼
리티와 군사주의 | 남성 연대 대신 타자와의 연대를

글로벌 자본주의와 남성성, 폭력의 시장화 ———— *294*

오래된 논쟁, 폭력의 '이유' | 남성 실업과 폭력의 산업화 | 폭
력의 시장화와 노동 개념의 변화 | 국가의 탈영토화와 국민에
대한 방치 | 인간—개인, 타자, 잉여로

후기 • *311*

주석 • *316*

참고문헌 • *325*

계속되는 도전, 또 다른 도전

고통은 삶의 조건이 아니라 사는 방식이다.
— 글로리아 안살두아, 《Borderlands/LA Frontera》

다른 분야의 책들과 달리 여성주의 책의 서문들은 특정한 경향성이 있다. 여성주의의 세례를 받은 저자들의 감격과 '간증', 정의감과 분노, 지성, 성찰의 다짐 등이 그것이다. 여성주의가 주는 힘(empowering), 용기, 다른 삶을 향한 상상력, 인생 재해석, 자매애……. 나 역시 여전히 그러하다. 멋지고 아름다운 서문을 쓰고 싶다. 글머리에 인용하고 싶은 여성의 역사와 '말씀'은 또 얼마나 많은가.

그러나 이 글을 쓰고 있는 2020년 6월, 내 마음은 가볍지 않다. 지난 5년간 한국 사회에서 일어난 여성주의의 확산과 변화, 군 위안부 운동 논란, 팬데믹……. 믿어지지 않는 현실들이 공기를 채우고 있다.

이 글은 《페미니즘의 도전》의 세 번째 서문이다. 2005년 초판,

2013년 개정증보판, 그리고 2020년 올해 15주년 기념판. 15주년 이든 20주년이든 '생일'이 중요하다고 생각하지 않는 나는 이 상황이 민망하다. 물론 감사한 일이다. 한국 사회에서 '국내 필자의 여성학' 책이 절판을 면하고 15년을 버텼다는 사실은 일종의 사회적 현상이라고 생각한다. "페미니즘의 교과서", "현장(local)의 페미니즘" 등 과찬도 들었고, 2018년 〈한겨레〉 창간 30주년 특집 기획 '책으로 본 한국 사회 30년'에 선정되기도 했다. 모두 감사한 일이지만, 지금 내가 쓰고 있는 세 번째 서문의 의미는 단 하나다. 지난 15년간 한국 사회가 얼마나 바람직하지 않은 방식으로 급변했는가에 대한 일종의 기록으로서 가치를 지니기를 바란다.

많은 이들이 지금 한국 사회가 여성의 목소리로 폭발 직전('페미니즘의 대중화'), "여자들 세상"이라고 한탄하거나 분개하지만 여성의 현실은 변화한 것이 없다. 신자유주의 시대 젊은이들의 공정성 요구가 여성들의 경우에는 페미니즘으로 이어진 측면이 크고, 여성의 자각과 목소리가 '가시화'된 것뿐이다. 글로벌 자본주의와 독특한 남성 사회인 한국 문화에서 여성에 대한 폭력, 여성의 급여, 여성의 노동량, 여성 장애인, 여성 노인, 성 소수자, 가난한 여성들의 상황은 달라진 것이 없다. 아니, 더 악화되었다.

여성운동 경력을 발판 삼아 국회에 진출한 더불어민주당 소속 여성 국회의원들이 차별금지법에 소극적이라는 사실은 지난 15년 동안 한국 사회에서 여성의 지위 변화를 상징한다(열 명의 발의 의원 중 단 두 명만이 민주당 소속이다). 어떤 여성의 지위가 변했는가? '키보드 페미니즘'이 여성주의 언어를 대신하고, 여성주의조차 신자유주의 시대 우중화 대열 선두에 섰다. 난민을 거부하는 페미니스트, 트랜스젠더 여성의 여대 진학을 반대하는 여성들, 여성학 수업에서 왜 여성만 다루지 않고 젠더를 다루냐며 항의하는 여성들, 이미 여자로 태어났는데 왜 여성주의를 공부해야 하는지 스스로 의문에 시달리거나 나에게 항의하는 여성들도 많다.

"이제까지 철학은 세계를 해석하기만 했다. 앞으로 철학은 세계를 변혁할 것이다." 한때 우리를 열광시켰던 이 말은 포스트 마르크스주의자들에 의해 바로 반박되었다. 지금 세상을 다르게 해석하는 자체가 변혁이라는 사실, 담론의 힘을 모르는 이는 없다. 여성주의는 이론과 실천, 물질과 언어의 이분법을 비판하고 새로운 언어가 곧 사회 변화임을 보여줌으로써 인류의 앎과 삶에 혁명을 가져왔다.

그런 의미에서 여성주의는 그 어떤 사유, 사회운동보다 '언어, 지식, 공부'와 맺는 관계가 특별하다. 대개 비판적으로 사용하는 '강단 페미'라는 말도 어불성설이다. 강단 페미는 많을수록 좋다. 교실이든 아니든 모든 곳이 실천의 현장이기 때문이다. 오히려 한국 사회의 문제 중 하나는 지식 사회에 페미니스트가 너무나 부족하다는 것이다. 페미니즘을 인식하고 공부하는 행위 자체가 사회운동이다. 더구나 신자유주의 시대의 빈부 양극화는 지성의 양극화로 이어지고 있다. 또한 모든 양극화 현실 자체가 비가시화되어, 우리는 이 사실을 알기조차 어렵다.

여성운동의 기본 목표는 여성이 가족, 국가, 민족 등 남성 사회가 원하는 성역할 규범에서 벗어나 독립된 인격체로서 존재하는, 여성의 인간화였다. 이것이 이른바 해방적 의미에서 자유주의 페미니즘이다. 그러나 신자유주의 시대의 개인은 남녀 할 것 없이 고립된, 이기적인, 단절된 개인을 의미한다. 지금 페미니즘은 계몽으로서 자유주의와 새로운 통치 방식으로서 신자유주의, 두 가지 문화에서 말하는 '개인의 이중적 의미'의 경계에 서 있다. 그 어느 시대보다 말과 지성이 절실한 이유다. 채찍으로 통치하던 시대가 있었고, 이데올로기로 통치하던 시대가 있었다면, 지금은 개인의 자아를 생산하는 미디어와 권력의 방치로 지배가 이루어지고 있다. 신자유주의와 팬데믹의 시대, 우리는 무엇을 할 것인가. 페미니즘은 이 상황에 어떤 방식으로 개입할 것인가.

《페미니즘의 도전》이 아니더라도 논쟁의 도구가 되는 책이 많이 출간되기를 바란다. 2005년 출간된 이 책에는, 지금도 치열한 쟁점이 되고 있는 '피해자 중심주의'의 의미와 오용에 대한 비판이 담겨 있다. 그러나 여전히 그 단어는 '신생어'이다. 성폭력 사건에서 피해자 중심주의 문제와 군 위안부 사안에서 생존자의 증언의 중요성을 언급하는 데 사용하는 피해자 중심주의는, 전혀 다른 차원의 개념이다. 사회적 약자는 자기 투쟁의 역사를 기억하지 못하고 처음부터 시작하는 사람들이다. 이러한 예는 수없이 많다.

서두에 인용한 페미니즘 사상가 글로리아 안살두아는 라틴계 미국인인데, 고통(pain)이 선택도 방식도 아닌, 생존의 조건임을 역설한다. 고통과 통각(痛覺)은 우리를 살아 있게 하는 방식이다. 고통을 못 느낀다면 우리는 문제를 해결할 수 없다. 인간에게 앎은 마치 거북이에게 등처럼, 사는 방식이다. 논쟁을 피하려고 할 때, 타인의 말을 억압할 때, 그 억압에 저항하지 않을 때 우리는 더 큰 고통을 맞게 된다. 더구나 내가 느끼는 신자유주의 시대의 두려움은 그 고통이 인류 전체가 아니라 약자에게 더 가혹하다는 사실이다. 예전과 달리 '전쟁과 전염병'의 피해자는 모든 인류가 아니다. 신자유주의가 선택할 수 있는 사안이 되었다. 면역력, 건강 약자는 계급 문제가 된 지 오래다.

이 책이 출간된 이후 나는 열 권에 이르는 단독 저서를 모두 교양인에서 냈다. 교양인 편집진의 실력과 성실성이 아니었다면 내 글은 세상으로 나오지 않았을 것이다. 편집자는 첫 번째 독자이다. 훌륭한 첫 독자와의 만남은 내 인생의 큰 행운이다.

독자들의 다양한 독후감에 감사한다. "어렵다, 아팠다, 깨달았다, 여러 번 읽었다, 나중에 의미를 알 수 있었다, 통쾌했다……." 욕설부터 반론, 공감, 지지, 질문까지 그들의 반응은 한국 사회의 거울이고 민낯이리라. 언젠가 그들의 독후감만으로 책을 출간하고 싶을 만큼 나는 매번 독자들에게 많이 배웠다. 민주주의는 완성될 수 없는, 완성되어서는 안 되는 추구의 과정이다. 도전이 한 번으로 끝나지 않는 이유다. 도전은 지속적인 모색이고, 사유이며, 자기 변화이다. 그런 의미에서 《페미니즘의 도전》은 나를 삶으로부터 도망칠 수 없게 만드는 진실한 친구이다.

2020년 8월
정희진

세상을 아는 방법, 인식론으로서 젠더

우리는 뼈를 딱딱한 것으로 인식하는 경향이 있다.[1]
— 저메인 그리어

앎의 경로, 삶과 개념의 불일치가 의미하는 것

제주도에서 육지(한반도)로 이동할 때 가장 불편한 지역은 어디일까? 강의할 때 청중에게 물어보면 답하는 이가 별로 없다. 나도 제주에 사는 친구에게 듣기 전까지는 알지 못했다. 얼마 전 어느 마을 공동체 강의에서 한 여성이 답을 맞혔는데, 강의 후에 주최 측이 그가 장애아를 키우고 있다고 말해주었다. 그 여성은 이동권(移動權) 전문가일 것이다.

제주도에서 출도착이 가장 불편한 도시는 '교통의 요지'인 대전이다. 공항이 없기 때문이다. 가까운 공항은 청주공항이나 김포공항이다. 둘 중 하나를 거쳐 다시 버스나 기차로 이동해야 한다. 선박을 이용해도 마찬가지다.

대전은 남한 영토 중 지리상 중앙으로 여겨져 기업이나 단체의 전국 모임이 열리는 경우가 많다. 서울은 모든 면에서 그렇지만 특히 대전행이 편리하다. 서울역에서 대전행 고속 철도(KTX)의 배차 시간은 서울의 지하철 배차 간격과 거의 비슷한 정도다.

서울과 대전 사이는 이동에 필요한 제반 물리적 조건과 수치상의 실제 거리, 심리적 거리가 일치한다. 제주에서는 이 세 가지 거리가 모두 다르다. 실제 거리만 보면 제주-서울보다 제주-대전이 가깝다. 그러나 이동 방식의 번잡스러움과 불편함 때문에 객관적인 가까움은 의미가 없다. 한번 가려면 마음의 부담이 커서 심리적 거리감은 실제 거리보다 훨씬 멀게 느껴진다. 다른 이유지만 서울에서 평양이나 청진이 도쿄나 뉴욕보다 멀게 느껴지는 것과 비슷하다.

서울에서 대전까지 가는 사람은 자기 경험과 거리 개념이 일치한다. 인식론적 혼란이 없다. 이때 사람들은 세상과 자신이 일치한다고 느낀다. 의문을 품을 필요가 없거나 의문을 제기하기 어렵다. 그뿐만 아니라 의문을 제기하는 사람을 이해하기 힘든 위치에 서게 된다. 익숙하고 당연하니 자연스럽다고 생각하고 살면서 자기 경험이 보편이라고 여기기 쉽다. 그렇게 생각할 수 있는 근거는 그저 서울에 산다는 사실뿐이다. 우연히 얻은 기득권과 이 사실에 대한 무지와 둔감함이 몸과 생각을 편안하게 하는 것이다.

이에 반해 실제 거리와 이동 거리, 체감 거리가 모두 불일치하는 경우 객관적 거리 개념은 존재하지 않게 된다. 이때 다음과 같은 세 가지 정도의 '선택'이 있을 수 있다. 첫째, 불편을 당연시하거나 알아도 체념하는 경우. 나를 포함한 대부분의 사람들은 이렇게 산다. 두 번째, 서울 중심주의로 인한 교통의 불편함 그리고 이 불편에 대한 서울 중심적 해석에 문제가 있다고 생각하지만, 어떻게 대응해야 할지 모르는 상태. 저항 의식과 체념의 공존, 이러한 분열은 어떤 면에서 당연하고 건강한 것이다. 세 번째는 적극적으로 의문을 제기하고 그 질문을 다른 차원으로 확대 재생산하는 경우다.

'서울', '대전', '제주'를 실제 지명으로 한정해서 생각할 필요는 없을 것이다. 이는 현실이기도 하지만 비유와 상징이다. 이 글은 주류와 비주류, 소수와 다수의 경계는 항상 불안정하며, 다시 그어지고 지워지기를 반복한다는 것을 전제하고 있다. 누구도 어딘가에 영원히 속하지 않는다. 거리(장소, 공간……) 개념은 '킬로미터'라는 수치가 아니라 정치적, 문화적, 사회적 산물이다. 위 사례는 우리가 객관성(과학, 중립, 보편, 사실……)과 관련한 인식 제반의 문제를 입체적으로 이해하는 데 도움을 준다.

여성이나 여성주의에 무관심하면서도 '여성주의의 나아갈 길을 제시'하면서 뭔가를 주문하고 지도하려는 여론이 있다. 그중 대표적인 것이 "여성의 권익 요구에만 '머물지 말고' 사회 전반에 걸쳐 약자의 정의에 관심을 가져야 한다."는 식의 언설이다. (하지만 실제 여성주의 실천이 이런 방식으로 나아간다면, 그런 말을 하는 사람들은 '극렬'하게 반대할지도 모를 일이다. 여성의 권익 요구, 그 자체는 이미 일상과 제도, 몸, 역사 모든 분야의 돌이킬 수 없는 변화를 동반하기 때문이다.)

어쨌든 이들의 요구(?)는 틀린 말은 아니지만, 틀린 말보다 더 심각하다. 하나 마나 한 이야기이자 무지의 산물이며 발언 자체가 무례다. 위 사례를 성별 범주와 구별되는 지역이라는 모순을 드러낸다는 의미에서 본다면, '여성'의 목소리가 아니라 '제주도 사람'의 목소리로 알 수 있는 것이다. 하지만 여성은 모든 곳에 속해 있다. 이 경우 제주 도민의 입장이기도 하고 제주 여성의 입장이기도 하다. 제주 여성은 제주 도민이 아닌가? 제주라는 범주와 여성이라는 범주는 배타적이지도 않고 독립적이지도 않다.

'제주의 관점'은 수많은 타자들의 '다른 목소리' 중 하나이다. '다른 목소리'는 우리 인식의 지평을 넓혀주고 풍요롭게 해주며 자기중심주의를 돌아보게 한다. 또한 모든 사람은 '다른 목소리'의 잠재적 주인공이다. 이것이 내가 생각하는 여성주의다. 여성주의는 양성 평등에 관한 주장이 아니라 사회 정의와 성찰적 지성을 위한 방법론이다. 그러므로 어느 누구도 여성주의를 공부해서 '손해' 볼 일은 없다.

특히, 논쟁이나 글쓰기, 말하기에 관심 있는 이라면 페미니즘을 공부하길 권한다. 논쟁은 승부를 가르는 일이 아니라 참여하는 사람의 입장(지식)과 그러한 입장이 형성된 과정을 교환하는 것이다. 지식 형성 과정을 상호 교환하면 논쟁은 그 자체로 공부가 되지만, 경험하다시피 그렇지 않은 경우가 대부분이다. 공부를 포기(?)하고 논쟁에서 '이기고' 싶다면, 상대방의 앎의 경로, 즉 상대방 논리의 전제를 파악하면 된다. 대부분의 사람들은 지배 담론 내부에서 지식을 획득하기 때문에 자신이 어떻게 알게 되었는지를 모른다. 페미니즘은 지식의 형성 과정, 권력의 작동 지형과 역사를 파악하는 데 결정적인 도움을 주는 학문이자 실천이다.

젠더, 성별 이슈에서 대안적 인식론으로

어느 사회나 젠더(gender), 성별 제도를 남녀 간 문제나 가정, 결혼, 연애 문제로 국한하려는 경향이 강하다. 그래서 젠더라는 분석적 용어보다는 연령주의와 성차별주의를 절충한 가부장제(patri-archy)라는 말을 흔히 사용한다. 가부장제는 연장자 남성 중심 사회를 의미하는데, 주지하다시피 지금 자본주의 사회는 부유한 계층 외에는 연장자 남성 중심이기는커녕, 그들을 존중하는 사회가 아니다.

젠더는 한 사회의 구조, 시스템, 규범, 법, 정책, 제도, 이데올로기, 문화, 물적 토대이다. 성별 분업 없이, 여성 노동 없이는 사회는 단 한 순간도 움직이지 않는다. 동시에 젠더는 계급 차별과 인종주의를 작동시키는 가장 중요한 기제이다. 물론, 젠더의 작동은 대부분 그리고 절대적으로 남성에게 유리하지만, 단일한 현상으로서 성차별이나 남성 중심만을 의미하는 것은 아니다. 젠더를 '여성 문제'로만 인식하게 되면, 성별은 사회를 구성하는 요소가 아니라 마치 종합 일간지의 스포츠, 연예, 노동, 환경, 정치, 경제, 생활, 패션 같은 분야처럼 사회의 한 분야로 간주되고, 피해 여성의 규모가 클 경우에만 '사회 문제'가 된다. 이것이 현대 사회에서 젠더가 다루어지는 작동 방식이다. 젠더가 사회 문제 중에 하나이거나 우연히 발생한 부수적 피해 내지 부산물 정도로 여겨지는 것이다.

그러나 젠더는 계급처럼 사회와 인간을 형성하는 가장 강력한 재료 중 하나며, 사회 문제를 재구성하고 재창조하는 가장 힘 있는 조물주(組物主)다. 기존 사회는 이런 인식에 무지하고, 인식한다고 해도 최대한 그 영향력을 외면하려고 한다. 이는 마르크스주의를 당파성, 실천과 같은 철학의 근본 개념을 바꾼 역사상 첫 번째 세계관으로 인식하기보다 '노동자의 불만' 정도로 폄하하는 것과 같다. 젠더를 남녀 간 갈등이 아니라 여성(소수자, 타자……)의 경험을 기반으로 한 사회 구성 원리나 재창조 원칙으로 인식한다면 젠더는 이슈나 소재가 아니라 새로운 세계관이 된다. 다만 마르크스주의처럼 '노동자'를 중심으로 구체적 경계를 설정하기보다 모든 경계 그 자체에 의문을 제기하는 사유라는 점에서 더 '모호'하고 맥락적이며 복잡하기 때문에 정의하기 어렵다.

젠더를 인식론으로 접근하면, 젠더는 '여성 문제(question)'가 아니라 '남성 문제(problem)'가 될 것이다. 이제까지 백인 남성이 써온 모든 역사는 학습과 숭배가 아니라 비판과 문제 제기의 대상이 될 것이다. 모든 주류의 상징으로서 '남성'은 인식 주체에서 인식 대상으로 강등되고, 그들의 경험과 언어는 기원, 본질, 보편자의 지위를 잃고 특수화, 사소화, 타자화될 것이다. 여성보다 두 배 많은 노동을 하면서도 2분의 1의 임금을 받을 것이며, 여성들의 섹스 상대로 사고 팔리며 죽임을 당할 것이다. 집에서 두들겨 맞고, 전시나 평시에 수시로 집단 강간당할 것이다. 놀라지 말자. 이는 그 누구도 바라는 세상이 아니고, 실현 불가능한 '공상 과학'이다. 단지, 젠더가 이슈가 아니라 인식론으로 인식되어 혁명의 '이론적 지침'이 될 때, 어떠한 변화가 일어날지를 잠시 상상해본 것이다.

젠더는 개별 학문이 아니라 일종의 관점이자 세계관이기 때문에 사람들마다 접근 방식, 설명 방식이 다를 수 있다. 나는 젠더를 세 가지 차원으로 '구분'해본다. 물론 이 세 가지는 대립하거나 동떨어진 것이 아니라 모두 연결되어 있지만, 논의의 편의상 분리해서 생각해보는 것이다. 이 세 가지 인식틀은 순서가 정해진 것은 아니지만, 젠더에 대한 문제의식이 이론적, 사상적, 정치적으로 발전하면서 등장한 문제 제기의 '순서'이기는 하다(서열과 순서는 다르다).

앞서 말한 것을 요약하면, 첫째, 성별 분업에 대한 문제 제기로서 여성주의다. 우리 사회에서 통용되는 여성주의는 대개 성별 분업, 즉, 성(차)별에 대한 자유주의적 평등 차원의 문제 제기다. 여성학 관련서들이 다루는 내용도 대부분 여성의 지위, 처지에 관한 것이다. 이 책 역시 여성주의적 인식의 '첫 번째 단계'인, 성차(별)에 초점이 맞추어져('머물러') 있다. 아니, '머물다'라는 표현은 적절하지 않다. 성차의 역사와 현실을 드러내는 투쟁만으로도 앞으로 5천 년은 더 써야 할 것이다.

두 번째는 사회, 인간, 자연을 구성하고 작동시키는 요소 혹은 분석과 파악의 원리(category of analysis)로서 젠더이다. 우리가 관계, 사회, 학문을 포함한 모든 대상을 인식할 때 젠더는 구조에 어떤 영향을 끼칠까? 젠더를 고려하지 않고는 이해할 수 없는 현상이 대부분인데도, 젠더 시각에서 사회를 분석하는 경우는 매우 드물다는 것이 여성주의의 문제의식이다. 이때 사회는 제대로 파악되지 못한다. 혹은 반대로 다른 문제(예를 들면 계급이나 인종)를 은폐하기 위해 젠더가 동원되는 경우도 있다.

세 번째 접근은 성별을 '초월'하여 새로운 대안적 인식론(meta gender)으로서 여성주의다. 마르크스주의, 생태주의, 평화주의, 공동체주의(서로 중복되기도 하고 상호 비판하기도 한다) 등등은 모두 현재 지구의 고통을 해결할 방법을 모색하는 데서 출발했다. 여성주의도 마찬가지다. 새로운 세계관, 인식론, 인식 방법론으로서 여성주의인 것이다. 대안적 인식론으로서 여성주의는 기존 사회의 궤도 밖에 존재하면서도, 사회의 궤도 수정을 돕는다. 인식 방식을 기존의 언어 질서 외부에서 찾는다. 선택지 밖에서 선택하는 것이다.

첫 번째 단계인 성차(별)에 대한 문제 제기로서 젠더는 크게 두 가지로 구분된다. 하나는 자유주의(liberalism) 자체이고, 다른 하나는 자유주의적 여성주의(liberal feminism)이다. 전자는 기존의 자유주의에 여성도 포함시키라고 요구하고, 후자는 자유주의적 원칙에 여성의 현실을 적용하려고 한다. 전자는 자유주의를 크게 훼손하지 않지만, 후자는 자유주의를 내파시키면서 자유주의의 모순을 스스로 드러나게 한다.

우리 사회에서 여성운동, 여성학, 여성주의라고 불리는 것들은 자유주의적 여성주의라 하기 어렵고, 대부분은 근대 민주주의, 자유주의, 휴머니즘 차원의 문제 제기이다. 문제는 자유주의 차원의 개인의 선택 존중, 즉 "남자도 간호사가 될 수 있고 여성도 트럭 운전사가 될 수 있다." "여성에 대한 폭력은 여성의 의사를 무시한 것이다." 등의 의견조차 과격한 여성주의로 여겨진다는 것이다. 위 사례는 엄밀히 말해 여성주의라기보다 개인의 의사 존중에 가깝다. 그런데도 과격한 주장, 심지어 시기상조라는 여론은 여성을 개인(인간)의 범주에 포함시키지 않는 인식의 단면을 드러낸다.

앞으로 우리 사회의 페미니즘이 성차에 대한 문제 제기를 '넘어' 사회 현상 자체를 파악하는 주요한 장치로서, '절망 사회'의 대안적 인식론으로서, 상상력의 마르지 않는 수원(水源)으로서 자리 잡기를 기대한다. 여성주의는 "흘러간 사상", "한때의 유행"이 될 수 없는 사유다. 여성주의는 고갈되지 않는, 깊이를 알 수 없는 유유한 수원이다. 현실이 바로 그 수원이기 때문이다.

우리는 남녀노소 인류 모두를 괴롭히는 자본의 고속 질주나 환경 파괴, 경쟁 중심의 세계관, 장애인과 노인, 약자 비하, 기아와 질병을 보는 다른 관점을 지닐 수 있을 것이다. 페미니즘을 남녀에 관한 이슈에 국한하지 않고 삼라만상(인식의 모든 대상)에 대한 새로운 사유 방식, 접근 방식, 논의 방식이라는 인식의 방법으로 이해한다면, 자신과 세상을 새롭게 변화시킬 수 있다. 우리는 현실에서 도피하거나 현실 반대에 그치지 않고, 현실을 인정하고 사랑하면서도 동시에 다른(alternative) 현실을 살 수 있다. 혁명은 사회를 바꾸는 것이 아니라 자기 자신을 재정의하는 것이기 때문이다.

범사에, 만사에 감사하며

늦은 개정판이다. 유명 필자도 아니고 페미니즘 책 중에서도 전형적이지 않으며 가독성도 높지 않은 책에 이 정도로 호응이 있을 줄은 몰랐다. 대개 이런 글에 등장하는 문구, "예기치 않은 과분한 사랑에 감사"드리고 싶은 생각은 없다. 감사하지 않다는 것이 아니라 그런 방식으로 생각하고 싶지 않다.

여성, 장애인, 이주 노동자, 성적 소수자 등 사회적 타자가 주류에 동화되기 위한 노력을 담은 이른바 '인간 승리' 류의 책이 아닌, "내가 왜 사회를 망치는 당신들과 같아져야 하는데?"라는 식의 태도를 가진 글을 누가 선호하겠는가. 사회적 통념을 비판하고 자신의 목소리를 내면서 일시적이나마 정체성의 정치를 지향하는 책의 독자는 그 공동체 구성원의 100분의 1도 넘기 어렵다고 생각했다. 여성이라고 다 페미니즘에 관심이 있는 것은 아니다. 주지하다시피 "페미니즘은 재미없고 뻔하다."라는 고정관념도 여전하다. 그런 의미에서 이런 식의 글쓰기가 조금 눈길을 끌었다고 한다면, 우리 사회의 변화를 반영하는 것이라고 생각한다.

이번에는 기존 내용을 다소 첨삭하고, '글로벌 자본주의 시대의 젠더'를 주제로 한 글을 새로 넣었다. 말 그대로 급격하고도 본질적으로(radically) 재구성되고 있는 작금의 자본주의와 국민국가의 변형을 고용의 종말, 폭력과 남성성을 중심으로 쓴 글이다. (이 글은 계간지 〈문학동네〉에서 '묻지마 폭력'을 주제로 청탁받아 쓴 글을 수정한 것이다.)

힐러리 클린턴의 여성 리더십에 관한 연설 중에 여성 지도자의 가장 중요한 자질은 "감사하는 능력"이라는 내용이 있다. 내가 '지도자'를 지향하는 타입은 아니지만, 이 말을 들었을 때 평소 내 생각과 너무 같아서 힐러리가 마치 내 친구라도 된 것처럼 흥분한 적이 있다.

우리 사회에서 서른다섯 살이 넘은 여성이 공적 영역에서 건강하게 보람을 느끼고 자존감을 지키면서 일하기(버티기)란 쉽지 않다(이 글의 주제는 아니지만, 물론 남성도 쉽지 않을 것이다). 여성은 결혼 여부와 관계없이 가정과 일터에서 이중 노동을 요구받는 데다, 동료 남성보다 기회는 적으면서도 능력과 노력이 몇 배로 필요하다(혹은 그래야 한다는 압력을 받는다). 자신의 현실에 만족하기 어렵고, 언제나 부족하다는 결핍감과 누군가에게 미안하다는 죄책감에 시달리기 쉽다.

도와주거나 지지하는 이들은 적고, 힘들면 그만두라고 '조언'하는 이들은 많다. 왜 어떤 이들은 열심히 하라고 격려받는데, 왜 어떤 이들은 힘들다는 하소연을 조금만 내비쳐도 기다렸다는 듯이 그만두기를 '격려'받는가? 우리 사회는 특정한 나이, 계급, 성별의 사람만이 사회 무대에 등장해야 한다고 생각하는 사람들이 의외로 많다. 공적 영역은 잘 차려입은 사람들만의 파티장이라도 된단 말인가?

나 역시 능력, 건강, 성실성, 관계 모든 면에서 부족하다고 느낀다. 아니, 실제로도 부족하다. 이러한 자신에 대한 감정적 고문은 겸손을 의미하는 게 아니다. 더 노력해야 한다는 지친 채찍질이다. 당연히 행복감, 만족감, 감사하는 마음을 잃기 쉽다. 여성들은 '피로 사회'뿐 아니라 '피로 가정', '피로 자아', '피로 무의식', '피로 관계'…… 속에서 살아간다.

여성의 피해를 논하는 것이 아니라 조건이 열악한 사람은 누구나 타인과 사회에 고마운 마음을 지니기 어렵다는 이야기다. 이 모든 어려움을 돌파하는 데 여성주의 인식만큼 중요한 것이 감사하는 마음이다. 내 처지가 어떻든 간에, '지금, 여기의 나'는 수많은 사람들의 희생과 양보의 결과다. 이것이 세상의 원리다. 그래도 나를 조금이라도 도와주는 사람들에게, 적극적으로 방해하지는 않는 사람들에게, 단 한 사람일지도 나를 격려하는 사람에게, 그래도 변화한 '성 평등'의 현실 앞에, 이 체제에서도 세상과 자신을 속이지 않고 살아가는 수많은 성실한 사람들에게, 육체적·심리적 질병과 사투를 벌이고 있는 동지들에게 그리고 무엇보다 자기 자신에게 감사하는 마음이 절대적으로 필요하다.

감사는 예절이나 긍정적 태도, 마인드 컨트롤이 아니라 세상에 대한 접근 방식이다. 비판 의식은 자신이 속한 공동체에 대한 애정과 감사, 겸손한 마음에서 출발해야만 가능한 것이다. 나는 매사에 불만이 많은 데다 완벽주의를 욕망하는 타입이어서 사는 게 힘겹긴 하지만, 잠들기 전에 "고맙습니다, 감사합니다."라는 말을 반복한다. 좌절할 때마다, 나 자신에게 실망할 때마다, 외로울 때마다 반사적으로 "고맙습니다." 하고 되뇐다.

세 명의 여성에게 감사한다. 이 책의 제2의 저자, 교양인 한예원 대표에게 감사한다. 윤정숙 선생님(아름다운재단 前 상임이사)은 나를 조절하거나 수정하지 않고도 타인에게 있는 그대로 수용될 수 있음을 경험하게 해준 유일한 분이다. 그는 나를 온전히 받아줌으로써 내게는 드물고 절실한 시간, 생각의 자유를 허락한다. 그리고 엄마 신계희 루시아(1938~2011). 나는 의미를 추구하고 사람들에게 마음을 다하는 인간이 되고 싶다. 엄마에게서 배운 것이다. "엄마, 매일 매일 보고 싶어요. 심장이 뛸 때마다 보고 싶어요."

2013년 1월 서울
정희진

소통, 경합, 횡단의 정치, 페미니즘

평화, 전쟁, 폭력, 인권과 관련한 연구를 하려면 고통의 문제를 다루어야 하는데, (나 자신을 포함하여) 고통받는 이들과 어떻게 대화하고 또 그것을 재현할 것인가는 어려운 주제이자, 두려운 문제이다.

얼마 전 친구와 평화학에 대해 이야기하다가, 그 친구에게 예전에 가정폭력에 관한 책을 낼 때, 내가 알고 있는 '진실'의 반밖에 쓸 수 없었다고, '거짓말'을 할 수밖에 없었다고 고백했다. 사람들이 '극단적인' 사례라고 하면서, 나에게 과장한다는 혐의를 둘까 봐 쓰지 못했고, "많은 여성들에게 상처는 폭력을 당하는 것이 아니라 사랑받지 못하는 것"이란 내 생각이, '당대' 여성주의적 '정치적 올바름'을 훼손시켜 피해 여성들에게 마땅히 돌아가야 할 복지 혜택이 중단될까 봐 쓰지 못했다고 말했다. 그리고 지적으로, 정치적으로, 감정적으로 나의 용량을 넘어서는 여성들의 이야기를 분석할

능력이 없어서 쓰지 못했으며, 깨닫게 될, 직면해야 하는 현실이 무서워서 떠오르는 생각을 회피하느라 쓰지 못했다고 말했다.

아는 것은 상처받는 것

일반적으로 대량 학살이나 집단 성폭력 같은 트라우마(끔찍한 정신적 외상)의 생존자들은, 고통을 겪은 자신과 고통을 말하는 자기 사이에서 분열한다. 자신의 고통을 믿지 못하는 청자를 위해 자기 경험을 조절하거나 의도적으로 망각해야 하기 때문이다. 고통 자체도 상처지만, 말하는 것은 그보다 더한 상처다. 그래서 말한다는 것은 묘사하는 행위가 아니라, 개입하고 헌신하는 실천인 것이다. 그런데 이야기를 듣고 있던 친구는 목격자로서 자아를 조절해야 했던 나의 괴로움을 위로해주기는커녕, "아니, 정희진도 못 쓰는 얘기가 있나?"라고 말하는 것이었다. 아마 그 책, 그리고 평소 내 이야기가 그에겐 이미 충분히 시끄러웠나 보다. "지금까지 이야기도 부담스러운데, 이것도 다 쓴 게 아니라구? 그럼, 얼마나 더 떠들어야 직성이 풀리냐?" 그는 이렇게 말하는 듯했다.

어떤 사람에게 절절한 상황이 다른 사람에게는 소설보다 더 비현실적으로 느껴질 수 있다. 사람들은 표준이나 평균을 현실이라고 생각하는 경향이 있는 것 같다. 사실, 평균이라는 것은 현실에서는 실제 존재하지 않는데도 말이다. 가부장제(인종주의, 계급 차별……)는 일종의 색안경이다. 이제는 너무 익숙해져서 육안이 되어버린 그 색안경을 벗어야, 여성의 현실이 보인다. 눈을 감아야 보인다. 나는 갑자기 색안경이 '벗겨져서' 눈이 먼 상태인데, 그는 이제 다 보이니 얼마나 좋으냐, 그러니 그만 보라고 말한다. 나는 아무 말도 못했는데, 내가 연단으로 나오는 사이, 세상은 내가(여성이) 말하려고 폼 잡는 것 자체에 이미 충격받은 듯했다. 나는 깊은 상처를 받았다. 평소 여성주의를 이해하는 동료라고 믿었던 그에게마저 그런 말을 들으니 정말이지 절망스러웠다. 그럼, '보통' 사람들은 나를 얼마나 이상한 사람으로 보고 있단 말인가!

그러나 곰곰이 생각해보니, 나 역시 최근 기지촌 출신 여성운동가 김연자 선생님이 쓴 자서전《아메리카 타운 왕언니 죽기 오분 전까지 악을 쓰다》(2005)를 읽고, 그와 똑같은 생각을 했음을 깨달았다. 저자의 치열한 삶에 충격받은 나는, 순간적으로 모든 발화 행위는 협상적 말하기라는 사실을 잊고, 그가 자기 이야기를 맘껏 다 했다고 생각한 것이다. 친구가 내게 한 타자화(他者化)를, 나도 똑같이 김연자 선생님에게 한 것이다.

내가 경험한 이 에피소드들은 앎이란 무엇인가를 질문하고 있다. 세상 지식이 모두 평등한 대우를 받는 것은 아니다. 여성, 여성주의에 무지한 것을 당당하게 생각하는 사람들을 자주 만난다. 아직도 여성주의를 아는 것 자체로 비난받는 경우도 흔하다. 어떤 지식은 아는 것이 힘이지만, 어떤 지식은 모르는 게 약이다. 두 경우모두 지식이 특정한 사회의 가치 체계에 따라 위계화되어 있음을보여준다.

그러나, 나는 안다는 것은 상처받는 일이어야 한다고 생각한다. 안다는 것, 더구나 결정적으로 중요하기 때문에 의도적으로 삭제된 역사를 알게 된다는 것은, 무지로 인해 보호받아 온 자신의 삶에 대한 부끄러움, 사회에 대한 분노, 소통의 절망 때문에 상처받을수밖에 없는 일이다. 미국의 페미니스트 생물학자이자 과학철학자인 도나 해러웨이(Donna Haraway)는 이렇게 말한다. "과학 지식은 목격에 관한 것입니다. 특정한 것을 안다는 사실은, 설명 가능성의 의미를 변화시킵니다. 목격은 언제나 해석적인, 우발적인, 예약된, 속기 쉬운 참여입니다. 목격이란 증언하는 것이고, 서서 공공연하게 자신이 본 것과 기술한 것을 해명하는 것이며, 자신이 본 것과 기술한 것에 마음의 상처를 받는 일입니다."

때문에 여성주의는 사람들을 '행복'하게 하지 않는다. 더욱이 편안할 수는 없다. 다른(alternative) 렌즈를 착용했을 때 눈의 이물감은 어쩔 수 없다. 여성주의뿐만 아니라 기존의 지배 규범, '상식'에도전하는 모든 새로운 언어는 우리를 행복하게 하지 않는다. 하지만 우리 삶을 의미 있게 만들고, 지지해준다. 여성주의는 남성과 여성 모두에게 자신이 어떤 존재인지 의문을 갖게 하고, 스스로 자신을 정의할 수 있는 힘을 준다. 대안적 행복, 즐거움 같은 것이다. 머리 좋은 사람이 열심히 하는 사람을 따라갈 수 없고, 열심히 하는 사람은 즐기는 사람을 이길 수 없고, 즐기는 사람은 고민하는 사람을 능가하지 못하는 법이다. 여성주의는 우리를 고민하게 한다. 남성의 경험과 기존 언어는 일치하지만, 여성의 삶과 기존 언어는 불일치한다. 남성 중심적 언어는 갈등 없이 수용된다. 하지만 여성주의는 기존의 나와 충돌하기 때문에 세상에 대해 질문하지 않을 수 없게 만든다. 그래서 여성주의는 여성만을 위한 것이 아니다. 남성에게, 공동체에, 전 인류에게 새로운 상상력과 창조적 지성을 제공한다. 남성이 자기를 알려면 '여성 문제(젠더)'를 알아야 한다. 여성 문제는 곧 남성 문제다. 여성이라는 타자의 범주가 존재해야 남성 주체도 성립하기 때문이다. (여성주의는 보편과 특수라는 이분법 자체에 문제를 제기하지만) 젠더는 특수한 문제도, 소수자 문제도 아니다.

서구 백인 남성 중심의 사고는 낡았을 뿐 아니라, 무엇보다 현실을 파악하기에도, 변화시키기에도 불가능한 체계(패러다임)이다. 기존의 모든 국가, 공동체, 종교 등 정치적 행위자의 갈등은, 정확히 말하면 남성들 간의 갈등을 의미한다. 바꿔 말하면, 이제 더 이상 남성의 시각으로는 성차별 문제는 물론이고, 빈부 격차, 환경 파괴, 폭력, 인종 증오, 근본주의 같은 인류가 직면한 고통을 해결하기 어렵다는 뜻이다. 남성 중심 사고의 기본 구조는, 세상을 인식자를 중심으로 대립적으로 파악하는 이분법이다. 이분법 사유에서는 독자적이고 자율적인 타자를 허용하지 않는다. 모든 타자성(他者性)은 동일성의 틀 안에서 만들어지고, 우월한 것만이 자율적으로 기능한다. 2, 3, 4를 허용하지 않는 것이다.

그리고 모든 이항 대립 논리는 거의 필연적으로 성별적으로 작동한다. 끝은 새로운 시작이듯이 낮과 밤은 순환하고 연결되며 상호 의존하는 것인데도, 가부장제 사유 체계는 그것을 대립으로 받아들인다. 낮과 밤의 구분이 모호한 해질녘 황혼과 동트는 여명이 아름다운 것은 경계의 시간이기 때문이다. 경계에 선다는 것은 혼란이 아니라 기존의 대립된 시각에서는 만날 수 없는 다른 세계로 이동하는 상상력과 가능성을 뜻한다. 대립은 서로를 소멸시킬 뿐이다.

장애, 나이 듦…… 다양한 사회적 모순과 페미니즘

사실, 앞에서 내가 사용한 '색안경', '렌즈', '본다'와 같은 비유는 시각 장애인에 대한 차별적 언어다. 만난다는 것이 반드시 본다는 것을 의미하지는 않는다. "언제 한번 보자." 이 말은 '볼 수 없는' 시각 장애인을 배제한다. "이 문제를 어떻게 '보세요'?" "살펴 '보니' 어떻습니까?" "왜 그렇게 '보는지' 모르겠어요." "여기를 '보세요'."…… 이처럼 비(非)시각 장애인의 언어에서는 아는 것과 보는 것이 밀접하게 관련되어 있다. 그러나 무엇이 보는 것이며 어떻게 아는가는 사람마다 다르다. 어떤 사람은 감촉으로 색깔을 본다. 어떤 사람은 읽지 않고 경험으로 안다. 비시각 장애인이 보고 있는 세계는 인간 세상의 일부분일 뿐이다.

여성주의자를 지향하는 나는 성차별 문제에는 민감한 편이지만, 그 외의 사회적 차별과 억압에 대해서는 얼마든지 그렇지 않을 수 있다. 몇 달 전 나는 한 인권단체에서 강의하던 도중, "시간이 없으니, 화장실 가실 분은 각자 다녀오세요."라고 말했다. 강의가 끝난 후, 어느 남성 지체 장애인이 내게 "선생님 말씀은 혼자서는 움직일 수 없는 저를 배제한 표현입니다."라고 비판했다. 나는 곧바로, "거기까지 생각을 못했습니다. 죄송합니다. 지적해주셔서 고맙습니다."라고 사과했다. 그러나 '고맙다'는 내 말은 다시 문제가 되었다. 그는 "그런 말을 들을 때마다 벽에 부딪치는 느낌이 듭니다. 선생님께서 알아야 할 장애 문제가 무궁무진한데, 이제 겨우 하나 안 거잖아요. 하나 알았다고 고맙다고 하는 것은, 아직 남은 문제에 대한 고민이 없다는 것처럼 들려서 기분이 좋지 않아요. 감사의 말은 헤어질 때나 하는 것입니다." 나는 당황하기 시작했다. 나도 모르게, '미안해요'라는 말을 또 할 뻔했다.

이후에도 나는 '실수'를 연발했다. 그는 내 친구와 동행이었다. 나는 내 친구에게 농담으로, "강의 장소가 가까워서 놀러 왔지?"라고 말했다. 비장애인에게 그곳은 10분이면 도착할 장소였지만, 내 친구에게 업혀서 그리고 전동 휠체어 타기를 반복하며 온 그에겐 한 시간이 넘는 거리였다. 장애인에게 거리 개념은 '객관적' 수치가 아니라, 접근할 수 있느냐 없느냐의 문제인 것이다. 나는 그들과 헤어지면서 '총체적인' 사과를 했는데, 그는 내 사과가 자신에게 직접한 것이 아니라 (마치 사람들이 여성에게 해야 할 사과를 그 여성의 애인이나 남편에게 하는 것처럼) 비장애인인 내 친구에게 대신한 것으로 '오해'하고, 나를 비판하는 이메일을 보내왔다. 물론, 그는 내내 정중했고, 가해자인 나를 배려했다. 잘못은 내가 했는데도, 그는 혹시나 내가 '상처'받지나 않을까 걱정하면서 조심스럽게 지적하는 모습이 역력했다. 내가 남성들에게 그러는 것처럼.

지금 생각하면 얼굴이 화끈거리지만, 심지어 나는 그 장애 남성에게 "어떻게(왜) 왔어요?"라는 질문까지 했다. 비장애인에게라면, 이 말은 그리 큰 실례가 되지 않는, 평범한 인사말 정도였을 것이다. 그러나 장애인에게는 같은 의미를 발생시키지 않는다. 모든 물음은 질문하는 사람의 사회적 위치와 사고방식을 반영한다. 질문 내용은 질문자의 입장과 관점을 내포하고 있기 때문에, 물음에는 이미 특정한 형태의 답이 전제되어 있다. 질문은 질문하는 사람의 교양과 예의뿐 아니라 권력을 드러낸다. 왜 여자들이 취업하려고 하지? 장애인도 애를 낳을 수 있나? 왜 노인이 사랑을 해요? 동성애자도 실연당해요? 흑인도 철학자가 될 수 있나? (이주 노동자에게) 왜 한국에 왔나? 이 같은 질문은 남성, 비장애인, 젊은 사람, 이성애자, 백인, 한국인에게는 해당되지 않는다. 어떤 사람에게는 너무나 당연한 권리가 어떤 사람에게는 설명하고 양해를 구해야 할, 혹은 용서받지 못할 욕망으로 간주된다. 이처럼 질문은 묻는 자와 답하는 자 사이의 사회적 권력 관계를 반영한다. 여성은 남성에게 "왜 그렇게 취업하려고 노력하니?"와 같은 질문은 하지 않는다.

평소 나를 '열 받게' 하는 비장애 남성과의 대화에서 나는 '여성'이지만, 장애 남성과의 대화에서 나는 장애 문제에 대해서 아무런 성찰 없는 '보통 비장애인'이었다. 다중적 주체인 우리는 상황에 따라 가해자가 되기도 하고, 피해자가 되기도 한다. 그러므로 사회적으로 자신과 '다른' 사람과 어떻게 관계 맺고 대화할지에 대한 고민은, '강자의 과제'만은 아니다. 나는 비장애인의 입장에서 그 장애 남성에게 편지를 썼다. 그 편지는 남성과의 관계에서 여성인 나 자신에게 보내는 것이기도 했다. "제가 잘못한 것을 배워 가고 있습니다. 그러나 어차피 지금 우리가 사용하는 모든 언어는 비장애 남성의 시각에서 구성된 것입니다. '정치적으로 올바르려면', 아무 말도 할 수 없습니다. 우리는 장애 남성과 비장애 여성이지만, 동시에 그렇지 않다고 생각합니다. 사회운동(대화)은 새로운 관계에 들어선다는 것을 의미하니까요."

우리 사회에서 가장 억압받는 사람은 누구인가? '가난한'+'장애'+'여성'인가? 장애 여성은 일주일에 3일은 장애인으로 살고, 나머지는 여성으로 살아가는가? 이런 식으로 불행을 경쟁하고, 가장 큰 피해자가 가장 올바르다는 논조의 질문은, 정치적으로 아무런 의미가 없다. 인간의 고통은 사회적 환경에 따라 '그때그때 다르다'. 여성주의 장애인운동단체인 '공감'에서 일하는 친구는 내게 이런 이야기를 해주었다. '공감'에서 레즈비언 인권 운동가를 초청하여 강의를 들었는데, 반응이 굉장히 좋았다고 한다. 강좌에 참석한 중증 장애 여성들은 자신보다 '못한' 처지의 사람은 세상에 없다고 생각했는데, 그런 자신조차 누군가에게 가해자(이 경우에는 동성애 혐오증)가 될 수 있다는 사실에 충격을 받으며, 자신의 사회적 위치를 복잡한 방식으로 생각하게 되었다는 것이다.

정체성은 본질적인 것이 아니라 사회적 관계와 맥락 속에서 구성된다. 모든 정체성은 차이를 가로질러 형성된다. 여성주의는 세상에 존재하는 수많은 의미 체계 중 하나이며, '여성주의자' 역시 나를 설명하는 다양한 정체성의 일부일 뿐이다. 여성주의는 세상 모든 고통을 해결할 수 있는 대안이 아니며, 그럴 수도 없다. 한국 사회에서 나는 여성으로 간주되지만, 미국에 가면 여성이라기보다는 아시아인 혹은 한국인으로 여겨질 것이다. 미국에서 여성은 중산층 백인 여성을 의미하기 때문이다. 나는 성역할 노동을 거의 하지 않으며, 노동 시장에서 남성들과 함께 일하지 않는다. 나는 대부분의 일상을 여성들과 보낸다. 주로 여성들과 지내는 내게 삶의 억압은 성차별이 아니라 나이, 계급 등 여성들 간의 차이이다. 마흔을 앞둔 나는 여성이라는 사실보다 나이 든다는 것이 더 두렵고, 우리 사회의 연령주의에 자주 분노하곤 한다. 이처럼 여성은 여성이기만 한 것이 아니다. 여성들은 계급, 인종, 민족, 나이, 장애 여부, 동성애자냐 이성애자냐 등의 성 정체성(sexual orientation)에 따라 각기 다른 종류의 억압을 경험한다. 예를 들어, 흑인 여성이 경험하는 사회적 고통은 페미니즘만으로 설명할 수 없으며, 어떠한 맥락에서는 인종주의가 성차별주의보다 더 우선한다. 일차적인 억압이 여성에 대한 남성의 억압이 아니라 흑인에 대한 백인의 억압이라면, 어떻게 백인 여성과 흑인 여성의 억압이 같은 방식으로 이론화될 수 있겠는가?

물론, 남성들도 같지 않다. 남성들 중에는 좌파도 있고 우파도 있고, 가난한 사람도 있고 부자도 있고, 지식인도 있고 그렇지 않은 사람도 있다. 그러나 남성들은 개인 혹은 인간으로 간주되지만, 여성들은 여성으로 여겨진다. 여성이나 페미니즘이 다 똑같다고 생각하는 것은 타자 내부의 '차이'를 인정하지 않는 억압이다. 여성들 간의 차이를 드러내는 것이야말로 여성 해방이다. 여성을 여성으로 환원하는 것이 가부장제이기 때문이다.

특히, 지금처럼 한편으로는 지역화되고 있으면서도, 다른 한편으로는 지구화되고 있는, 국가를 비롯한 기존의 모든 경계가 요동치는 지구화 시대에 여성의 지위는 일국 내 남성과의 관계만으로는 설명할 수 없다. 지구화는 사람들 간의 차이를 급격히 해체하고 재구성한다. 계급, 인종과 같은 여성과 여성의 차이, 남성과 남성의 차이는 남녀 간 성차별 문제와 긴밀하게 상호 작용하고 있다. 예를 들어, 한국 사회의 여성 노동 시장 구조는 소위 M자형(M curve)으로, 20대 미혼 여성의 취업률이 높고 30대에 육아와 출산으로 낮아지며 40대 이후 다시 (주로 비정규직 취업으로) 높아진다. 그러나 재중동포('조선족') 여성들의 한국 내 취업 구조는 한국 여성들과 다르다. 이들은 주로 식당, 가사 노동 도우미 등 서비스 영역에 고용되는데, 20대 미혼 여성보다 40대 여성이 선호되며, 취업률도 높다. 젊은 여성들은 한국 가족 내에서 성적 긴장을 유발하기 때문이다.

또 한국을 비롯한 아시아 각국의 기지촌에서 '남성'과 '여성'의 범주 역시, 세계 정세와 국가별 권력에 따라 변화한다. 아시아의 미군 주둔 기지 지역에서 남성은 미군을 의미한다. 현지 남성은 주둔 미군과의 관계에서 현지 여성에 대한 소유권, 주도권을 상실하거나 현지 여성의 성판매에 생계를 의존하면서 탈남성화된다. 지구화 이전 시기 한국의 기지촌에서 여성, 혹은 성판매 여성은 한국 여성을 의미했지만, 현재는 그렇지 않다. 주한 미군은 거리에서 성희롱 대상을 찾다가도 "한국 여자야." 하면서 발길을 돌린다. 한국 여성, 한국 남성, 미군 남성, 필리핀 여성 등 다양한 인종과 성별이 공존하는 한국의 기지촌에서 누가 여성이고, 남성인가라는 성별 정체성은 국적, 인종, 계급 등의 권력 작용에 의해 경합하게 된다. 여성은 '약자'일수록 여성으로 인식되며, 남성은 '강자'일수록 남성으로 간주된다.

페미니즘은 정체성의 정치를 벗어나야 하고, 실제로 정체성의 정치 그 이상의 세계관이다. 마르크스주의는 노동자만의 것이 아니라 인류 보편의 철학인데, 왜 여성만 페미니스트가 되어야 하는가. 퍼트리샤 힐 콜린스(Patricia Hill Collins)와 니라 유발데이비스(Nira Yuval-Davis)가 제안한 횡단의 정치(trans/versal politics)는 모더니즘과 포스트모더니즘 논쟁의 한가운데에 있는 유일-보편주의(uni/versalism)와 상대주의(relativism)(혹은 다중 보편주의poly/versalism)의 이분법에 대한 대안으로 제안되었다. 현재 자신의 정체성과 멤버십에 기반을 두면서도(rooting) 그것을 본질화하지 않으며, 타자를 동질화하지 않고 상대방의 상황으로 이동(shifting)할 수 있는 과정이 중요하다는 것이다. 이러한 형태의 대화가 횡단의 정치이다.

대화의 시작에서 동일성을 가정하고 일반화하는 보편주의나("우리는 같다.") 대화의 끝에서 지나치게 특수성을 강조하여 배제로 끝나는 상대주의("우리는 다르다.")가 아니라, 보편화하지 않는 특수를 지향한다. 차이를 보편으로 환원하는 것이 아니라, 차이로부터 기존의 보편을 끊임없이 해체하고 재구성한다. 정체성의 정치가 문제적인 것은, 사회적 범주와 사회적 그룹들을 동질화, 자연화하여, 경계의 이동과 내부의 권력 차이와 이해 갈등을 부정한다는 점이다. 횡단의 정치는 개인의 사회적 정체성과 그 개인이 지향하는 사회적 가치를 구별하며, 대화의 과정을 정치적 목표로 삼는다. 초월적 보편이 아니라 소통 가능한 보편을 지향하며, 기원이나 본질이 아니라 자신을 '오염'에 개방하면서 '오염'된 자신을 드러내면서, 움직이는 현실을 타고 넘나드는 것이다.

여성주의는 성별 관계뿐만 아니라 다양한 타자들과의 소통, 그리고 다른 사회적 모순과 성차별의 관계에 주목한다. 때문에 여성주의는 그 어느 정치학보다도 다른 사회적 차별에 매우 민감하며, 다양한 피억압자들에게 관심을 갖는 연대와 제휴의 정치이다. 여성이라는 범주, 여성 억압은 젠더만으로 구성되지 않는다. 인간의 고통, 사회적 불평등은 계급, 민족 등 어느 한 가지 사회적 요인만으로는 설명 불가능하다. 계급이든, 민족이든, 젠더 모순이든 모두 다른 사회 문제와 관련성 속에서 작동한다.

나는 몇 년 전 브라질에서 열린 국제 인권 회의에 참가한 적이 있는데, 그곳에서 흑인 여성운동가와 이야기를 나눌 기회가 있었다. 그는 나보다 피부색이 '희었지만' 자신을 흑인으로 강하게 정체화하고 있었다(정체성은 '임의적'인 것이다). 브라질은 전 세계에서 흑인 인구 비율(약 35퍼센트 이상)이 두 번째로 높은 나라로, 인종 차별이 심각하다. 그에게 페미니스트로서 어떤 점이 가장 힘드냐고 물었더니, 그는 이렇게 대답했다. "흑인 남성과는 여성 문제에 대해 이야기할 수 없고, 백인 여성과는 인종 문제에 대해 이야기하기 어렵다. 대화 상대가 없어 외롭다. 인종 없이 젠더는 작동하지 않으며, 젠더 없이 인종은 구성되지 않는다." 이처럼 상호 의존적인 사회 문제들 중에서 어느 하나만을 분리하는 것이 가능할까?

또한 어떤 것이 더 중요한, 더 본질적인 모순이라고 주장하는 기존의 남성 중심적 사유는 얼마나 비현실적인가.

인간은 누구나 소수자이며, 어느 누구도 모든 면에서 완벽한 '진골'일 수는 없다. 특히 한국 사회에서는 성별과 계급뿐만 아니라 지역, 학벌, 학력, 외모, 장애, 성적 지향, 나이 등에 따라 누구나 한 가지 이상 차별과 타자성을 경험한다. 중심과 주변의 이분법 속에서 자신을 당연한 주류 혹은 주변으로 동일시하지 말고, 자기 내부의 타자성을 찾아내고 소통해야 한다. 그런 의미에서 모든 사회운동은 부분 운동이다. 민주주의를 위해 필요한 것은 서로 다른 각자의 처지(차이)를 이해하고 소통하는 연대이지, (남성 중심의) 단결이나 통합이 아니다.

어떻게 전체 운동이 따로 있고, 부분 운동이 따로 있을 수 있는가? 그리고 전체와 부분을 나누는 기준은 누가 정하는가?

'여성'이라는 위치로부터, 매력적인 참고 문헌을 찾아서

유사 이래 모든 문학, 예술 작품의 지은이들은 '실연당한' 사람들이다. "나는 그를 버렸도다!" 이런 작품은 없다. 대부분의 예술은 "그가 나를 떠났구나."에서 시작된다. 상처를 준 사람은 상처에 대해 연구할 필요를 느끼지 못한다. 그러나 상처받은 사람은 그것의 구조와 원인, 역사를 규명하려 한다. 상대를 이해하려고 애쓰는 쪽은 언제나 '약자'이거나 더 사랑하는 사람이다. 때리는 사람은, "왜 그랬을까?"와 같은 의문을 가질 이유가 없고, 맞는 사람을 탐구할 필요가 없다. 나는 어렸을 적부터, 대상이 사람이든 이데올로기든 조직이든, 더 헌신하는 사람이 느끼는 슬픔과 분노, 그리고 열정이

지나간 뒤의 황폐함에 대해서 관심이 많았다. 왜 언제나 더 사랑하는 사람이, 더 열정적인 사람이 상처받는지에 대해 분개했다. 이것이 그 어떤 이념으로도 설명되지 않는 인생의 근원적인 불합리이고, 부정의라고 생각했다.

그러나 지금은 그렇게 생각하지 않는다. 우리는 사랑받을 때보다 사랑할 때, 더 행복하고 더 많은 것을 배운다. 사랑하는 고통으로부터 자신의 크기, 깊이를 깨닫는다. 자기 자신과의 대화를 포함해 모든 대화는 최음제이며, 인생에서 깨달음만 한 오르가슴은 없다. 상처와 고통은 그 쾌락과 배움에 대해 지불하는 당연한 대가다. 사랑보다 더 진한 배움(intensive learning)을 주는 것이 삶에 또 있을까. 사랑받는 사람은 배우지 않기 때문에 수업료를 낼 필요가 없다. 사랑은 대상으로부터 유래-발생하는 에너지가 아니라 사랑하는 사람 내부의 힘이다. 사랑하는 것은 자기 확신, 자기 희열이며, 사랑을 갖고자 하는 권력 의지다. 그래서 사랑 이후에 겪는 고통은 사랑할 때 행복의 일부인 것이다.

사랑하는 것은 상처받기 쉬운 상태가 되는 것이다. 상처에서 새로운 생명, 새로운 언어가 자란다. '쿨 앤 드라이', 건조하고 차가운 장소에서는 유기체가 발생하지 않는다. 상처받은 마음이 사유의 기본 조건이다. 상처가 클수록 더 넓고 깊은 세상과 만난다. 돌에 부딪친 물이 크고 작은 포말을 일으킬 때 우리는 비로소 물이 흐르고 있음을 깨닫게 되며, 눈을 감고 돌아다니다가 벽에 닿으면 자기가 서 있는 위치를 알게 된다. 이처럼 앎은 경계와의 만남에서 가능하다. 그러므로 편안한 상태에서 앎이란 가능하지 않다. 경계를 만났을 때, 가장 정확한 표지는 감정이다. 사회적 약자들은 자신을 억압하는 상황이나 사람을 만났을 때 '감정적'으로 대응하기 쉬운데, 이건 너무도 당연하다. 감정은 정치의식의 동반자이기 때문이다. 감정이 없다는 것은 사유도 사랑도 없다는 것, 따라서 삶이 없는 것이라고 생각한다. 감정(e/motion)의 라틴어 어원은 자기로부터 떠나는 것, 나가는 것(moving out of oneself), 즉 여행이다. 근대의 발명품인 이성(理性)이 정적이고 따라서 위계적인 것이라면, 감정은 움직이는 것이고 세상과 대화하는 것이다. 감정의 부재, '쿨'함은 지배 규범과의 일치 속에서만 가능하다. 반응하는 것. 이것이 인간의 모든 느낌, 모든 즐거움, 모든 열정, 모든 생각의 근원이라고 생각한다.

인류는 남녀 간의 성차, 차별, 폭력이 생물학적인 것인지 사회 문화적 결과인지, 물질적 토대가 결정적인지 언어(이데올로기)에 의한 것인지를 놓고 오랫동안 논쟁해 왔지만, 내가 보기엔 이러한 논란은 진부하다. 페미니즘 사상의 발달은 이미 이러한 이분법을 뛰어넘었고 '해결'했다. 남성과 여성 모두 가부장제를 수동적으로 수용하지 않는다. 인간의 삶은 구조에 대한 적응만이 아니라, 개인의 행위와 추구들로 이루어진다. 이전과는 비교할 수 없을 정도로 많은 남성들과 여성들이, '피해자 논쟁'을 떠나 성 평등을 추구하고 있다. 문제의 원인(게다가, 가장 본질적인 원인?!)을 규명하기를 좋아하는 사람들은, 인과 관계의 환원론에 빠지기 쉽다. 단일 원인을 주장하고 '주적을 규탄·타도'하기보다는 문제가 전개되는 맥락에 대해 사유할 때, 문제가 구성되는 과정에 개입할 때, 자기 성장을 피하기 위해 타자를 찾는 일을 포기할 때, 다른 상상력을 가질 때, 저항의 지점을 발견할 수 있다. 어떠한 권력도 투명하게, 전일적으로 관철되지 않으며, 어떠한 전제 권력 아래서도 인간의 경험은 그 권력의 주조 방식을 넘어선다.

성별, 계급, 지역, 나이 등 각 개인이 담지한 복합적인 사회적 위치(position)와 상황으로부터 발생하는 고통을 박멸, 근절, '극복'(과거로 돌아가는 것, 없었던 일로 만드는 것)하거나 피할 길은 없다. 만일 억압의 과거와 현재가 청산 가능하다고 주장하는 사람이 있다면, 그건 혹세무민이거나 인간과 사회를 역사적인 산물로 보지 못하는 관념론이다. 자신의 결핍, 억압, 혼란을 '힘든 현실'로 수용할 때와 '주변적 현실'로 인식하는 것은 다르다. 변화와 성장은 우리가 겪는 어려움이 고정적이지도 영원하지도 않다는 것을 믿을 뿐만 아니라, 고통을 '자원화'할 때 가능하다. 어떻게 고통과 더불어 살아갈지, 어디에 서서 고통을 바라보아야 할지에 따라 고통은 다르게 해석된다. 고통의 반대는 행복이 아니라 권태다. 고통은 변형되어야 하되 잊혀서는 안 되고, 부정되어야 하되 지워져서는 안 된다. 죽음이라는 사실(fact)은 육체적으로 우리를 파괴하지만, 죽음에 대한 생각(idea)은 우리를 구원하듯이 말이다. 마찬가지로, 내가 여성이라는 사실과 성차별을 당하는 것 사이의 필연적 연관성은 없다. 여성이라는 현실을 어떻게 해석하는지에 따라 얼마든지 다른 현실을 만들어낼 수 있다. 나는 열등감과 분노, '불평불만'은 새로운 인식, 즉 실천의 출발이라고 생각한다.

거의 모든 인간의 고통은 '말' 때문이다. 즉, 지배 규범을 내면화할 때 발생한다. 내가 이 책에서 가장 주장하고 싶은 이야기는, 남성의 관점으로부터 여성, '나'를 정의하지 말고, 서구(이성애자, 백인, 비장애인, 부자, 서울 사람······)와의 관계로부터 '우리'를 정의하지 말자는 것이다. 나는 나를 포함하여 사람들이 다르게 그래서 즐겁게 살며, 자신을 다양한 존재로 개방해 나가기를 원한다. '진정한 우리', '진정한 여성'은 없다. 여성주의가 주장하는 것은 서구/남성의 대립항으로서 '우리'를 찾는 것이 아니라, 새로운 사회로 이행하는 것이다. 여성주의는 서구/'우리', 남성/여성이라는 이분법 자체가 서구/남성의 권력이라고 보는 대표적인 탈식민주의 사상이다. 나의 존재를 누구/무엇과의 관계로부터 설명할 것인가, 그 범주를 어떻게 변화시켜 나가면서 기존의 억압적인 삶의 양식을 재생산하지 않을 수 있을까, 이것이 인생의 가장 근원적인 의제가 되어야 한다고 믿는다. 내 인생의 참고 문헌이 다양하고 무수할 때 자신을 확장할 수 있으며, 동일성의 폭력인 이 광포한 '신자유주의' 파도에 덜 휘둘리며 생존할 수 있다. 나는 페미니즘이 우리 자신을 나날이 새롭게 만드는 매력적인 참고 문헌 중의 하나라고 생각한다.

복잡한 현실을 복잡하게 설명하고, 읽는 이를 긴장시키며, 기존 언어를 붕괴시켜 독자를 현실로부터 되도록 먼 공간으로 이동시키는 글, '대중'적인 글과 '학술' 논문의 경계를 부수는 글이 좋은 글이라고 생각한다. 물론, 이 책에 실린 내 글은 그렇지 못하다. 얼마 전 신문 인터뷰에서 어느 뛰어난 뮤지컬 배우가 "무대는 냉정합니다. 춤을 못 추는 사람은 걷는 것조차 어색하지요."라고 말했는데, 바로 지금 내 처지를 정확히 표현한 것 같아 한참 괴로웠다. 하지만 나 자신에게 관대하면 타인에게도 관대해질 것 같아 조금 뻔뻔해지기로 하고 책을 낸다.

2005년 가을 주말, 도서관에서

정희진

1부

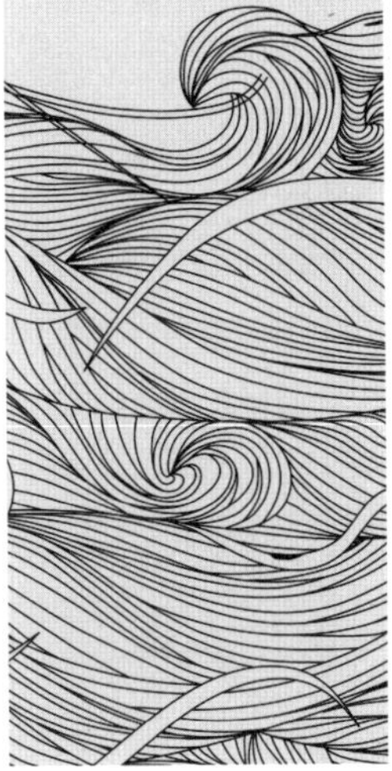

"태초에
목소리가 있었다"

얼마 전 작은 도시에 강의를 갔다. 강의실을 헤집고 돌아다니는 세 살짜리 아들을 챙기고 계속 울어대는 한 살짜리 딸아이를 업은 채 땀을 뻘뻘 흘리며 다른 수강생들 눈치를 보며, 강의를 듣던 스무 살의 주부가 있었다. 그는 고등학교 때 아이를 낳고 학교를 중퇴했다. 강의가 끝나고 상기된 표정의 그가 내게 다가왔다.

"저번 시간에 오신 선생님은 한국 사회에서 여성의 처지에 대해 말한 것 같은데, 선생님(나)은 사회 자체를 여성의 시각으로 보는 것 같아요. 그게 저번 분과 다른 거 같아요."

사회가 '아줌마'라고 부르는(나도 아줌마다), '평범한' 여성들과 이야기하다 보면 그들의 인식 능력과 지적 적용력에 놀라는 경우가 많다. 그의 지적대로, 사람들은 대개 여성학이나 여성운동을 여성의 상황에 대해 말하는("이렇게 억압받고 있다!") 것으로 알고 있다. 아마 그렇게 생각하는 것이 안전하기 때문일 것이다.

위험한 여성들

나는 10여 년 전부터 대학과 시민단체, 정부 기관과 노동조합에서 여성학 강사로 일하고 있다. 상담, 인권, 사회운동, 폭력, 섹슈얼리티(sexuality), 탈식민주의 등 기존의 분과 학문 체계를 횡단하는 다양한 주제들을 여성주의 시각에서 강의한다. 내 강의에 대한 반응은 크게 "어렵다", "재미있다" 두 가지다. 어려운 것과 재미있는 것은 반대가 아니라 연속선의 감정인데, 강의를 듣는 사람들은 강사와 소통이 된('알아듣는') 순간, '난해함'이 쾌락으로 변하는 것을 경험한다.

흥미로운 것은, 내 강의를 쉽다고 평하는 사람들은 주로 전업주부, 폭력 피해 여성, 저학력 생산직 기혼 여성 노동자 등 일반적으로 사회적 지위가 낮거나 침묵을 강요받아 온 여성들이다. 심지어 그들은 "선생님이 너무 겁이 많다, 더 '쎄게' 해 달라"며, 내게 (표현의 급진성이 아니라) 인식론적 급진성을 요구한다. "여성주의는 중산층 지식인 중심이라 '민중 여성'들이 모르는 이야기만 한다."라고 비판하는 이들이 있는데, 내 경험으로는 그렇지 않다. 제도 교육의 혜택을 받지 못하고 억압당해 온 여성들일수록 내 강의를 좋아한다. 그들은 내가 설명하는 지그문트 프로이트, 카를 마르크스, 자크 라캉(Jacques Lacan, 1901~1981, 언어를 통해 인간의 욕망을 분석하는 이론을 정립한 프랑스의 철학자, 정신분석학자), 피에르 부르디외(Pierre Bourdieu, 1930~2002, 지배구조, 혹은 계급구조가 어떻게 유지되고 재생산되는지를 문화적으로 분석한 프랑스의 사회학자), 주디스 버틀러(Judith Butler, 1956~, 본질적인 성별 정체성은 없으며, 정체성은 행위 중에 구성되는 것이라고 주장하는 미국의 페미니즘 철학자)의 이론에 깨달음의 무릎을 치고, 앎이 주는 환희에 박수를 보낸다. 여성의 경험이 그 자체로 이론이 되는 것은 아니지만, 여성이라는 자신의 사회적 위치를 깨닫고 삶을 성찰하기 시작하면 여성주의 사상과 만날 수밖에 없기 때문이다.

반면 전문직 종사자나 이른바 '여론 주도층 인사들'은 내 강의가 너무 어렵다고 하소연한다. 박사 학위를 소지한 어느 50대 남성은 내 강의를 듣고 "뇌가 고문당하는 것 같았다."라고 말하고, 어느 노동운동가는 "절벽에서 떨어지는 기분이었다."라고 표현한다. 이런 내용과 비슷한 이메일도 종종 받는다. 그들에게 내 강의가 '어려운' 것은, 내가 관념적이거나 "누구나 아는 이야기를 아무도 모르게" 현학적으로 말해서가 아닐 것이다. 여성주의는 남성 언어에 익숙한 사람들에게 사유 방식의 전환을 요구한다. 그들은 이제까지 "여성주의는 편파적이고 나는 객관적"이라고 믿고 있다가, 자신의 사고 역시 편파적이며 더구나 강자의 경험을 보편과 객관으로 믿어 왔다는 사실에 충격을 받는다. 물론 나도 여성주의를 접할 때마다, 장애인이나 동성애자들의 이론을 공부할 때마다, 매번 그런 충격에 휩싸이며 나를 다른 세계로 이동시키는 그 순간을 행복해한다.

이러한 상황은 이제까지 통용돼 온 지식과 언어가 누구의 삶을 기준으로 한 것인지를 보여준다. 그래서 다른 목소리인, 여성의 목소리는 존재 그 자체로 전복적이다. 사실, 여성주의는 객관적이지도 보편적이지도 않다. 아니, 그것을 지향하지 않는다. 여성주의는 무전제의 전제에서 출발하지도 않고, 그 어떤 전제도 없는 청중들을 설득하려고도 하지 않는다. 왜냐하면 세상에 그런 청중은 없기 때문이다. "남성적이라는 것이 무슨 말인지 모르겠습니다."라는 질문에, "당연하지요. 세상에 그것밖에 없으니까요."라고 답한 프랑스의 철학자 뤼스 이리가레(Luce Irigaray, 1932~, 서구 전통 철학의 '남근이성중심주의' 사유를 비판하는 프랑스의 페미니즘 철학자)의 말대로, 세상에 하나의 목소리만 있을 때는 다른 목소리는 물론이고, 그 한 가지 목소리마저도 알기 어렵다. 의미는 차이가 있을 때 발생하며, 인식은 경계를 만날 때만 가능하기 때문이다.

여성의 시각으로 사회를, 역사를, 정치를 본다는 것은 어떤 의미이고, 그러면 어떤 일이 벌어질까? 《위험한 여성 ─ 젠더와 한국의 민족주의》(1997)라는 책을 보면, 인식 주체로서 여성이 얼마나 위험한 존재인지 알 수 있다. 이제까지 여성은 인식 주체가 아니었다. 따라서 세계를 창조할 수 없었다. 단지, 말해지는 대상, 남자 갈비뼈의 한 조각, 남자가 만든 판타지, 국민·시민·민중이 아니라 그들이 소유한 가장 비싼 동산(動産)일 뿐이었다. 여성의 시각에서 보면 기존 언어의 내용은 물론이고, 담론의 형성 구도 자체가 붕괴된다. 여성이 인식 주체가 되면 노동자가 생산 수단을 소유하는 것보다 더 '근본적으로' 세계가 흔들리고 새롭게 재구성되기 시작한다. 그러니, 어찌 여성주의가 위험하지 않을 수 있으랴.

'대중적인' 여성운동가?

나는 여성운동단체에서 일하다가 서른 넘어 대학원에 진학해 여성학 석·박사 과정을 공부했다. '여성운동'과 '여성학' 두 가지를 다 경험했으니, 두 영역을 다 안다(?)고 생각하거나, "어쨌든 페미니스트로서 장점이 아니냐."라고 말하는 사람들이 많지만, 실상 나의 경험은 그 반대다. 거칠게 말하면 나는 두 영역 모두에서 '왕따'이고, 이 문제와 관련하여 내 몸엔 무수한 생채기가 있다. 나는 한국의 사회운동에서 이론·지식과 실천의 이분법, 전문가(교수? 변호사? 지식인?)와 운동가(실무자? 상근자?)라는 분업 논리와 위계화에 대해 큰 문제의식을 지니고 있다. 나는 운동가가 아닌, 즉 정치학이 없는 전문가는 의미가 없으며, 운동가는 이미 그 분야의 전문가라고 생각한다. 그 경계와 위계를 깨는 것 자체가 사회운동이라고 생각하지만(꿈꿔보지만), 사람들은 늘 나를 어느 한편으로 규정하고 싶어 한다.

내 경험에서 보면 여성운동(여성학)이 여성학(여성운동)에 대해 품고 있는 상호 '편견', '선입견', '오해', '고정관념', '불신', '무시', '분노' 또한 만만치 않다. 안 그럴 것 같지만, 여성운동가(여성학자)가 여성학자(여성운동가)에 대해 품고 있는 고정관념 역시, 남성(사회)이 생각하는 그것과 크게 다르지 않다. 인간은 누구나 자신이 경험하지 않은 것에 대해서는, 지배 이데올로기나 대중매체에서 떠드는 것 이상을 알기 어렵다. 알려는 노력, 세상에 대한 애정과 고뇌를 유보하는 그 순간부터 우리는 타인에게 상처를 준다. 한나 아렌트(Hanna Arendt, 1906~1975, 전체주의 비판자이며 참여 민주주의 옹호자인 독일 출신의 유대계 여성 정치철학자)가 말했듯이, 사유하지 않음, 이것이 바로 폭력이다.

"여성운동가들은 공격적이고 피해의식에 사로잡혀 있다고 생각했어요. 무조건 남자들을 적으로 대하는 것 같고요. 그런데 여성단체를 방문했다가 만삭의 운동가를 본 순간, '아, 이들도 평범한 여성이구나, 나도 이들과 똑같은 여성이구나.' 하는 생각이 들더라고요." 소위 '○○양 비디오' 사건으로 고통받았던 어느 여성 연예인의 인터뷰 내용이다. 그에 대한 애정과 지지와는 별개로, 나는 이 기사를 읽고 여러 가지 생각을 했다.

'여성', 이 독특한 정치적 약자들은 왜 그토록 집요하게 자기를, '자기 편'을 부정할까? 아이를 낳지 않거나, 레즈비언이거나, 담배 피는 여성은 그 연예인의 편견을 깨는 '대중적인' 여성운동가가 될 수 없는가? 지배 계급으로서 남성은 5천 년 동안 피지배 계급인 여성을 때리고, 죽이고, 교환하고, 사고 팔고, 해고하고, 착취해 왔다.

그렇다면, '적'이 아닌가? 왜 여성은 남성을 적으로 상정하는 것을 두려워할까?

어떤 면에서는 억압 집단으로서 자본가와 미국이 저지른 잘못보다 억압 집단으로서 남성이 행한 잘못이 비교할 수 없을 만큼 크다. 물론 나는 남성도, 자본가도, 미국도 단일한 정체성으로 환원할 수 없기 때문에 '적'이라고 생각하지 않는다(미국인 중에는 여성운동가, 인종 차별에 반대하는 사람도 있고, 자본가 중에도 여성, 장애인이나 동성애자가 있을 것이다). 나의 주장은 남성을 적으로 상정해야 한다는 이야기가 아니다. 남성은 적이 아니라는, 여성들의 자기 다짐과 남자를 안심시키는 발언들, 그리고 남성과 대립하고 싶지 않은 자기 최면의 배후에, 혹시 '가부장제는 정치적 문제가 아니다.'라는 무의식이 자리잡고 있는 것은 아닌가 질문해보자는 것이다.

개인적인 것이 정치적인 것이다

젠더(gender, 성별性別) 문제는 사적인 문제거나 하찮은 문제가 아니라 사회적 모순이다. 그래서 젠더 문제는 당연히 이해 관계, 권력 관계의 충돌이다. 남성 권력은 분명, 여성을 억압하는 '적'이다. 어떤 의미에서 여성운동은 여성도 세상으로 나오겠다는('출세하겠다'는), 남성과 함께 사회를 책임지겠다는('권력을 잡겠다'는), 여성도 먹고살겠다는('파이를 빼앗겠다'는) 인간으로서 자연스러운 삶의 방식이다. 하지만 여성들은 안다. 장애인이나 노동자가 인간으로서 권리를 주장할 때와는 다르게, 자기 권리를 외치는 여성을 사회가 얼마나 싫어하는지를. 여성에게는 언제나 권리보다 도리(의무)가 우선적으로 요구된다는 사실을……. 그래서 여성들은 항상 자기주장을 할 때, "제가 페미니스트는 아니지만……."이라는 접두어를 붙인다. 각 분야에서 여성 1호가 된 여성이나 고위직에 오른 여성들은 이렇게 말한다. "제가 바깥일을 하지만 애들 아침밥은 꼭 차려주고 나와요." 그리하여 나처럼 출세도 못했으면서 아침밥을 제대로 하지 못하는 여성들을 주눅 들게 하고, '나쁜 여자'인 여성운동가의 이미지와 확실한 선을 긋는다.

사회운동 중에 여성운동만큼 편견에 시달리는 운동도 없을 것이다. 아니, 아예 여성운동을 사회운동으로 취급하지 않는 사람도 많다. 여성운동에 대한 비난은 장애인운동이나 노동운동, 평화운동, 반미운동 등 다른 사회운동에는 절대로 적용될 수 없는 말들이다. 평화운동을 '먹고 사는 게 해결된 한가한 사람들의 운동', 장애인운동을 '중산층 지식인들의 운동'이라고 말하는 사람이 있는가? "노동운동가들은 노동 의식만 있지 사회 의식은 없다." 이런 말을 들어본 적 있는가? 여성운동가에게 사회 의식이 없다는 말은, 여성 문제는 개인의 문제이지 사회 문제가 아니며, 따라서 여성 의식은 사회 의식이 아니라는 의미이다.

지난 2000년 진보 진영과 시민사회에 엄청난 파장을 몰고 왔던 '운동사회 성폭력 뿌리 뽑기 100인 위원회'º의 활동에 대해, 많은

'진보 인사'들이 "안기부 프락치"라고 비난한 경우나, 유시민 의원이 개혁당 활동 당시 당내 성폭력 사건^{○○} 해결을 요구하는 여성 당원들에게 "해일이 일고 있는데, 겨우 조개나 줍고 있냐."며 비난한 것도 같은 맥락에 있는 사건들이다. 여기서, '해일'은 남성들의 정치, 즉 '진정한' 정치를 의미하며, '조개를 줍는 것'은 남성과 여성의 권력 관계를 비유한 것이다. 여성 억압은 너무나 사소한 문제라는 것이다.

한국 사회에서 '진보'와 보수를 막론하고 여성운동에 대한 가장 일반적인 편견은, 가부장제는 독자적인 모순이 아니라 자본주의를 작동케 하는 구조의 일부에 불과하며, 페미니즘은 중산층 여성들의 주장이라는 것이다. 마오쩌둥, 마르크스 모두 중산층 지식인이었지만, 언제나 페미니스트만 중산층 지식인인 것이 시빗거리가 된다. 이렇게 말하는 남성들도 대개는 중산층 부르주아 '지식인'인 경우가 많은데, 다른 사회운동과 마찬가지로 여성운동가 중 일부

○ 100인 위원회는 '운동사회 내 가부장성과 권위주의 철폐를 위한 여성 활동가 모임'에서 출발해 2000년 7월부터 2003년 10월까지 약 3년간 활동했다. 이들은 여성의 경험을 중심으로 성폭력을 개념화하고 사건을 공론화하였다. 특히 진보 진영의 뿌리 깊은 가부장성을 비판하고, 가해자 중심주의를 깨기 위해 '가해자 실명 공개' 방식을 택했다. 이 방식은 가해자들의 반론과 명예훼손 법정 소송 등 엄청난 논란을 불러일으켰다. 그러나 100인 위원회의 활동은 기존의 제한적인 법적 논리를 공박하며 여성의 '피해'를 드러냈다는 점에서 반(反)성폭력 운동사에 하나의 전환점을 이루었다.
○○ 개혁당 성폭력 사건은 2002년 대선 기간 후보 단일화가 이루어지던 시기에 개혁당 수련회에서 벌어졌다. 사건의 내용은 가해자가 여성들의 잠자리에 들어가고, 차 안에서 키스를 하는 등 전형적인 성폭력이었다. 이에 당내에서 성폭력 특위가 구성되고 가해자 실명 공개를 위한 운동이 일어났다. 그러나 당 중앙에서는 적극적으로 나서지 않았고, 사건은 지지부진하게 처리됐다.

가 지식인이라는 사실은 못 견뎌한다. 여성은 '어머니'이거나 '창녀'일 뿐, 지식인이나 중산층이 되어서는 안 된다는 전제가 깔려 있다. 이런 사람들이 생각하는 '올바른', '과학적' 여성운동은, 여성을 불쌍한 피해자로 재현하여 시혜자인 남성 주체의 권력을 위협하지 않는 것이어야 한다(희생자화는 타자화의 가장 세련된 형태일 뿐이다).

이런 사고 밑바닥에는 남성만이 보편적 인간이며 절대 주체이기 때문에, '여성에 대해서는 어떤 말이든 할 수 있다.'는 자신감과 당위가 깔려 있다. 어떤 면에서 부르주아 지식인 남성이 노동자 계급의 이해를 옹호하는 '좌파'가 되는 것은 쉬운 일이다. 그것은 그들의 기득권을 포기하는 일이 아니다. 세상에 대해 말할 수 있는 권력, 남성의 주체성을 조금도 훼손하지 않는 일이다. 그러나 남성이 여성주의자가 되는 것은 자기 존재를 상대화해야 하는, 자신을 후원하는 '아버지'를 버려야 하는, 매일매일 보이지 않는 (가사)노동을 감당해야 하는 힘든 일이다. 그야말로 존재의 전이인 것이다.

협상과 공존의 사유, 페미니즘

나는 페미니즘은 저항이론·저항운동이 아니라고 생각한다. 자본주의가 생겨난 지 3백 년도 안 되었지만, 한국에 자본주의가 들어온 지 1백 년도 안 되었지만, 자본주의의 영향력에서 자유로운 사람은 거의 없다. 하물며 수천 년의 역사를 자랑하는 가부장제의 위력으로부터 그 누가 자유로울 수 있을 것인가. 그래서 내가 생각하는 페미니즘은 협상, 생존, 공존을 위한 운동이다. 여성운동은 남자 시스템에 저항하는 것이라기보다는, 남성의 세계관과 경험만을 보편적인 인간의 역사로 만드는 힘을 조금 상대화시키자는 것이다. 남성의 삶이 인간 경험의 일부이듯, 이제까지 드러나지 않았던 여성의 경험도 인간 역사의 일부임을 호소하는 것이다.

또 내가 생각하는 여성운동은 여성이 '공적 영역'에 진출하는 것을 넘어, 남성이 '사적 영역'으로 들어오는 것이다. '정신 차려야 할' 집단은 여성이 아니라 남성이다. 남성들이 집에서 노동하지 않는 한, 여성에게 '사회 진출'은 이중의 중노동만을 의미할 뿐이다. 얼마 전 나는 한 신문사에서 주최한 '남성과 가족'이라는 주제의 좌담회에서, 평소 나와 절친하며 여성운동에 우호적이라고 알려진 어느 남성으로부터 '충고'를 받았다. 그는 "페미니즘은 자기주장을 하기 전에, 남자는 불쌍하다, 남자도 피해자다……. 이렇게 남자들을 달래고 위로하는 전략이 필요하다."라는 요지의 주장을 했다. 이런 말은 나뿐만 아니라 우리 사회에서 여성주의자들이 흔히 듣는 말일 것이다.

나는 이 말이 옳고 그름, 그 '효율성' 여부를 떠나, 그 자체로 분석이 필요한 논리라고 말했다. 나는 강의나 상담 현장에서 여성주의를 지지하는 남성에서부터 성폭력과 가정폭력 가해자까지 다양한 남성들을 만날 기회가 많다. '마초'냐 아니냐에 상관없이, 이들은 모두 내가 먼저 칭찬과 격려로 자신을 보살펴주기를 바란다. 이른바 '지혜로운 여자'를 요구하는 것이다. 내가 그들을 '위로'하기 전에는, 나의 이야기가 그들에게 들리지 않는다는 것을 여러 차례 경험했다. 그럴 때마다, 나는 "주체는 타자의 인질"이라는 에마뉘엘 레비나스(Emmanuel Levinas, 1906~1995, 개인을 전체에 종속시키는 전체철학에 반대해, 타자성에 주목한 프랑스의 유대계 철학자)의 말을 상기하면서 흠칫 놀라게 된다. 남성은 여성에게 의존한다. 타자(여성) 없이 주체(남성)는 존재할 수 없는 것이다.

한국 사회에는 유난히 남자의 기(氣)를 살리자는 식의, 남성을 불쌍히 여기는 담론이 만연해 있다. "남자는 독립적이고 강하다." 라는 성역할 고정관념은, 실은 서구 백인 중산층을 기준으로 했을 때의 이야기다. 한 남성 시인은, 서부 영화에서는 악당이 쳐들어오면 아버지가 어린 아들에게 "네가 가족을 지켜야 한다."라고 말하지만, 아마 한국에서라면 아버지와 아들은 "엄마가 나가 봐."라며 치마 뒤로 숨을 것이라고 이야기한 바 있다.

유엔을 비롯한 각종 국제기구의 통계들은, 한국 여성의 노동시장 '진출' 확대와 높은 교육 수준에 비해 권한 척도는 현저히 낮다고 보고하고 있다. 한국은 남성이 여성보다 우월하다는 가부장적 신념이 강한 사회인데도, 왜 남성을 "약하고 불쌍하다."고 이야기할까? 왜 그토록 남성들은 '열등한' 여성들의 위로와 격려를 필요로 할까? 혹 이러한 '응석'이 남성의 성장과 우리 사회의 성숙을 방해하는 것은 아닐까?

한국 사회는 피해자가 직접 말하는 것, 사회적 약자가 기존의 권위에 도전하는 것을 참지 못한다. 여성뿐만 아니라 10대, 동성애자, 장애인, 이주 노동자, '학벌 없는' 사람들의 목소리를 견디지 못한다. 이들이 지배 규범에서 벗어난 '다른 목소리'라도 내려 하면, 그 작은 소리마저 '폭력'이라며 흥분한다.

나는 그 남성의 '충고'를 결코 '대중적 전략'이라고 생각하지 않는다. 왜냐하면 내가 생각하는 여성주의는 5천 년 이상 계속되어 온 남성 사회를 설득하는 것이 아니기 때문이다. 여성주의는 다양한 목소리들이 공존하는 사회를 지향한다. 때문에, 오히려 그러한 '전략'은 지나치게 거대하고 비대한 기존의 획일적 목소리를 더욱 강화시킨다. 또한 그러한 요구는, 모든 부분에서 여성보다 이성적·과학적이라고 주장하는 남성들이 성폭력 문제에 있어서만큼은 "우리는 성욕을 억제할 수 없다."며 스스로를 '동물'의 수준에 놓는 것처럼, 남성 스스로가 자신을 여성과 동등한 대화 상대자가 아니라 마치 '성장이 멈춘 아이'라고 주장하는 것이다. 이제까지 유일한 것으로 군림해 온 목소리가 조금 낮아질 때, 비로소 다른 목소리가 들리게 된다. 남성과 여성의 조화를 파괴하는 것은 가부장제지, 여성의 '직설적인' 목소리가 아니다. 다른 목소리를 들을 수 없는 사회는, 갈등 없는 사회가 아니라 가능성이 없는 사회다.

공략하지 말고 낙후시켜라

내가 강의하면서 가장 당황할 때는, 강의를 듣는 사람들이 나의 이야기를 "여성주의자가 되라, 저항하라."는 메시지로 받아들이는 경우이다. 나의 주장은 그런 사유 방식과 가장 거리가 멀다. 모든 사람이 여성주의자가 될 수도 없고, 될 필요도 없다. 여성주의는 기존의 세계관에 대한 단순한 '안티'(반대)도 아니고, 그것을 대체할 수도 없다. "공략하기보다 낙후시켜라."라는 말처럼, 나는 여성주의가 저항이라기보다는 한 가지 목소리만이 지배하는 세상에서, 여성들이 그리고 남성들이 살아남기 위한 협상 수단이라고 본다. 여성주의는 세상 사람들의 의식과 행동을 바로잡는 것이라기보다는, 남성과 여성 모두 자신의 의식과 행동을 사회적 관계 안에서 인식하고 정치화하도록 돕는 것이다.

기존의 (서구 백인) 남성 중심의 목소리가 전부라고 믿을 때 우리는 종속될 수밖에 없다. 하지만 다른(대안) 세계가 가능하며 그것이 또 하나의 현실로 존재한다는 것을 알게 된다면, 유일(단일)한 것으로 군림해 왔던 서구 남성 기존의 목소리는 급속히 상대화된다. "태초에 말씀이 있었다."가 서구 남성 중심의 사유 방식이라면, 여성주의는 "태초에 관계가 있었다." "태초에 목소리가 있었다."라고 믿는다. 여성주의는 차이나 차별에 대한 이야기가 아니라 차이를 이해하는 방식이다. 차이가 차별을 만드는 것이 아니라 권력이 차이를 구성한다. 여성주의는 정치적 올바름, 통일성이나 단일성의 가치보다 대화의 가치를 강조한다. 그리고 이럴 때, 여성뿐만 아니라 다른 타자들의 목소리도 들리게 된다. 다른 타자들의 목소리를 배제하지 않는 것, 이것이 '진정한 보편주의' 정치학으로서 여성주의 언어가 지닌 힘이다.

마지막으로 여성학에 대한 편견 두 가지. "여성학은 편협하고 깊이가 없으며 공부하지 않아도 알 수 있는 것이다." 그러므로 "학문이 아니다."라는 주장과 "여성의 현실과 상관없이 너무 어려운 이야기만 한다."는 견해는, 사실 같은 이야기다. 이것은 모두 기존의 남성 중심적인 학문 개념에서 나온 편견이다. 이 글을 읽는 사람 중에 여성학은 학문이 아니라고 믿는 사람은 별로 없을 것이므로, 여성학이 여성 현실과 거리가 있어서 여성운동에 도움이 안 된다라는 비판에 대해서만 말하겠다. 법학이나 물리학의 '어려움'은, 그 학문을 비판하는 이유가 되지 않는다. 언제나 여성학이 어려운 것만 문제가 된다. 나는 여성학은 어려워야 하고, 어려운 것이 당연하다고 생각한다.

물론 이것은, 학문이 어렵고 고급스러워야 한다는 의미가 아니다. 그러한 기존 학문은 지배 계급의 도구였다. 만일 여성학이 어렵다면, 그것은 여성학자가 현학적이어서가 아니라 여성주의가 익숙하지 않은 세계관이기 때문이다. 여성학의 내용이, 여성 '현실과 동떨어져 있지 않다면', 새로운 세계를 향한 상상력과 용기를 주지 않는다면 존재할 필요가 없다. 여성학은 의식적으로 노력하지 않아도 저절로 알게 되는 것이 아니다. 여성학이 쉽다면, 이는 우리 사회의 통념에 도전하지 말아야 한다는 것과 같은 말이고, 그런 여성학은 존재할 필요가 없다는 것이 내 생각이다.

어머니는
말할 수 있을까?

여성인 내가 사회적인 이슈로, 정치학의 주제로 '어머니 문제'에 대해 쓴다는 것은 어렵고 불편한 일이다. 두 가지 점에서 그렇다. 일단, 딸에게는 어머니가 없다. 여성에게는 어머니가 없다. 가부장제 사회에서 모성 혹은 어머니는, 기본적으로 남성의 호칭이고 담론이다. 마리아와 예수. 이 모자 커플은 서구 기독교에서뿐만 아니라 다른 어느 문화에서도 보편화된 모성의 영구 모델이다.[1] 이상적인 모성애의 대상은 아들일 뿐이다. 이에 대한 가장 적실한 사례는 여아 낙태일 것이다. 딸은 자식의 범주에 속하지 않기 때문에 수백만 명의 (여성이 아니라) 어머니들은 '어미의 본능'마저 거부하며 자발적으로 아이를 살해한다. 자녀는 성별에 따라 선택되는 것이다.

어머니가 없는 사람들

　아들은 아버지의 질서를 따르기 위해 어머니를 죽이고 버린다. "난 엄마처럼 살지 않을 거야." 이는 성별화(性別化, gendered)된 구호이다. 아들은 어머니에 대해서도 아버지에 대해서도 이런 다짐이 필요 없다. 현대 교육을 받고 '아버지의 사회'에서 살아남아야 하는 딸도 어머니를 죽일 수밖에 없다. 그러나 버리지는 못한다. 버리지 못한 어머니의 시체를 껴안고 울며불며 사막을 헤매는 것, 이것이 딸들의 인생이다. 몇 년 전 내가 쓴 일기에는 이렇게 적혀 있었다. "나 자신이 누구인가를 묻기보다는 내가 어디에 있는지 알고 싶다. 그러나 어머니를 만난 순간 나는 길을 잃었다."

　두 번째 이유는 어머니 존재의 다중성·복합성이다. 나 역시 어머니인데, 이 '어머니 정체성', '어머니적인' 사고방식에 대해 내가 거부감과 동일시를 동시에 겪기 때문이다. 나는 어머니이면서 어머니가 아니어서 방황한다. 어머니 문제의 복잡성은 기존의 사고방식으로는 정의하기 어렵다. 결국 어떤 의미에서는 '어머니는 없다'는 것이 내 생각이다.

　어머니는 특권화된 주체·노동·존재·경험·역할이며 동시에 탈특권화된(특권을 박탈당한) 장소이다. 소외된 어머니는 성화(聖化)된 존재지만, 동시에 혹은 그렇기 때문에 성화(性化, sexualized)된 존재다. '어머니와 창녀'라는 마리아의 이중적 의미는 가부장제의 기본 작동 원리, 모형(母型)이다. 모든 이분법이 그러하듯 '어머니와 창녀'라는 여성에 대한 이분법적 분류도 사물의 동일한 측면, 비슷한 성질을 극단적으로 양극화한 것과 다름없다. 어머니와 '창녀'는 남자(아들)를 위해 같은 목적으로 일한다. 다만 상황에 따라 하는 일이 조금 다를 뿐이다.

이 글에서 나는 분열하는 두 사람이다. 나는 어머니를 타자화하는 '명예 남성'이지만 동시에 어머니와 동일시할 수밖에 없는 여성이다. 나는 어머니이면서도, 아직도 아버지의 인정을 욕망하는 딸이다. 이 배타적인 정체성 사이를 일상적으로 오가며 어느 것도 선택할 수 없는 나 자신의 모순되고 복잡한 감정을 고해하면서, 어머니에 대한 우리 사회의 이중 메시지와 남성 판타지에 대해 쓴다.

박사 과정에 입학했을 때, 나는 장학금 관련 서류를 받으러 학교에 갔다. 창구에서 일하는 아르바이트 학생은 대뜸 이렇게 말했다. "어머니가 대신 오셨어요?" 당황한 나는 작은 목소리로 "본인인데요."라고 했지만 불쾌감으로 인한 흥분은 상당히 오래 갔다. 지금 내가 대학생을 둔 학부모라면 열 살에 아이를 낳았단 말인가? 분노한 내게 또래 친구들이 비슷한 에피소드를 말해주었다. 미혼인 A는 연하의 남성과 사귀고 있는데 그 남성의 사진을 주변 사람에게 보여주었더니, "아들이세요?" 하더란다. 스물여덟 살에 첫아이 출산을 위해 입원했던 B는 네 살 아래 여동생의 부축을 받고 병원 주변을 산책하는데 사람들이 여동생을 가리키며 "딸이 착하다"고 칭찬했다고 한다.

'나이 든' 여성들은 이런 일을 일상적으로 겪는다. 이 사례들은 젠더 문제 외에도 연령주의('특정한 나이에만 학생이 될 수 있다'), 섹슈얼리티, 연애의 문화적 각본 등 각기 다른 사회 문제로 다양한 해석이 가능하다. 그러나 간단히 말하면, 모든 여성은 본질적으로 어머니라는 메시지를 함축하고 있다. 여성은 특정 연령층이 되면 (아마도 30대부터), 혹은 소위 '아줌마 체형'을 갖게 되면, 결혼과 출산 여부와 상관없이 당연히 어머니로 호명되고 어머니의 역할을 요구받는다. 모든 여성은 아이를 낳아야 할 뿐만 아니라 돌보기를 즐기고 좋아할 것이라고 기대된다. 결혼했으나 자녀를 갖지 않기로 선택한 여성은 끊임없는 사회적 비난과 호기심을 견뎌야 한다.

여성이 자궁이 있기 때문에 어머니가 되어야 한다면 성대가 있는 사람은 모두 오페라 가수가 되어야 하는가? 성대를 가진 사람이 가수가 되는 것은 선택과 노력의 결과이듯이, 어머니가 되는 것 역시 개별 여성들의 선택에 따른 문제이다. 모든 여성이 아이를 낳는 것도 아니다. 또한 아이를 낳았다고 해서 반드시 어머니가 되는 것도 아니다. '해부학이 운명'이라는 프로이트의 가정은 여성에게만 해당한다. 가부장제 사회는 여성을 미혼이든 비혼(非婚)이든 그의 의사와 상관없이 언젠가는 어머니가 될 것이라고 전제한다. 사실 '생계 부양자 남성/가사 노동자 여성'이라는 성역할 모델은 극히 일부 중산층만의 전형일 뿐, 대부분의 가정에서 여성은 생계 부양자이자 가사 노동자다. 하지만 여성은 어머니가 될 가능성이 있기 때문에 남성 임금의 절반을 받고, 남성은 아버지가 될 가능성이 있기 때문에 여성보다 더 많이 받는다. 잠재적 어머니로 분류되는 여성 노동자는 노동 시장 진입에서부터 임금, 승진에 이르기까지 '어머니냐, 노동자냐'라는 정체성을 택일할 것을 강요받거나, 택일하지 못할 바에야 둘 다 완벽하게 해내야 한다.

움직일 수 없는, 변할 수 없는 여성

우리 사회에서 통용되는 '장애(인)'라는 개념은, '정상인' 중심의 몸의 정의(定義)가 타자에게 각인된 호명이다. 타자화된 장애인은 이러한 언어 구도 속에서 주체가 될 수 없다. 실제로는 장애인들 사이의 몸의 차이가 '일반인'과 장애인의 차이보다 더 큰 경우가 많다. 컴퓨터로 몸을 유지하는 과학자 스티븐 호킹과 목발을 짚은 사람의 차이는, 목발을 사용하는 장애인과 '일반인'인 나의 몸의 차이보다 훨씬 크다.

그러나 '정상인'을 중심으로 장애인이 범주화될 때, 몸이 조금만 정상의 기준에서 벗어나면 그들은 장애인으로 분류된다. 이처럼 비장애인 중심 사회에서 장애인 사이의 차이가 중요하지 않은 것과 마찬가지로, 남성 중심 사회에서 개인으로서 여성의 차이는 의미가 없다. 모든 여성은 어머니라는 생각 때문에 여성은 다 같다고 간주된다. 그래서 한 여성의 실수나 무능력은 언제나 전체 여성을 욕 먹이는 일이 된다.

'남자는 씨, 여자는 밭'이라는 일상적 언설은 여성의 난자도 씨라는 점에서 설득력이 없지만, 이러한 '과학적' 사실은 성별 제도의 위력 앞에선 아무런 효력을 내지 못한다. 남성이 씨라는 주장은 남성만이 인간 형성의 기원이며 인류의 본질('man'kind)이며 생산의 주체라는 것을 은유한다. 그러나 이러한 담론을 통해 가부장제 사회가 진정 강조하고 싶은 것은 아마도 행위자로서 남성의 이동성, 자유, 초월성이 아닐까 생각한다. 씨는 싹이 되고, 꽃을 피우고, 열매를 맺기까지 변화를 거듭한다. 씨는 변태(變態)한다. 씨의 기원성, 유동·변화·발전성에 비해 밭 혹은 땅, '어머니 대지'의 본질은 정박성과 불변성이다.

움직이지 않는, 움직일 수 없는 여성은 언제 어디서나 어머니로 환원되고 동질화된다. 여성은 역사와 정치의 질서 밖에 존재하는 자연(고향, 향수, 집……)이라는 의미다. 역사와 문화, 정치는 인간의 힘으로 변화·역동하는 것이지만 자연은 그렇지 않다. 자연은 운명으로 간주된다. 인간(남성)에게 개척되거나 그들이 만들어내는 역사의 질료가 될 때에야 비로소 가시화('발견')된다(물론 자연은 발견되는 것이 아니라 발명되는 것이다). 밭은 씨에 의해서만 의미를 획득한다. 그래서 개척지는 '처녀지'이고, 원시림은 '처녀림'이다. 식민 시대 미국 지명이 여성 명사화된 것도 이 때문이다.

내 생각에 영화감독 이창동은 〈박하사탕〉(1999)을 비롯한 일련의 영화들에서 이 문제를 한국 사회에서 가장 정치(精緻)하고 성실하게 기록한 남성 주체다. 그의 판타지 속에서 여성은 성판매 여성이든 아내든 첫사랑의 연인이든, 항상 그 자리에 고정되어 있다. 여성은 남성이 그려내고 싶은 정물일 뿐이다. 하지만 그의 영화에서 역사적 행위자인 남성은 유신시대의 종말, 80년 광주, 6월 항쟁, IMF 구제금융 사태를 거치는 한국 현대사의 한복판에서 주체의 진보와 몰락을 거듭한다.

한국 현대사의 고통과 비극의 성별적인 두 주체, 정신대 '할머니'와 장기수 '선생님'의 존재는 이를 더욱 선명하게 드러낸다. 전자는 역사의 피해자, 전쟁의 '부산물'이지만 후자는 역사의 치열한 주체이며, 인간의 신념과 의지를 상징한다. 전자는 불쌍한 혹은 수치스런 존재지만, 후자는 존경스럽고 경이로운 존재다.

성별 제도로 인한 성역할은 대칭적이지 않다. 남성의 성역할은 남성의 모든 정체성을 설명하지 않는다. 남성은 젠더를 경험하지 않기 때문에 (성별 제도로 인해 차별받지 않기 때문에) 아버지라는 성역할과 노동자·시민·국민으로서의 정체성은 갈등하거나 충돌하지 않는다('여성운동과 시민운동'이라는 말은 여성은 시민이 아니라는 것을 전제한다). 남성 중에서 아버지가 되는 사람도 있고 아닌 사람도 있듯이 또한 아버지의 역할을 하는 사람도 있고 안(못) 하는 사람도 있듯이, 모든 여성이 어머니의 의무나 재능을 지니고 있는 것은 아니다. 출산은 전쟁에는 미달하되 전쟁만큼 사망률이 높은 유일한, 위험한 사회 활동일 뿐이다.

어머니가 되는 것은 별로 '자연스럽지' 않다. 어느 사회나 10퍼센트 이상의 여성과 남성이 불임이다. 어머니는 여성에게 부과(강요)된 성역할 제도의 산물이지 생물학적인 결과가 아니다. "여자는 약하다. 그러나 어머니는 강하다." "여성이 한 일이 아니라 어머니가 해낸 일이다." 등의 말은, 여성은 성역할에 충실했을 때만 사회의 성원이 될 수 있다는 것을 설파한다. 남성은 사람이기 때문에 모든 남성 명사에는 인(人)이 붙지만, 여성 명사에는 녀(女)가 붙는다. 우리말 여성형 지칭에서 유일하게 인자(人字)가 붙는 경우는 미망인(未亡人, 남편을 따라 죽지 않은 여자)뿐이다(이 용어는 남편이 사망하면 아내가 뒤따라 죽는 인도의 사티 풍습의 한국판이라 할 수 있다).

"성(姓)을 갈다", 어머니의 섹슈얼리티

공적 영역에서 남성이 여성을 대하는 방식은 두 가지다. 한 사람이 '분위기에 따라' 두 가지 태도를 동시에 취하기도 한다. 이 두 가지는 서로 대립하는 것처럼 보이지만, 여성이 원하는 방식이 아니라는 점과 남성의 필요에 의한 규정이라는 점에서 같다. 남성은 여성과 어느 정도 친해졌다고 생각하면 대개 예외 없이 '누이 같다' 혹은 '어머니 같다'는 말로 친근감을 표현한다. 또 다른 방식은 여성을 '여자'로 보는 것이다. 술을 따라라, 애교를 부려라 등등 여성에 대한 사회적 고정관념을 그대로 적용한다. 어리고 나약하고 성화(性化)된 여성에 대한 기대이다. 실정법상 '누이 같다'는 표현은 성희롱이 아니지만, '술을 따라라, 직장의 꽃이다'라는 말은 성희롱 범죄에 해당된다. 하지만 무슨 차이인가?

극심한 성별 직종 분리, 성차별적인 한국의 노동 시장 구조 때문에 여성은 서른 중반이 넘어가면 공식적 직업 영역에서 거의 사라진다. 그때까지 '버티는' 여성이 없는 것이다. 때문에 한국 남성들은 공적 영역에서 만나는 여성들을 동료로서 어떻게 대해야 하는지 전혀 훈련되어 있지 않다. 남성은 공적 영역에서 만난 여성도 자신이 사적 영역에서 만난 여성의 연장으로 본다. 그들의 '휴식처'인 가정에서 만나는 어머니·누이와 '놀이터'인 술집에서 만나는 접대 여성이, 남성이 여성에 대해 알고 있는 전부라 해도 과언이 아니다. 여성과 동료나 경쟁자로 관계 맺어본 경험이 없는 것이다.

가부장제 사회가 여성을 분류·분리하는 방식인 성녀(聖女 혹은 석녀石女)와 성녀(性女), 정숙한 여성과 순진한 여성, 본처와 애첩, 아내와 애인……은 배타적인 범주 같지만 남성을 위한 여성의 기능이라는 점에서 같다. 여성은 상황에 따라 '정숙하면서도 섹시한', 이 모순된 요구를 동시에 수행해야 한다. 남성 판타지가 원하는 것은 성애화된(sexualized) 모성, 모성화된 성애(sexuality)이다. 대개의 부부 싸움, 아내에 대한 폭력은 아내가 '어머니 같은 이해심'과 '성판매 여성의 섹시함'을 동시에 감당하지 못할 때 발생한다. 유흥업소를 찾는 남성 고객이 성판매 여성에게 사고자 하는 것은 단지 그의 성이 아니다. 그의 배려·대화·보살핌 그리고 '오빠', '당신이 최고'라는 칭찬과 격려를 원한다.

가부장제 사회에서 여성의 몸은 남성들 간 권력 관계의 표지이며 점령지로 간주된다. 남성 정치학의 연대와 계승은 '전쟁시'에는 적군이 소유한 여성에 대한 집단 강간을 통해, '평화시'에는 부계(父系, 夫系) 가족을 통해 어머니의 몸을 빌려 작동한다. 모성은 본능이 아니라 정치학이다. 모성은 어머니와 자녀의 관계를 설명하는 말이 아니다. 모성은 남성과 여성의 관계를 의미한다.

만약 모성이 본능이라면, 미혼모도 어머니이므로 차별받아선 안 된다. 미혼모에 대한 우리 사회의 부정적인 인식은 합법적 아버지가 있어야 어머니와 자녀도 존재할 수 있다는 것을 함의한다. 남성과 연결되어 있지 않은 여성은 존재의 근거도 의미도 없다. 그러므로 미혼모는 자기 존재를 숨겨야 하며 그들이 낳은 아이는 사회적 존재가 아니다. '사생아(私生兒)'는 사적으로, 개인적 차원에서 태어난 아이다. 이미 탄생에서부터 공(公)/사(私) 영역의 분리와 차별이 있다.

공사 영역의 위계는 곧바로 성별 위계로 연결된다. 여성은 사적인 존재로 간주되기 때문에, 여성은 시민이 아니기 때문에, 여성이 태아를 자녀로 인정하는 것은 아무런 의미가 없다. 태아는 아버지의 법칙에 의해 공적 영역에서 승인될 때만 비로소 인간이 된다. "어머니 날 기르시고, 아버지 날 낳으시고……."라는 노래 가사처럼, 자녀는 어머니의 몸을 빌려 아버지가 '낳는 것'이다.

아마도 우리 사회에서 가장 험악한 욕설 중 하나는 '니 에미 씨

팔(씹할)', 'fuck your mother'이고, 굳은 의지를 보여주는 결의의 말은 '내가 성(姓)을 간다'가 아닐까 생각한다. 이 일상적 담론은 남자 사회에서 어머니의 섹슈얼리티 법칙이 어떤 것인가를 핵심적으로 요약하고 있다. 어머니랑 섹스하는 녀석은 아버지를 거역하는 오이디푸스가 되는 것이다. 적지 않은 여성들이 아버지에게 강간당하는 것은 가부장제를 조금도 위협하지 않는 사건이지만, 아들과 어머니의 '관계'는 그것이 강간이든 상간이든, 사회적 추방을 의미한다.

줄스 다신의 영화 〈페드라〉(1962)에서 아버지의 여자 멜리나 메르쿠리를 사랑한 아들 앤서니 퍼킨스의 최후는 이성애 핵가족의 가장 끔찍한 시나리오다. 아버지와 아들이 한 여자를 두고 갈등하는 것은 성(姓, 즉 계系)의 획득과 점령을 둘러싼 남성들 간의 견디기 힘든 긴장이다. 역설적으로 성(姓)은 여자의 승인을 통해서만 밝혀지기 때문이다. 가부장제가 가장 두려워하는 사건은 어머니와 딸의 연대이다. 어머니와 딸의 분열과 이간을 통해서 작동하는 남성 체제에서, 'fuck your mother' 즉 아버지와 아들의 대립은 남성 연대를 파괴하는 반역 행위다.

성(姓)의 변경은 어머니가 재가했을 때, 아버지가 아닌 다른 남성과 섹스했을 때 발생한다. 아버지가 '다른 여자를 보았을 때'는 성을 가는 일이 발생하지 않는다. 성을 가는 것이 엄청난 사건인 이유는, 그것이 계급 재생산이라는 가부장제 가족의 근본 질서를 뿌리째 흔들기 때문이다. 아버지 남성의 입장에서는 어머니 여성이 자신에게 일부 종사할 때만 진짜 자기 아들에게 상속이 가능하다.

여성은 늘 가정적인 존재로 간주되고 어머니는 가족을 유지하기 위한 모든 육체 노동, 감정 노동을 수행하지만 정작 가족을 구성할 권리는 없다. 만일 유림의 주장대로 동성동본 간 금혼이 우생학적 근거에 따라 근친 간 결혼을 방지하기 위해 존속되어야 한다면, 아버지의 성뿐만 아니라 어머니들의 성이 같아도 금지해야 할 것이다.

가부장제는, 가족은, 국가는, 민족은 여성의 섹슈얼리티를 통제하고 활용·매개·동원함으로써만 유지된다. 우리 사회가 여성을 그토록 어머니로 호명하고 싶어 하는 이유가 여기에 있다. 어머니로 간주되는 여성은 성적 주체가 될 수 없고, 자신의 몸을 가질 수 없다. 그의 몸은 남성만이 주체가 되는 가족과 국가의 소유다.

'더러운' 노동, 불가능한 임무

요즘 장래 희망으로 현모양처를 꼽는 여성은 거의 없지만, 여전히 그것은 많은 여성들에게 무의식적 압력이며 욕망이다. 왜 현부양부(賢父良夫)라는 말은 없는 것일까. '스위트 홈'과 자녀 양육이 소중하고 성스러운 일이라면 그것은 책임이라기보다 권리일 것이고 남성들도 앞다투어 참가해야 한다. 그러나 '집에 가서 애나 보라'는 말은 노동 시장에서 남성들이 듣는 가장 모욕적이고 비참한 욕이다. 현모양처가 과연 성취 가능한 일인지도 의문이다.

2003년 경찰청 통계에 따르면 우리나라의 성폭력 발생 건수는 12,494건이었다. 그러나 신고율이 2퍼센트라는 것을 감안하면 연간 약 60만 건의 성폭력 사건이 발생한다고 추정할 수 있다. 이중 가정 내 성폭력이 3분의 1을 차지한다. 근친 성폭력은 드문 일이 아닌 것이다. 친족 내 성폭력을 포함한 모든 가정폭력의 특징은 반복과 은폐다. 아버지의 딸(혹은 아들)에 대한 성폭력이 지속 가능하려면, 지지든 방관이든 어머니의 '협조'가 필수적이다. 근친 성폭력 가정의 어머니가 현모가 되려면 딸 편을 들어야 할 것이고, 양처가 되려면 남편을 옹호해야 한다. 이것은 '미션 임파서블(불가능한 임무)'이다.

가부장제 사회에서 여성의 성역할은 생물학적 필연이 아니라 남성 중심적 시선·해석·필요·기능·환상이다. 남성과 그들이 지배하는 사회가 여성이 할 일을 정한다. 완벽한 어머니 일 수행의 합격선은 어머니가 정하는 것이 아니라 타인에 의해 요구되는 것이기 때문에 근본적으로 도달 불가능하다.

2차 세계대전 때 독일은 유대인을 잡아 즉석에서 죽이는 일을 독일인도 유대인도 아닌, 동유럽 인종에서 징발한 트로우니키스 (Trawnikis) 사람들에게 시켰다.[2] 트로우니키스 사람들이 한 일은 전형적으로 '더러운 일'이다. 이런 노동의 본질은 일의 과정에는 참여하지 않되, 노동의 결과는 전유하고 싶은 지배자가 피지배자에게 시킨다는 데 있다. 누군가는 해야 할 일이지만 정작 그 일을 하는 사람은 경멸받는 노동. 인간 사회는 이러한 자신들의 이중성을

'필요악'이라는 모순된 말로 합리화한다. 어머니의 노동은 성판매 여성의 노동과 마찬가지로 필요악이다. 고기는 먹고 싶지만 백정은 인간이 아니었듯이, 매춘(買春)을 하고 싶기 때문에 매춘(賣春) 여성은 필요하지만 성판매 여성은 '악'이다.

가족 구조에서 어머니의 노동이라고 간주되는 육아와 가사는 문화적으로 비하되고 경제적으로 보상되지 않는다. 어머니의 일이 단순하고 반복적인 미숙련 노동이라는 인식은 공적 영역에도 확장되어, 노동 시장에서 여성 노동에 대한 낮은 평가와 연결된다. 노동 현장에서 여성들은 자신의 본래 업무 외에 추가된 성역할 노동을 하면서 아니, 그러한 이중 노동을 하기 '때문에' 저임금이 합리화된다. 배려와 보살핌, 감정 노동을 중요한 노동 요소로 요구하는 사회 복지사나 간호사, 유치원 교사의 저임금은 이들 노동의 특징이 어머니의 노동을 닮은, 성별화된 것이기 때문이다. 비슷한 학력과 연령대의 남녀가 담당하는 남성 경비원과 여성 청소부(사실 청소의 노동 강도가 더 세다)의 급여가 다섯 배 격차가 나는 것은, 우리 사회에서 여성의 일이 어떻게 취급되는지를 극명하게 보여준다.[3] 노동 현장에서 커피 접대, 사무기기 청소 등 여성의 일이라고 간주되는 일을 남성에게 시켰을 때, 남성 노동자는 자존심의 상처를 넘어 회사를 그만두라는 신호로 받아들인다.

어머니의 노동이 여성에 대한 통제와 착취라는 것은 새삼스럽지 않다. 한국이 국방비 지출 세계 10위권 국가이면서도 이 정도의 삶의 질을 유지할 수 있는 것은, 사회 복지 비용을 여성들이 가족 내

무보수 노동으로 대체했기 때문이다. 우리는 이러한 현실을 문화, 미풍양속, 전통으로 합리화한다. 군비 축소·반전 반핵·평화 통일 운동은 여성의 성역할에 대한 도전과 파괴로부터 시작되어야 한다.

대부분의 가정폭력은 가해 남편이, 아내가 어머니/며느리로서 성역할 규범을 어겼다고 판단했을 때 발생한다. 성역할 불이행이 '맞을 짓'이 된다는 사실은, 이 노동이 여성 자신을 위한 일이 아니라는 것을 보여준다. 몇 해 전 경제 능력이 없는 남편을 대신해 아내가 돈을 벌러 나간 사이 아버지가 우는 아들을 살해한 일이 발생했다. 사건 그 자체로도 놀라운 것이었지만, 이에 대한 당시 여론이 아버지의 '육아 스트레스'에 대한 동정과 아이를 돌보지 않은 어머니의 비정함에 대한 비난에 집중했다는 사실은 더욱 충격적이었다. 우리 사회가 그 여성에게 요구한 것은, 돈은 벌되 갓난아이를 업고 직장에 나가서 남편을 편안하게 해주라는 것이었으리라.

오늘날에도 여전히 막강한, 정신 질환에 대한 발달 이론들은 주로 프로이트 학설에 근거를 두고 있다. 대개 정신과 의사들은 환자를 대할 때 어머니와의 관계부터 묻는다. 정신 질환에 대한 대부분의 설명은 아버지와 자녀의 상호작용이 아니라 어머니와 자녀의 관계를 문제삼는다. 만일 어머니가 인간 발달에 그토록 대단한 영향을 끼친다면, 그리고 그 영향이 그토록 부정적인 것(치맛바람, 과보호, 입시 비리……)이라면, 이에 대한 우리의 대안은 어머니가 그 역할을 하지 못하게 하는 것이어야 한다. 어머니가 문제라면 아버지가 육아를 담당하면 될 것이다. 그러나 이 같은 '합리적인' 해결 방안을 제시하는 경우는 없다. 어머니는 전지전능하다며 '권력'(책임)을 부여하는 동시에 그것을 사용했다고 비난하는 것이다.

모든 인간은 평등하다는 근대적 인권 개념과, 인간의 범주에서 여성을 제외하려는 가부장제 사이의 모순은, 모성의 발명으로 극복되었다. '아동기'와 '모성'의 창조는 남성 가장 노동자를 개인으로 상정한 가부장적 자본주의의 전개를 위해서도 필수적인 것이었다. 서구에서 존 로크 이전 바로 1세기 전까지만 해도 세상에 태어난 아이는 원죄에 의해 오염되어 있다고 믿었다.[4] 오늘날과 같은 모성 이데올로기는 '아이들은 어머니가 어떤 것이라도 쓸 수 있는 백지 상태'라는 관점과 함께 탄생한 것이다. 이후 어머니는 자신의 노력 여하에 따라 아이 인생을 바꿀 수 있다는 엄청난 부담감과 죄의식에 시달리게 되었다.

어느 누구도 타인의 인생을 대신 살 수 없지만, 유독 어머니만은 그럴 수 있다고 생각한다. 어머니는 남편을 출세'시키고' 자녀를 좋은 대학에 '보내야' 한다. 어머니는 아버지에게 맞으면서도 그를 변화시켜야 하고(피해자는 해결사가 되어야 한다), 어머니는 생명을 위협하는 폭력 앞에서도 자녀들에게는 모성애를 발휘해야 한다. 아이를 남기고 폭력 가정을 탈출하는 여성에게 쏟아지는 비난은, 순결이 그러하듯이 모성애 역시 여성의 목숨과 맞바꿔야 한다는 남성 사회의 메시지다. 훌륭한 어머니가 되려는 여성은 자신을 파괴하는 유전자를 지니고 있어야 한다. 어머니는 남을 위한 존재이기 때문이다.

혐오스런 아줌마, 신성한 어머니

식민 지배와 압축 '성장'을 특징으로 하는 한국 현대사는 남성과 여성에 대한 '한국적 젠더'를 생산했다. 나약하고 무기력하나 폭력적인 아버지 혹은 그러한 아버지의 부재와 억척스럽고 생활력 강하며 아버지를 뒤에서 티나지 않게 조종하는 '지혜로운' 어머니상은 서구의 젠더 이미지와는 차이가 있다. 그런 점에서 한국의 어머니들은 존경받아 왔다. 이제까지 어머니의 지위는 여성이 거의 유일하게 도달할 수 있는 존경받을 만한 사회적 권력이었다.

문제는 어머니의 권력과 여성의 권력은 정반대라는 것이다. 어머니의 지위가 높은 사회일수록 여성의 지위는 낮다. 어머니는 아들의 대리인이다. 고부 갈등은 여성과 여성의 갈등이 아니다. 시어머니/며느리는 여성의 관점에서 비롯된 정체성이 아니라, 여성이 남성과 맺고 있는 힘의 관계를 설명할 뿐이다. 어머니의 권력은 결국 출세한 아들의 권력에서 나온다. 어머니의 행복한 삶은 잘난 아들을 통해서(정확히 말하면 아들의 아내의 노동을 통해서) 보장된다. 그런 어머니가 남녀고용평등법을 찬성할 리 없다.

그래서 우리 사회의 교육 문제는 결국 젠더 문제다. 여성의 자아실현과 인생의 성공은 자녀 교육을 통해서만 가능하다는 것이 한국의 사회적 합의다. 어머니가 자녀 교육에 '목숨을 걸고', 과외비 마련을 위해 '파출부', 주부 매춘까지 마다하지 않는다. 여성은 공적 영역에서 성공하더라도 어머니의 정체성과 역할이 우선적으로 강조된다.

그렇다면 어머니가 자녀를 위해 바친 인생만큼 우리 사회는 어머니를 기억하고 존중하는가. 우리 기억 속의 아릿한 상처와 안쓰러움으로 남아 있는 헌신과 희생을 다한 어머니와, 음식점에서 떼를 지어 큰소리로 웃고 떠들며 지하철에서 자리 쟁탈전을 벌이는 뻔뻔스러운 여성, 오형근의 사진 작품에 나오는 촌스럽게 화장한 얼굴, 문신한 눈썹, 뚱뚱하고 나이 든 추레한 여성, 창피한 줄도 모르고 물건 값을 깎아대며 시장에서 악다구니를 써대는 여성은 우리들 각자의 어머니와 다른 사람인가? 젊은 여성을 포함하여 그 누구라도 '아줌마!'라는 단 한마디로 손쉽게 무시할 수 있는 사람들, "아줌마 주제에……."라는 말에 대응 논리를 잃고 주눅 드는 여성들은 누구인가?

'탈특권화된' 아줌마와 '특권화된' 어머니의 차이는 무엇일까. 결혼한 여성이 자신의 성역할에 충실하며 집에만 머무를 때, 어머니가 직장 생활을 하지 않을 때 그는 나의 어머니다. 하지만 그가 욕망을 드러내며 집 밖으로 나올 때, 남의 어머니일 때 그는 아줌마다. 그가 집에서 내게 밥을 해줄 때는 어머니지만, 그 자신이 음식점에서 남이 해준 밥을 먹을 때는 아줌마다. 여성은 평생토록 서비스를 하는 주체이지 받는 대상이 될 수 없기 때문이다. 타인의 서비스를 당당하게 요구하는 여성은 모두를 불편하게 한다. 여성이 공공 장소에서 자기 욕망으로 젖가슴을 드러낼 때 그는 필시 몸을 파는 여성이거나 '미친 년'일 것이다. 그러나 아이에게 젖을 먹이기 위해서라면 성스럽고 숭고하다.

우리 사회의 아줌마에 대한 혐오 담론은, 그들이 모성(남을 보살핌)과 섹슈얼리티라는 핵심적인 여성성을 상실한 집단이라는 인식에서 온 것이다. 젊음과 미모라는 여성의 가치를 상실한, 섹슈얼리티가 이미 훼손된, 따라서 아무나 '건드릴 수' 있는, 아무나 건드릴 수 있지만 스스로 성적 욕망을 표현해서는 안 되는, 집안의 정숙한 중산층 여성이 아니라 집 밖에서 노동하는 여성이라는 이미지에서 기인한다.

나는 몇 년 전 국가 폭력과 관련한 국제 학술 대회에 참석한 적이 있는데, 한 남성 참가자로부터 "어떻게 아줌마가 (애를 안 보고) 이런 곳엘 다 왔느냐."라는 '칭찬'을 여러 번 들었다. 나는 그 말을 모욕이라고 생각했으나 그는 칭찬이라고 주장했다. 그 말은 "여자 주제에 어떻게 인권과 평화를 논하는 자리에 왔느냐."는 의미가 아니다. 그 대회에 참가한 미혼 여성들은 어느 누구도 그런 말을 듣지 않았다. 아줌마는 여성이 아니라 제3의 성이다. 공적 영역에 나올 수 있는 여성은 남성이 규정한 여성 이미지—젊고 예쁜, 자신의 눈을 즐겁게 할 수 있는—에 걸맞아야 하기 때문이다. 아줌마는 그들이 기대하는 여성이 아니다.

아줌마에 대한 혐오와 어머니에 대한 신성화라는 이 아슬아슬한

게임에는 경계가 없다. 남성들이 논하는 아줌마/어머니의 존재가 '사실'이 아니기 때문이다. 어머니는 대단히 고도의 정치적 목적을 가진 픽션이며, 따라서 예측할 수 없는 임의적인 이데올로기다. 아들이 필요로 하는 변화무쌍하며 한없는 요구의 대상. 이것이 어머니론의 핵심인데, 아이러니하게도 어머니는 변화하지 않아야 한다. 아들의 입장에서 어머니는 자기 요구대로 변화해야 하지만, 근본적으로 변화해서는 안 된다.

어머니 억압의 역사는 자본주의의 역사보다 스무 배는 더 오래되었다. 그러는 동안 어머니는 어머니 자신에 대해 말할 수 없게 되었다. 어머니는 자신이 원하는 희망과 자신에게 부과된 희망을 구별하지 못한다. 이 글을 쓰면서 나는, 훌륭한 언어는 아니지만 내게 언어가 있다는 사실에 대해 어떤 쾌락을 느꼈다. 그런 점에서 (물론 그들이 의도하지 않은 결과겠지만) 내게 언어를 가르쳐준 아버지들에게 감사한다. 그리고 무엇보다 '아버지 언어'의 역사적 맥락을 설명하고 상대화시켜준 여성주의 지식인들에게 감사한다. 앞으로 딸들은 아버지의 검은 잉크를 엎어버리고 어머니의 젖이라는 흰색 잉크로 어머니에 대해 다시 써야 한다. 이제 아들은 어머니에 대해 말하는 것을 그만두어야 한다. 딸은 어머니를 자신에게 투사하지 말고 스스로 욕망하는 대로 살아야 한다. 사회는 여성과 어머니를 분리하고, '성스러운' 어머니의 일을 남성에게도 부과해야 한다.

여성주의,
'가장 현실적인' 세계관

여성주의가 필요한 이유

2005년 한국의 가구 구성 '현실'을 보자. 1인 가구가 15.5퍼센트, 부부 가구 14.8퍼센트, 어머니나 아버지 한 명과 자녀로 이루어진 '한 부모' 가구가 9.4퍼센트다. 결혼하는 사람 100명 가운데 8명은 국제결혼이다. 지난 34년 동안 인구 1천 명당 이혼 건수는 일곱 배 증가했지만, 혼인 건수는 30퍼센트 이상 줄었다. 2004년에 이혼한 부부 가운데 동거 기간이 20년 이상인 황혼 이혼 비중은 18.3퍼센트로, 23년 사이에 네 배나 증가했다. 여성 1인당 출산율은 1.15~1.17명으로 세계적으로 당대 최저이자, 근대 국민국가 역사상 최저이다. 현재의 출산율이 지속될 경우, 2100년 한국의 인구는 1,621만 명으로 감소한다. 한국은 2004년 말 현재 42만 명의 외국인이 취업하고 있는 유엔이 정한 이민 국가다. 그러나 위의 모든 수치는 '공식' 통계이기 때문에, 실제는 이보다 더 많을 것이라고 전문가들은 추정한다. 특히, 이주 노동자는 1백만 명을 훨씬 넘는 다는 게 정설이다.

잘 살펴보면, 이 모든 변화의 '주범'은 여성들의 의식 변화이다. 이제 여성들은 더 이상 "엄마처럼 참지 않는다." '집안'일과 '바깥' 일, 육아의 삼중 노동을 당연하게 여기지 않으며, '현모양처 겸 커리어우먼'이 되라는 이중 메시지 사이에서 분열과 고통을 감수하지 않는다. 전 세계에서 이혼율이 가장 낮은 국가는 인도인데, 대신 인도는 기혼 여성의 자살율이 가장 높은 나라이다. 한국 여성들은 자살하느니 이혼을 선택하는, 합리적인 사람들일지도 모른다.

그런데 이러한 변화 앞에서 가장 현실적이어야 할 국가 정책은, 여성들의 현실 인식을 따라잡지 못하고 있다. 저출산 대책이랍시고 정부가 내놓은 캠페인이 '1·2·3운동'인데, 결혼 후 1년 이내에 임신해서 2명의 자녀를 30살 이전에 낳아 잘 기르자는 것이다. 하지만 이 "비현실적이기 그지없는 대책 없는 대책에, 결혼 후 1년 내 임신해서 2명의 자녀를 30살 이전에 낳아 기르면, 40살에는 파산한다며 모두들 비웃고 있다. 현실적으로 남녀 모두 30살 전후가 결혼 적령기로 자리잡고 있는 마당에, 도대체 무슨 생각으로 이런 운동을 하자는 건지 알 수가 없다."[5]

여성학을 강의하다 보면, 나를 '국가 대표 페미니스트'로 생각하는지, 처음 만나는 사람들은 여성운동가, '꼴통 페미'에 대해 자신들이 평소 지녔던 모든 호기심과 '불만'을 펼쳐놓는 경우가 많다. 물론, 페미니즘에 대한 편견과 고정관념이 대부분이다. 내 주변만 봐도 실제로 그런 페미니스트는 그리 많지 않은데, 사람들은 페미니스트는 무조건 '말술에 줄담배'라고 생각한다(이는 개인의 기호일 뿐이다). 내가 술, 담배를 전혀 못한다는 것을 알고는 '실망'하는 이들이 많다. 심지어, "왜 안 하냐." "내숭 떨지 마라." "내 앞에서는 괜찮다."라고 말하는 사람도 있다! (나는 음주·흡연자는 남녀를 불문하고 건강보험료를 두 배로 내야 한다고 생각하는 사람이다. 실제로 캐나다에서는 평등 정책의 일환으로 흡연자는 보험료를 더 낸다.) 나는 초등학교 6학년 딸을 둔 평범한 주부이기도 한데, "당연히 싱글인 줄 알았다."며 또 놀란다. 한마디로, '너도 사람이었냐'는 투다.

하지만 이런 개인적 호기심보다 나를 가장 곤혹스럽게 하는 경우는 "페미니즘이 옳긴 하지만, 시기상조다."라거나 "현실적이지 않다."라고 주장하는 사람들이다. 나는 반대로 생각한다. 누가 나더러 여성주의를 한마디로 요약하라고 하면, "착한 여자는 천당 가지만, 나쁜 여자는 어디든 간다."라는 말을 소개한다. "착한 여자만이 천당 갈 수 있다."가 기존의 남성 중심적인 생각이라면, 여성주의는 "나쁜 여자가 천당 간다."라고 주장하는 것이 아니다. 여성주의는 이러한 이분법적 사유와 거리가 멀다. 여성주의는 남성을 미워하거나 반대하는 것이 아니라, 애정이든 증오든 이제까지 남성에게 쏟았던 기운을 여성 자신에게 돌릴 것을 제안한다.

내가 생각하기에, 지금 우리나라 부모나 교사들 중에 페미니스트가 아닌 사람은 거의 없다. 아무리 보수적인 사람이라도, 대부분의 부모들은 자기 딸이, 있는지 없는지도 모르는 천당에 가기 위해 남자에게 순종하며 '착한 여자'로 살기보다는, 자기 인생을 스스로 선택하는 능력 있는 '나쁜 여자'로 살면서 어디든 가길 바란다.

페미니즘은 그렇게 거창하거나 '무서운' 것이 아니다. 이제까지 잘 들리지 않았던 여성들의 목소리에 귀기울여보자는 것이다. '다른 목소리'는 혼란이 아니라 다양성과 창조력의 원천이다. 사람들도 소품종 대량 생산 사회보다 다품종 소량 생산 사회에서 살고 싶어 하지 않는가.

초등학교 교실에서 실제 있었던 일이다. 5학년 남자 어린이가 별뜻 없이, 또래 여자아이들에게 말했다. "너희들, 하느님이 나는 진흙으로 직접 만드시고, 여자는 내 갈비뼈로 만든 거 알아?" 그러자 두 명의 여자아이들 말이 걸작이다. "그래, 네 말이 맞아. 근데, 누가 만들어 달라고 부탁했니?", "그러니까, 너는 질그릇이고 나는 본차이나(Bone China)네!" 여성주의는 남자 어린이의 말이 틀렸다고 말하는 것이 아니다. 이 여자 어린이들의 재치 있는 대응대로, 다른 해석이 가능하다는 것이다. 여성주의는 그러한 '다른 목소리'가 세상을 풍요롭게 만들고, 여성도 남성도 성장시킨다고 믿는다.

예전에는 똑똑한 여자, 자기 뜻대로 산 여자는 '시대를 너무 앞서 갔기 때문에' 불행하다는 논리가 '정설'이었다. 그러한 사회 심리를 '나혜석 콤플렉스'라고 한다.

치열하고 의미 있는 삶을 추구한 여성은 불행해야 하는가? 우리에게 알려진 나혜석(1896~1948)의 삶은 사실과 다른 부분이 많다. '백의의 천사 나이팅게일', '현모양처 신사임당'도 같은 경우이다. 나이팅게일과 신사임당은 재능과 열정으로 뭉친 '권력 지향적'인 여성이었다. 그들은 당시 남성 사회가 수용할 수 있는 방식으로 자신의 에너지를 협상했을 뿐이다. 나이팅게일은 크림 전쟁에 직접 참가하고 싶었지만, 사회의 성역할 고정관념 때문에 뜻을 이룰 수 없자 대신 간호 장교가 되었던 것뿐이다. 신사임당은 자신의 학식과 예술성이 여성이라는 장벽에 막혀 빛을 보지 못하는 현실에 매우 분개했고, 그 '분풀이'로 임종 직전 남편에게 "내가 죽은 후 재혼하지 말라."는 유언을 남겼다. 이들 모두 '천사'와 '현모양처'와는 거리가 있다.

나혜석과 동시대에 삶을 마감한 화가 이중섭은 말년에 가족과 헤어져 정신분열로 자해를 거듭하다 정신병원에서 홀로 죽었다. 그러나 이중섭의 죽음은 나혜석처럼 '시대를 앞서간 자의 비참한 말로'가 아니라, '위대한 화가의 치열한 예술혼'으로 여겨진다. 나혜석의 삶은 죽음으로 환원되었지만, 이중섭의 죽음은 삶으로 환원된다. 나는 나혜석의 삶이 행복했다고 본다. 그 자신도 그렇게 평가할 것이라 생각한다. 자기 시대의 지배 규범에 삶을 일치시키기를 거부한 여성은 가족에게 버림받고 노숙자가 되거나 정신병원에서 죽는다는 신화 '나혜석 콤플렉스'는, 잘못은 사회가 아니라 '똑똑한 여성'에게 있다는 가부장제 사회의 협박일 뿐이다. 여성들을 겁먹게 하는 것은 나혜석이 아니라 그에 대한 남성 사회의 해석이다. 대개 '위대한 여성들'에 대한 기존의 해석은 여성의 삶을 전유하고 싶은 남성의 시선, 욕망일 뿐, '역사적 실제'가 아니다. 현실적으로 살기 위해서, 현실을 바로 알기 위해서 여성주의가 필요하다.

말과 성차별

제주도 사람의 입장에서 남해(南海)는 틀린 말이다. 그들에게는 '북해(北海)'다. 왜 박완서는 '제3세계' 문학이고, 괴테는 '세계' 문학인가? '유색 인종'은, 흰색은 하나의 색이 아니라 색의 기준이 된다는 백인 우월주의의 표현이다. 왜 한국의 프로야구 최종 결선은 '코리안 시리즈'인데, 미국은 아메리칸 시리즈가 아니라 '월드 시리즈'인가? 한국어나 영어에서 만남(meet)은 본다(see)는 것을 의미하는데("또 봐요."), 이는 시각 장애인을 배제한 말이다. 남성에게 성교는 삽입이지만 여성에게는 흡입이다. 사례를 들자면 끝이 없다.

우리가 자연스럽게 사용하고 있는 거의 모든 말은 백인, 남성, 중산층, 성인, 비장애인, 이성애자, 서울 사는 사람의 시각에서 구성된 것이다. 중립적인 말, 누구에게나 적용될 수 있는 보편적인 언어는 존재하지 않는다. 특히, 남성의 관점은 가장 오랫동안 지속되어 왔고, '피해' 집단도 가장 광범위하다. 또한 성차별은 다른 사회적 억압의 모델을 제공하여, 사회적 약자는 여성으로, 강자는 남성으로 성별적으로 재현된다. 여성주의가 중요한 것은 성차별이 가장 중요한 모순이어서가 아니라, 지배-피지배의 관례를 드러내기 때문이다.

동물의 세계에 먹고 먹히는 자가 있다면, 인간 세계는 말을 만드는 사람, 즉 정의하는 자와 정의당하는 자가 있다. 언어는 차별의 결과가 아니라 차별의 시작이다. 약 5천 년 동안 남성은 재현 주체였고 여성은 재현 대상이었다. 남성은 사람이지만, 여성은 여성이다. 미술 작품 제목을 보자. 로댕의 (생각하는 남성이 아니라) 〈생각하는 사람〉, 앵그르의 (욕탕의 사람들이 아니라) 〈욕탕의 여인들〉이다. '유관순 언니'가 아니라 '유관순 누나'이다. 이처럼 국민, 노동자, 민중, 시민의 개념은 성 중립적이지 않다. 이들은 모두 남성이라고 간주되기 때문에, 여성이 이들 범주에 포함되려면 '여성 노동자'와 같이 기존 개념에 부가적인 명칭을 갖게 된다.

헌법 제39조 1항은 "모든 국민은 법률이 정하는 바에 의하여 국방의 의무를 진다."라고 규정하고 있다. 이 조항의 의미는 무엇인가? 국방의 의무가 없는 여성과 장애인, 아동은 국민인 '비장애 성인 남성'의 '보호'(지배)를 받는다? 여성은 국방의 의무를 지는 남성을 주로 '사적' 영역에서 보조함으로써 간접적으로 국방의 의무를 수행한다? 아니면, 여성이 "국방의 의무를 지는" 방법을 실제로는 "법률이 정한 바"가 없기 때문에, 여성은 국민이 아니다?

'여성과 인권', '현대 사회와 여성', '법과 여성' 등 대학에 개설되어 있는 여성학 관련 과목명조차 여성을 인간의 범주에서 제외하고 있다. '남성과 인권', '남성과 사회'라는 말은 없다. 이미 인권은 남성의 권리를 뜻하기 때문이다. 즉, '여성주의 시각에서 본 인권'이란 말은 성립할 수 있지만, '여성과 인권'은 여성과 인간을 별도의 존재로 간주하는 것이다. 이는 마치 '흑인과 사람'이라는 말과 같다.

기지촌 성매매나 일제 강점기 '종군 위안부' 역사에 대해, "민족 모순인가, 성 모순인가 혹은 어떤 문제가 더 근본적인 원인인가?"라는 질문 방식도 이러한 인식을 드러내고 있다. 이 질문은 이미 여성은 민족의 구성원이 아니라는 것을 전제하고 있다. 1948년 유엔이 채택한 〈세계인권선언〉 역시, "제1조 모든 인간은 태어날 때부터…… 동등하다. …… 서로 형제애의 정신(spirit of brotherhood)으로 행동해야 한다."라고 규정하고 있다.

말 자체가 여성 혹은 남성에게만 해당하거나 여성 비하적이어서, 성별에 따른 역할 분리(차별)를 규정하고 당연시하는 경우도 많다. 미혼부라는 말은 없다. '걸레'는 남성을 의미하지 않으며, '영웅'은 여성을 뜻하지 않으며, '변태'는 이성애자를 가리키지 않는다. '연상의 여인'이라는 말은 있지만, '연상의 남성'이라는 말은 없다. '여성 상위'라는 말은 있지만, '남성 상위'라는 말은 없다. 남성이 연상이거나 상위인 것은 당연하기 때문이다. 한국 사회의 태아 성감별과 여아 살해는 세계적으로 악명 높은 인권 침해 사안인데도, 그 원인이 되는 남아 선호 악습을 '남아 선호 사상'이라고 부른다. 살인을 지지하고 정당화하는 폐습을 굳이 '사상'이라고 칭할 필요가 있을까?

여성은 흔히 '곰과 여우', '본처와 애첩', '성녀(聖女)와 성녀(性女)', '어머니와 창녀'로 구분되지만, 남성은 그렇지 않다. 가부장제 사회에서 남성의 계급과 정체성은 경제력이나 사회적 지위에 따라 결정되지만, 여성의 지위는 몸/성에 따라 정해지기 때문이다. 그래서 '정숙한 여성'과 '문란한 여성'이라는 말은 있지만, '정숙한 남성'과 '문란한 남성'이라는 말은 없다. 여성 사회운동가가 이혼했다고 해서, "통일의 꽃인가, 분열의 꽃인가?" 따위의 제목으로 실린 신문 기사들은, 여성의 사생활은 남성의 경우보다 더 문제시되며, 이혼남보다는 이혼녀가 더 비난받아야 함을 노골적으로 드러내고 있다. 영어에는 존댓말이 없는데도, 외화 번역 자막에 남성은 반말로 여성은 존댓말로 표현하는 것도 성차별이다.

여성의 신체 기관은 공간화된 표현이 많은데, 이는 여성을 사물화하여 남성들 사이의 쟁취물로 보기 때문이다. '남자는 배, 여자는 항구'라는 노래처럼, 남성은 자신의 집을 가지고 있지만 여성은 집 그 자체가 된다. 여성은 남성 주체의 개척 대상인 자연의 한 형태로 간주되어 왔다. 신대륙을 발견한 유럽 남성 아메리고 베스푸치(Amerigo Vespucci)의 이름에서 비롯된 아메리카(America) 대륙은, 아메리고의 여성형이다. '자궁(子宮)'은 남아가 사는 곳이다. 여성의 질을 뜻하는 버자이너(vagina)는 남성의 성기를 상징하는 칼이 머무는 '칼집'을 뜻한다. 질의 한자인 '膣' 역시, 방(室)이라는 글자를 포함하고 있다. '신여성'도 같은 경우다. '신여성'과 '구식 여성'이라는 구분은 있지만, 신남성과 구남성이라는 말은 없다. 이는 남성이 아니라 여성이 근대와 진보를 표상하는 장소가 되었음을 뜻한다.

'성매매'는 윤락(淪落) → 매춘(賣春) → 매매춘(賣買春) → 성매매(性賣買)로 변화해 왔다. 이 용어들은 지금도 말하는 사람의 관점에 따라 혼용되고 있는데, 그만큼 언어의 생산과 사용은 정치적이며 말의 변화 자체가 인권의 역사라는 것을 알 수 있다.

폐경보다는 완경, 처녀막이 아니라 질주름, 삽입 성교보다는 성기 결합, 미혼이 아니라 비혼이 듣기에도 좋고 상호적이지 않은가.

이처럼 여성 인권에 대한 사회적 인식이 확산됨에 따라 기존의 성차별적 언어들이 개선되고 있다. 이는 단지 개별 단어의 표현뿐만 아니라 문장 구조, 사유 방식의 변화까지 동반하는 새로운 삶의 양식이다. 대개 남성들은 인과 관계나 의사 전달 위주의 말하기 방식(report-talk)에 익숙하지만, 여성들은 원칙적이기보다는 맥락적이고 공감하는 말하기 방식(rapport-talk)에 능하다. 이제까지 여성들의 말하기 방식은 열등하거나 비논리적, 사적이라고 비하되어 왔지만, 다른 시각에서 보면 오히려 '여성적 방식'이 타인에 대한 배려와 관용, 민주주의에 훨씬 가깝다는 것을 알 수 있다.

여성주의 언어란 무엇인가

공포와 죄의식으로부터, 여성의 침묵은 처음에 나타난다. 그러나 남성의 침묵은 마지막에 나타난다. ―크리스틴 브룩로즈(Christine Booke-Rose)

아버지의 연장으로 아버지의 집을 부술 수 없다. ―오드리 로드 (Audre Lorde)

당신이 말하는 언어는 당신의 혀에 독을 바른다. 당신이 말하는 언어는 남자들이 착취해 간 것들의 기호이다. ―모니크 위티그(Monique Wittig)

'말씀'의 세계에서 내쫓기는 것도 비참하지만, 그것에 감금당하는 것은 더욱 비참한 일이다. ―버지니아 울프(Virginia Woolf)

이제까지 남성이 생산한 여성에 대한 지식은, 여성에 대해서 아무것도 말하고 있지 않다. 그것은 여성에 대한 남성의 욕망, 즉, 남성 자신에 대해 말하고 있을 뿐이다. ―우에노 지즈코

타인에 〈대한〉 지배로서 권력에 대항하는 페미니즘, 타인〈에게〉 힘을 주는 권력으로서 페미니즘. ―낸시 하트삭(Nancy Hartsock)

가부장제는 여성의 몸에 대한 남성의 언어이다. ─에이드리엔 리치
(Adrienne Rich)

사람들이 스스로 무엇인가를 하는 능력, 자기 내부에 어떤 가능성을
갖는 것, 이것이 살아가는 데 가장 중요한 이슈라고 생각한다. 하지만
혼자만의 힘으로 자기 발전소를 가동시킬 수 있는 사람은 그리 많지 않
다. 발전소를 가동시킬 수 있는 에너지의 장에 가까이 가는 것, 자신의
저항에 호응하고 지지하는 커뮤니티가 너무나 절실하다. ─김은실

공략하기보다 낙후시켜라. ─조한혜정

공격하거나 방어하지 않는, 상처를 힘으로 전환시키는 정치. ─김예숙

이제까지 여성들은 '위대한 여성'의 삶에 개입할 수 없었다. 그
래서 남성이 해준 이야기를 '들었다'. 여성에게 교육이 허락된 것은
5천 년 인류 역사에서, 채 1백 년이 되지 않는다. 자신의 목소리를
갖고 자기 삶을 '선택'할 수 있는 여성들이 '한 명 이상' 등장하기
시작한 것은 근대 대중 교육이 보급된 이후였다. 오늘날 여성들이
'나혜석'처럼 살기 위해서, 새로운 삶에 대한 동경과 열망이 두려움
으로 귀착되지 않기 위해서, 가부장제로부터 여성을 탈환해 오기
위해서, 우리에게는 언어가 필요하다.

예나 지금이나, '똑똑한 여성'은 '특이한 여성'을 의미한다. 남성

사회는 여성이 언어를 갖는 것, 똑똑해지는 것을 원치 않는다. 여성들도 원치 않는다. 프란츠 파농(Frantz Fanon, 1925~1961, 알제리에서 활동한 정신분석학자이자 사회철학자, 혁명가)이 온몸을 떨면서 간파했듯이, 흑인은 백인의 타자이며 동시에 흑인의 타자이다. 여성의 타자 역시 여성이 아니라면, 이미 가부장제 사회가 아닐 것이다.

자본이나 국가가 노동운동은 탄압하지만 강단 좌파에 대해서는 너그럽듯이, 대개 지배 세력들은 저항 세력의 '운동'보다는 '~학'이 안전하다고 느끼며 선호하게 마련이다. 그러나 여성주의에 대해서만큼은 그렇지 않다. '여성운동'이나 '여성학'이나 모두 지배 세력의 적대감을 피하기 어렵다. 특히, 여성들이 자신의 삶을 설명해주는 여성주의 지식을 갖는 것, 여성의 시각에서 세상과 관계를 새롭게 해석하는 것, 여성이 자기 자신을 위해 공부하는 것에 대해서는 거의 모든 사회 구성원이 참지 못한다. 근대 미국에서 국민 의무 교육이 실시되었을 때도 흑인 노예와 가정주부는 예외였다. 사회는 이들이 교육을 통해 자기 노동의 의미를 깨달을 때, 어떤 일이 일어날지 잘 알았을 것이다. 근본적으로 언어는 자원과 권력 이동의 전제이며 시작이기 때문이다.

언어와 물질의 분리는 남성 중심적 사유이다. 많은 남성과 여성 그리고 여성주의자들도 가정하고 있는 여성운동과 여성주의 지식을 대립시키는 사고방식은 서구 근대성의 산물이다. 운동과 언어 사이의 이원론, 위계적 사고는, "이제까지 철학은 세계를 해석하기만 했다. 앞으로 철학은 세계를 변혁할 것이다."라는 마르크스의 테제를 비판 없이 수용한 결과다. 이 테제는 마르크스주의의 남성 젠더, 즉 변혁 이론으로서의 한계를 어김없이 고백한다. 마르크스주의와 마르크스주의가 저항하고자 하는 세계관은 어떤 차원에서는 일종의 쌍생아인데, 이들은 모두 현실을 설명하는 언어는 하나('과학')이며 그 외의 생각은 '이데올로기'라는 관점을 공유한다. 즉, 지배 세력이든 피지배 세력이든 정치적 주체는 남성이기 때문에, 남성의 입장에서 구성된 참·거짓만이 존재할 뿐, '다른' 입장은 가능하지 않다는 것이다.

여성, 장애인, 동성애자⋯⋯라는 사회적 위치와 삶의 경험은, 주류의 시각에서 보면 열등함의 근원이고 극복되어야 할 장애이다. 그러나 반대로 억압받는 자의 시각에서 기존 사회를 보면, 이들의 타자성은 새로운 사회에 대한 상상력과 지성을 가능하게 하는 자원이 된다(이것이 바로 모든 탈식민주의 사유의 출발점이다). 그래서 주류의 언어를 규범으로 생각하고 열심히 익힐수록 이들은 더욱 열등해지지만, 이들이 자신의 경험과 노동에 근거하여 자기 언어를 갖기 시작하면 말할 수 없이 '똑똑해진다'. 저항할수록 권력을 갖게 되는 것이다.

인식 주체로서 남성과 여성의 사유 방식의 차이는, "남성은 이렇고 여성은 저렇다."라는 단순한 성차를 넘어선다. 내가 강의할 때, "한국이 왜 '극동 아시아'인가? 그것은 객관이 아니다. 제국주의 지도를 만든 영국의 그리니치 천문대의 입장에서 그럴 뿐이다. '우리'가 지도를 만들면 달라진다……."라고 말하면, 성별에 따라 반응이 판이하다. 남성들은 대개 "맞아요, 우리가 세계 지도를 만들면 우리가 중심이죠."라고 말하는 반면, 여성들은 "우리가 지도를 만든다고 해도 객관은 아니죠, 우리가 지도를 만들면 동남아시아는 소외되겠죠."라고 말한다. 남성들은 객관이 '존재'한다고 믿는 반면, 여성들은 경합, 유동한다고 파악한다.

여성에게 (기존) 언어가 없다는 사실은, 이처럼 인식론적 특권을 의미하기도 한다. 자기 경험과 지배 언어 사이의 갈등과 분열을 경험하지 않은 사람이 새로운 언어를 생산하기란 대단히 어렵다. 모든 인식, 특히 새로운 언어는 현실에 의문을 품을 때에만 생성 가능하기 때문이다. 안데르센의《미운 오리 새끼》에 드러난 정체성의 정치학은 그가 동성애자였다는 사실과 무관하지 않고, 부르주아 문화의 '구별 짓기' 행태에 대한 부르디외의 강렬한 인식은 그가 노동 계급 출신이었기에 가능했을 것이다. 미셸 푸코(Michel Foucault, 1926~1984, 프랑스의 대표적인 후기 구조주의 철학자)의 동성애 정체성이 그의 근대 주체 비판 이론에 끼친 영향은 말할 것도 없다. 이들은 피억압자로서 자신의 삶의 조건을 주류의 형식에 끼워 맞추지 않고, 새로운 세계관을 전개하는 근거로 삼았다.

'위안부 누드'의 지배 에로티시즘 정치학

2004년 2월에 발생한 탤런트 이승연 씨의 '위안부 누드' 사건에 대한 가장 보수적이고 위험한 견해는 "어떻게 그런 발상을 할 수 있나?" "민족의 아픔을 상업적으로 이용했다." "황당하다"는 식으로 기획사와 해당 연예인을 비판하는 것이라고 생각한다. '위안부 누드'는 한국과 일본의 갈등이 아니라, 한국 남성과 여성의 문제이기 때문에 이 사건을 민족 문제로 보는 것은 사건의 본질을 은폐하는 것이다.

다시 말해, 이 사건을 '역사와 민족에 대한 상업주의의 테러'로 보고 이에 근거하여 비판하는 것은, 이러한 사건이 생산되는 구조와 의식의 반복일 뿐이다. 오히려 이 사건에 대한 비판 담론은, 이 사건의 원인이라고 해도 과언이 아니다. 이 사건을 민족 문제로 보고 싶은 남성의 시각이 이 문제가 발생한 구조이기 때문이다. '위안부 누드'는 기본적으로 한국 사회 내부의 성별(gender) 권력 관계의 모순에서 기인한 문제임에도 불구하고, 거의 대부분의 비판 담론은 여성 문제와 성 문제에 무지한 몰성적(沒性的)인 시각에 기반을 두고 있다.

이 상품에 대한 비판과 제작 중단이 가능했던 것은, 여성의 인권과 존재성을 몸으로 환원하는 포르노/누드 산업 자체에 반대했기 때문이 아니라 이 프로젝트가 민족주의 담론과 충돌했기 때문이

다. 이 상품은 한국의 민족주의와 언론 매체의 엄숙주의, 살아 있는
생존자의 고통, 생존자의 직접 말하기, 정대협(한국정신대문제대책
협의회)과 정신대연구소를 비롯한 그간 군 위안부 피해 여성의 인
권을 위해 헌신해 왔던 여성운동의 저항 등 제작진으로서는 '상상
하지 못한 문제'에 부딪쳐서 실패하고 말았다. 나는 그들이 이러한
반응을 미리 생각할 만한 사회 의식이 없었다고 보고, 예상했더라
도 시장 질서가 자기 상품을 수용했다면 간단히 무시했을 것이라
고 본다. 그리고 이러한 반응을 예상하지 못한 것은 그만큼 여성과
여성주의, 전쟁시 성폭력 피해 여성의 존재에 대한 철저한 무시와
무지 때문에 가능한 것이다.

　만일 이 사건에 대한 비판 담론의 목적이 다시는 이러한 사건이
발생하지 않도록 하는 것이었다면, 위안부 누드에 대한 시민의 분
노와 그로 인한 시장의 외면이 왜 'O양', 'B양' 등 여성 연예인 비
디오 피해 사건에는 동일하게 작동하지 않았는지부터 질문해야 한
다. 한국 사회는 성폭력 피해 여성의 인권에 관심이 없으며, 성폭
력과 성관계를 구분하지 않는다. 가장 섹시한 성관계는 성폭력이
라고 믿고 있다. 일본 제국주의에 성폭력당한 것은 정치적인 이슈/
인권 문제이고, 한국 남성에게 성폭력당한 것은 개인적인 일인가?
'위안부 누드'를 생산하고 소비하는 것은 민족의 명예를 모욕하
는 일이고, 여성 연예인의 사생활을 몰래 찍고 팔고 돌려보는 것은
'즐거운' 일인가? 이런 의미에서 나는 '위안부 누드' 제작 행위뿐만
아니라, 이 문제에 대한 한국 사회의 해석, 한국인(남성)들의 분노

는 정당하지 않다고 생각하며, 두렵기까지 하다.

이 사건은 한국 사회에서 여성 누드나 포르노그래피가 왜/어떻게 가능한지를, 포르노그래피가 '쾌락'이나 '표현의 자유'의 실천이 아니라 정치적인 사건이며 권력 관계의 문제라는 것을 잘 보여준다. 포르노에서 남성 관객 혹은 남성화된 관객이 느끼는 '쾌락'은 권력 행동의 결과이다. 포르노의 쾌락은 여성이 벗었기 때문이 아니라 여성이 응시의 대상, 폭력의 대상으로 재현되어 남성 소비자가 자신에게 권력이 있다는 느낌과 의식으로 만족할 때에 발생한다.

영화 〈원초적 본능〉(1992)의 감독 폴 버호벤(Paul Verhoeven)의 후속작 〈쇼걸〉(1995)은, 제목답게 더 많은 여성들이 더 많이 벗었지만 기대와 달리 흥행에 크게 실패했다. 이 예상치 못한 결과는 성차별 사회에서 포르노, 누드 산업이 생산하는 에로틱한 쾌락이 어떤 권력 관계에서 가능한지 보여준다. 〈쇼걸〉은 쇼걸들의 벗은 몸을 보여주지만, 이 영화의 주제는 여성의 벗은 몸을 보여주어 남성 관객의 시선을 만족시키는 데 있지 않다. 오히려 쇼걸들의 연대와 자매애를 강조했기 때문에 돈벌이에 성공할 수 없었다(남성 사회의 관객들은 여성의 단결을 좋아하지 않는다). 이 같은 권력 구조 때문에 포르노 산업은 성별화된 정치경제학에 의존해야만 작동이 가능하다. 따라서 여성은 포르노를 만들어 돈을 벌거나 구매하는 주체가 되기 어렵다.

모든 재현(re-presentation)은 현실을 구성하는 담론의 일부이며 실천이기 때문에, 현실의 권력 관계를 반영한다. 현실에서 권력과 자원이 있는 집단은 포르노그래피의 대상으로 구성되지 않으며, 이러한 재현물은 '흥행'에 실패한다. 현실 세계에서 인간성을 박탈 당하고 열등한 자로 낙인찍힌 사람이 화면에서 고문당하는 경우와 권력 있고 존경받는 사람이 고문당할 때 관객의 반응은 완전히 다르다. 전자의 경우 쾌락을 느낀다면 후자의 경우는 심한 불쾌감으로 다가온다.

'이승연 누드'는 제작사의 주장대로 "식민 지배의 역사적 아픔을 상기하기 위해서" 제작된 것이 아니라 화면에서 재현되는 남성과 여성의 성별 권력 차이를 극대화하기 위해 만들어졌으며, 이는 누드 산업의 당연한 귀결이다. 남성과 여성의 권력 격차가 최대치일 때, 남성 관객의 쾌락도 최대한 보장될 것이다. 가장 자극적인 소재는 바로 이 권력 관계의 극단화를 의미한다. 일반 포르노 화면에서 남성의 사회적 지위가 더 높은 경우도 있지만, 대개는 남자, 여자라는 성별 권력 차이 그 자체가 주요 쾌락 코드이다. 그러나 '위안부 누드'에 등장하는 남성과 여성은, 남녀라는 성별 권력 차이에다가 남성은 일본, 제국주의, 군인, 성폭력 가해자이고 여성은 한국인, 식민지, 순진하고 겁먹은 '처녀', 피해자라는 코드가 더해져 남성 권력을 극대화한다. 그만큼 '재미'있으며 더 팔릴 수 있는 상품이 된다.

나의 문제 제기는 '군 위안부' 문제가 성적 표현의 금기 영역이라는 것이 아니라, 위안부의 섹슈얼리티를 어떠한 시각에서 재현하느냐이다('군 위안부' 할머니가 직접 그린 피해 여성의 누드화는 많은 사람들에게 감동을 준다).

그러므로 '위안부 누드'는 황당한 사건이 아니라, 남성의 이윤과 쾌락을 보장하려는 자연스러운 발상이었다. '위안부' 누드여서 문제인가, 위안부 '누드'여서 문제인가? 누드의 소재가 위안부였기 때문에 분노한 것이라면, 일반 누드와 포르노그래피는 문제가 없다는 것일까. 여성에 대한 남성의 지배와 폭력이 이처럼 성애화될 때, 남성 권력은 보이지 않게 되고 여성 억압은 생물학적 질서로 간주되어 비정치화된다.

이 사건에 대한 가장 중요한 질문은, 왜 인간의 감성과 사랑이 평등이나 정의가 아니라 지배와 폭력을 에로틱하게 느끼게 되었는지를 묻는 것이다. 만일 우리가 평등을 에로틱한 것으로 느낀다면, '위안부 누드'는 제작되지 않았을 것이다. '비난받지 않는 일반 누드'와 '비난받은 위안부 누드'는 차이가 없으며, 포르노그래피 산업의 연속선상에 있다. 만약, "일반 누드는 되지만 위안부 누드는 안 된다."라는 사고방식이 그 차이를 발생시켰다면, 이는 문제의 원인을 은폐하려는 남성 사회 전략이라고 생각한다.

여성 정치인 시대?

대다수 영국인들에게 상처로 남아 있는 대량 실업과 '철권 통치'의 시절이던 1980년대에 영국의 국왕, 총리, 런던 시장은 모두 여성이었다. "영국 의사당에는 단 한 명의 남자가 있으니, 그가 바로 마거릿 대처"라는 이야기는 유명하다. 그런데 영화 〈철의 여인〉(2011)에서 대처 역으로 열연해 오스카상을 수상한 배우 메릴 스트리프는 남성 중심 사회에서 고군분투했을 대처에 대해 "페미니스트적 면모가 있었다."라고 평가했다.

여성의 고위직 진출이 여성의 지위 향상과 사회 발전에 기여하는지 여부는 생각보다 복잡한 문제다. 각기 시대 상황에 따라 다르지만 내가 아는 사례에 국한한다면 긍정적이지만은 않은 것 같다. 공적 영역에서 성 평등은 수많은 여성주의 이론 중 자유주의 페미니즘의 척도일 뿐, 모든 여성주의가 동의하는 것은 아니다. 자유주의가 중요하게 고려하는 기회의 평등과 법제화만으로는 부족하다. 일례로, 현재 남녀고용평등법은 여성 근로자 간의 계층 격차를 심화시켰다. 여성은 이른바 비공식 분야에서 일하는 경우가 많아 대다수가 아예 법 적용 대상에서 제외되어 있기 때문이다.

1990년대 미국의 가정폭력 실태 조사 결과에 따르면 여성의 교육과 취업률이 가장 높은 지역과 가장 낮은 지역의 폭력 발생률은 동일했다. 사회적 지위가 낮으면 낮은 것이, 높으면 높은 것이 맞는 '이유'가 되는 것이다. 이는 또한 여성의 가정 내 지위는 공적 영역의 지위와 무관하다는 점을 보여준다. 한국 여성의 고등교육 '수혜율'은 세계 최상위권인데, 취업률과 취업의 질은 100위권 밖이다. 고등교육을 받은 여성은 노동 시장이 아니라 결혼 시장으로 진출한다.

우리는 그 결과를 잘 알고 있다. 고학력 여성의 '자아 실현'은 사회가 아니라 가정에서 사교육과 남편 내조를 통해 이루어진다. 이러한 욕망의 최상층에 이른바 '청담동 며느리'가 있다. 이는 우리 사회의 가장 심각한 문제인 부동산, 가족주의, 학벌과 계급 재생산의 근원지다. 사회가 책임질 문제이지 누구를 비난할 일은 아니다. 여성 직장 상사를 반기는 남녀는 그 반대의 경우보다 훨씬 적다. 30대 중반 이후 여성이 한국의 직장 문화에서 살아남는 것은 '인간 승리'에 속한다.

2012년 봄, 총선 당시 주요 정당의 대표와 대책위원장은 모두 여성이었다. 내가 여성학 연구자로 알려져서인지, 이러한 현상을 어떻게 생각하느냐는 질문을 많이 받았다. 나는 여성학이 하나의 학문이라기보다 학제(學際)이고, 여성주의는 성별 이슈라기보다 인식론이며, 여성운동은 평등보다 정의를 지향해야 한다고 생각한다. 그래서 이런 식의 질문이 다소 어색하고, 솔직히 말해 질문의 요지를 모르겠다. 아마 통념적 차원의 답은 "바람직하다" 혹은 "(지나친 진출은) 바람직하지 않다"일 것이다.

'남성 정치인 전성 시대'라는 말은 존재하지도 않고 뉴스가 안 된다는 점에서 '여성 정치인 시대' 자체가 이미 성(차)별적 현상이 아닌가? 또한 '여성 정치인 시대'가 여성운동의 성과임은 분명하지만 개인의 뛰어남, 집안 배경, 도덕적 상징, 신선한 이미지 활용이라는 면에서 여성의 '진출'이라기보다 남성 문화의 '선택'이라는 점도 배제할 수 없다.

나는 "여성 정치인 시대를 어떻게 생각하느냐."라는 질문을 질문하고 싶다. 왜 이들의 공통점을 여성이라고 생각할까? 남성 정치인은 지역, 정치적 입장, 경력, 학연 등으로 분류되는데 왜 여성은 성별이 유일한 기준이 될까. 나는 '여성 정치인 시대의 의미'보다 이 점이 더 궁금하다. 이는 성별에만 국한되는 것이 아니다. 예를 들면, 보통 영화감독은 작품으로 평가되는데 감독이 여성, 계급적 비주류, 동성애자일 경우 작품보다 감독 개인에게 관심이 쏠린다. 나 역시 책을 출간하면 내용보다 "여성 혹은 소수자가 썼다."라는 측면을 강조하는 서평이 많았고, 그러한 관점의 취재 요청도 많이 받았다.

지금 활약하는 여성 정치인은 존재 자체로 우리 사회의 성숙에 기여하고 있다고 생각한다. 피부 미용에 관심이 많든, '우익 전사'든, 젊은 여성이라는 이유만으로 공천을 받든, 여성의 가시화는 기존 정치 문화에 이질성과 논쟁을 불러일으킨다는 점에서 충분히 의미 있는 현상이다.

사실 나의 가장 큰 관심사는 사회가 어떤 여성을 여성으로 생각하는가 하는 점이다. 몇 해 전 모 정당의 당 대표는 오랫동안 빈민운동에 헌신해 온 여성이었는데, 그는 당내 다른 정치인에 비해 주목받지 못했다. 대중은 당시 그 당의 대표가 남성인 모 씨인 줄 알 정도였다. 미디어도 그를 여성이 아니라 '현장' 출신 '민주화 인사' 임을 강조했다. 고학력, 중산층, 어느 정도 고귀한(?) 여성성, 우리 사회의 주요 네트워크 출신이 아닌 여성은 여성이 아니라 노동자, 장애인, 다문화가정 출신 등 성별 이외의 범주로 분류된다. 중산층 여성만을 규범적 여성으로 생각하기 때문이다. 여성, 이 개념은 계급 차별적 의식 없이는 작동하지 않는다.

공주는 여성일까

2012년 대선에서 박근혜 후보의 선거 키워드 '대통합'은 매우 적절한 전략인 것 같다. 문재인 후보의 '일자리'나 안철수 후보의 '혁신 경제'는 이미 국민 통합을 전제로 한 것이어서 따로 강조할 필요가 없었다. 박 후보에게만 통합이라는 시대적 과제와 요구가 있는 것이다. 흥미로운 점은 한동안 흔들림 없는 대세론의 주인공이었으며 지지자가 가장 많은 후보가 '많은 사람을 끌어안는다'는 의미의 통합을 내세웠다는 사실이다. 이유는 간단하다. 그는 옛날 옛적, 한반도 남동쪽 일부 고을을 장악한 영주의 딸, '공주' 출신이기 때문이다. 그 영주의 공덕에 대해서는 지면상 생략하고, 아버지가 측근에게 살해된 후 평소 그의 유지(지역 차별)를 지나치게 계승한 아버지의 후배들이 다른 고을 사람들을 죽이고 새 영주가 되었다.

전직 공주의 지위는 모호해졌지만 그는 단 한 번도 자신이 공주라는 사실을 잊은 적이 없는 듯하다. 33년 만에 권토중래의 기회가 왔다. 그런데 아버지는 특정 지역의 영주였고 반대 세력은 온 나라에 퍼져 있으니, 통합을 주장할 수밖에 없는 상황이었던 것이다. 그로서는 아버지 비판 세력의 주장을 이해할 수도 없는 데다 다른 후보들에 비해 비용, 조직 모든 면에서 부족할 것이 없는데, 통합을 호소해야 하니 '억울'할지도 모르겠다.

이전 2007년 대선 때 이명박 후보와 벌인 당내 경선에서 잠시

'여성 대통령' 여론이 있었다. 당시는 상대가 이명박 후보여서 상대적으로 그가 돋보였다. 최소한 '생물학적' 여성인 그는 여야를 막론하고 (성)폭력, 술주정, 욕설을 일삼는 남성 정치인보다는 나을 것이라는 기대 때문이었다. 그런데 그는 진짜 여성인가?

가부장제, 성(차)별, 남성 중심. 이 용어들은 각각 의미가 다르지만, 편의상 '가부장제'로 통일하면 가부장제 사회에서 가장 힘 있는 사람은 권력, 부, 명예를 겸비한 최상층 남성이 아니다. 실제 이들의 삶은 피로하고 외로우며, 정상적인 사회일 경우 엄청난 노동과 책임감을 감당해야 한다. 특히 돈과 달리 명예와 능력은 쉽게 상속되는 것이 아니어서 본인의 노력으로 획득해야 하는 자원이다. 가부장제 사회에서 여성의 역할은 남성의 수호자, 피해자, 수혜자, 부역자, 저항자 등 다양하다. 가부장제는 이러한 다양성 덕분에 5천 년간 지속될 수 있었다. 이 가운데 대다수 여성의 로망은 '수혜자'이고 수혜자 역할의 최고 형식은 '아버지의 딸'이다. 물론 모든 아버지의 딸이 아니라 권능 있는 아버지의 딸, 공주! 하지만 이런 아버지는 극소수여서 공주로 태어날 확률은 로또 당첨 확률보다 낮다. 공주가 될 수 없기 때문에 많은 여성이 '공주병'에 걸리는 것이다. 능력 있는 배우자를 만나는 것도 좋겠지만 이 역시 가능성이 낮은 데다 무엇보다 위험성이 크다. 백마 탄 왕자처럼 보였던 남편은 구타, 외도, 극도의 게으름 등 나중에 '이상 행동'을 할 가능성이 있지만, 아버지는 부성이라는 가족 제도의 외피 덕분에 상대적으로 안전하다.

정신분석학적으로 말하면, 부자 간에는 남성 연대와 동시에 오이디푸스 콤플렉스, 즉 살부(殺父) 욕망까지 있지만, 부녀 간에는 정치적 긴장 대신 친밀감이 있다. 특히 본인의 능력이 뛰어난 아버지일수록 웬만한 아들은 성에 차지 않는다. 못난 아들보다는 똑똑하면서도 순종적인 딸이 훨씬 낫다. 굳이 사례가 필요한가?

공주의 진로는 두 가지다. 아버지가 강대국의 왕이라면 정략 결혼을 하거나 힐튼가의 상속녀처럼 현대판 공주로 산다. 약소국일 경우 다시 두 가지로 나뉜다. 영화 〈뮬란〉(1998)처럼 외적으로부터 나라를 구하거나 구국의 명분으로 복위하거나. 박근혜, 그는 어디에 해당할까.

박근혜 후보는 여성이 아니다. 주민등록번호 뒷자리 첫 숫자가 '2'라는 사실 외에는, 여성과 가장 거리가 먼 여성이다. 그는 여성도 국민도 대변하지 않는다. 그의 몸은 '아버지 박정희'를 매개한다. 이런 현상이 바로 '화신(化身)'이다. 이는 시비나 호오 차원의 문제가 아니다. 우리 사회가 반드시 인식해야 할 중요한 사실일 뿐이다.

세습에 대한 세간의 혐오는 북한에만 해당하는 듯하다. 재벌 세습이나 부녀 간 세습에는 관대하거나 심지어 부러워한다. '아버지의 딸'은 남녀 모두가 욕망하는 가부장제의 아이콘이다. 부자 간 세습은 아들의 자질과 무관하게 부정적 이미지가 강하지만, 딸은 가문을 재건하고 부패, 추문, 잔학성, 과대망상 같은 아버지의 남근성을 희석한다.

만에 하나 그가 당선되더라도, "최초의 여성 대통령" 운운하지 않았으면 한다. 그의 정체성은 공주이지, 여성도 시민도 아니다. 아무리 과거사 '해결책'을 제시한다 해도 진정성 시비에서 자유로울 수는 없다. 그의 대권 도전 자체가 '충과 효의 갈등'이라는 시대착오적 틀을 만들어내기 때문이다. '인간 박근혜'의 불가능성. 이것이 그의 실존이자 한국 현대사다. '대통령 박근혜'는 여성도 대통령이 될 수 있다는 근대 민주주의의 성과가 아니라 신분 사회의 부활이다.

사랑과 섹스

❖

남자는 외롭다? 여자는 더 외롭다!

통계청에서 발행하는 《한국통계연감》에 따르면, 현재 25~39살의 한국 여성 중 미혼 상태의 여성은 약 20퍼센트에 육박하고 있다. 같은 연령대의 미혼 여성은 1985년도에는 9.5퍼센트였으나 2000년에는 18.3퍼센트다. 이 같은 '오싱(오리지널 싱글)' 외에, 사별 혹은 이혼 후 재혼하지 않은 '돌싱(돌아온 싱글)'까지 포함하면, 남성과 살지 않는 여성 인구는 이보다 더 많아질 것이다. 여성의 평균 결혼 연령은 1990년에 24.8세였지만, 2003년에는 27.3세로 높아졌다. '결혼은 필수가 아닌 선택'이라고 생각하는 사람은 남성(19.9퍼센트)보다 여성(34.1퍼센트)이 훨씬 많다.

사단법인 서울여성의전화 '싱글 여성 모임'에 참여하고 있는 한 비혼 여성은 "모임에 참가하는 여성들 대부분이 대화가 통하는 남성을 만나기 어렵다고 한다. 여성들의 의식 변화는 급격한데, 여전히 무례하고 폭력적인 남성들이 많다." "여성을 존중하지 않는 남성과 결혼하면 더 큰 외로움이 기다리고 있다."라고 말한다. 이들은 '아직 결혼하지 않았다'는 의미의 '미혼(未婚)' 여성들이 아니다. 적극적으로 결혼하지 않음을 선택하는 '비혼(非婚)' 여성들이 늘고 있다. 하지만 독신 여성 가구에 대한 정책 부재와 사회적 편견, 이성애 중심의 결혼 제도가 인간 관계의 친밀성을 독점하고 있는 한국 사회에서, 비혼 여성들에게 외로움은 여전히 두려운 문제다. 외로움은 심리적인 문제이자, 정치경제학적 문제인 것이다.

기혼 여성들이 남편과의 소통 부재 때문에 겪는 괴로움과 외로움은 더 심각할 수 있다. 하긴, 어차피 외로움이란 삶의 조건이어서, 결혼해도 외롭고 안 해도 외롭다. 시인 신현림의 표현대로, "여자에게 독신은 홀로 광야에서 우는 일이고, 결혼은 홀로 한 평짜리 감옥에서 우는 일"인지도 모른다.

이제까지 여성의 외로움은 '먹고살 만한 여자들'의 '사치스런' 고민으로 여겨져 왔다. 1970년대 미국 사회에 큰 영향을 끼친 여성 학자 베티 프리단(Betty Friedan, 1921~2006, 공적 영역에서 남녀 불평등이 성차별의 원인이라고 주장한 미국의 자유주의 페미니스트의 대표적 인물)이 《여성의 신비》(1963)에서 지적한 대로, 남편 뒷바라지와 자녀 양육에 헌신한 중년 여성들의 우울증과 고독을 가리키는 '빈

둥지 증후군'이 대표적인 예이다. 그러나 외로움은 중산층 여성들만의 문제가 아니다. 오히려 이러한 기존 시각이 저소득층 여성의 심리적 어려움에 대한 사회 복지적 지원을 막고 있다. 사회·경제적 자원이 없는 여성들일수록 심리적 자원도 부족하기 쉽고, 의논할 곳도 마땅치 않은 경우가 대부분이다. 또한 사회·경제적으로 독립했다고 해서 심리적 독립이 저절로 이루어지는 것도 아니다.

현대인은 누구나 외로움을 호소하지만, 이는 젠더(성별)적 현상이라는 점에서 여성들에게는 더욱 힘든 인생의 과제이기에 사회적 차원의 대책이 요구된다. 남성과 여성의 외로움은, 성별에 따라 각기 다른 원인과 양태를 보인다. 남성은 성취를, 여성은 관계를 중요한 가치로 여기도록 사회화되었기 때문에, 여성이 상대적으로 외로움에 더 취약할 수밖에 없다. 남성은 대개 독립심과 자립심을 강조하는 교육을 받아왔지만 여성의 경우는 그렇지 않다. 여성들은 배려와 보살핌의 원리를 중요하게 여기는 경향이 있다. 문제는, 사회의 지배 원리가 '여성적 가치'가 아니라 '남성적 가치'라는 것이다. 여성들은 자신이 사회화된 방식과 갈등을 겪을 수밖에 없다. 외로움을 호소하는 것을 의존성이나 '쿨'하지 못함으로 연결하는 사고방식은, 남성 중심적인 인식이며 이로 인해 남녀 모두 고통받게 된다.

이제까지 여성은 남성의 외로움을 '해결'해주는 사람들이었지, 자신의 외로움을 표현할 수 있는 주체가 아니었다. 많은 여성들, 특히 임금 노동에 종사하는 여성들은 "업무 경쟁이 치열하고 스트레스가 많은데, 집에 오면 집안일도 내 차지고……. 남편 짜증과 비위 맞추기에 지쳤다." "나도 마누라가 필요하다."고 호소한다. 앞서 말한 대로, 외로움을 극복할 수 있는 심리적 자원이나 인간 관계망 역시 사회적 자원이 많은 사람들이 유리할 수밖에 없다. 룸살롱이나 성매매 등의 향락 산업은 남성만을 위한 대표적인 '위로' 문화다. 스트레스 탈출을 위한 술, 담배, 스포츠, 섹스, 여행, 낚시 등의 기호·취미 생활 역시 남성들에게 훨씬 더 개방되어 있다. 사회는 남성의 외로움에 대해서는 적극적으로 공감하지만, 여성의 외로움은 '사소한 일'로 취급한다.

가부장제 사회가 작동할 수 있는 근본적인 구조 중의 하나는, 남성이 여성의 친밀성 능력과 감정 노동에 의존하기 때문이다. 《남자—지구에서 가장 특이한 종족》(2001)의 저자 디트리히 슈바니츠는 많은 여성들이 남자와 연애할 때 느끼는 사랑의 감정을 상대방으로부터 유래한 것으로 착각하고 있다고 말한다. 여성들은 자신 속에 내재된 풍부한 감성과 사랑의 능력을 상대 남자의 매력으로 오인한다는 것이다. 전통적으로 성과 사랑의 주체는 남성이지만, 그 관계를 유지하기 위한 노동은 여성이 담당한다. 여성이 노동을 그만두는 순간, 대부분의 관계도 끝난다. 대부분의 남성들은 배려, 보살핌, 사랑의 생산을 위해 별다른 노동을 하지 않는다. 이것이 성별 분업인데, 남성들은 주로 공적 영역에서 활동하면서 '사적'인 영역이라고 간주되는 가족이나 연애 관계에서 관계성을 경시 혹은 부정함으로써 여성의 육체 노동, 감정 노동, 정신 노동에 무임승차한다. 관계에서 남성의 '과묵함'이나 모든 면에서 감정적 이지 않으려는 심리는 이 때문이다.

70여 년 전 독일 출신의 여성 정신분석학자 카렌 호나이(Karen Horney)는 성공 심리에 대한 남녀 간의 성차를 분석하면서, 여성이 성공을 두려워하는 심리를 '성공에 대한 공포'라는 말로 표현했다. 유사 이래 인간 관계의 갈등을 조정하고 남성들을 위로하는 보살 핌 노동은 여성의 성역할로 간주되었고, 여성들은 '바깥일'을 하면 서도 이러한 노동을 묵묵히 견뎌 왔다. 남성의 성공은 사회적으로 지지받지만, 여성의 성공하려는 의지나 권력 추구는 여성성에 대 한 위반으로 간주되어 사회적으로 격려받지 못한다. 호나이에 따 르면, 여성의 성공은 자신의 여성성과 갈등을 일으키기 때문에, 성 공을 두려워하고 포기하는 경향이 있다는 것이다.

그러나 이제 여성들은 더 이상 '성공에 대한 공포' 때문에 자신 의 커리어를 포기하지 않는다. '여성의 사회 진출'이 가시화되고 성 평등 의식이 확산되면서 여성들이 보살핌 노동을 거부하기 시작 하자, 모든 사람이 외로운 이른바 전 사회적인 '보살핌의 위기(care crisis)' 현상이 나타나고 있다. 이 시대 여성에게 '어머니 같은 한없 는 이해'를 요구하거나 강요하는 남성은 '왕따'당하기 십상이다. 이 제 여성들은 친밀성이나 인간 관계의 영역에서도 평등을 요구하고 있는 것이다.

물론 남자는 외롭다. 어떤 면에서는 감정 표현을 억압당해 온 남성들이 더 외로울 수도 있다. 남성의 고통에 공감하는 《아버지》(1996) 같은 책들이 베스트셀러가 되는 현실은 그만큼 외로움을 호소하는 남성들이 많다는 반증이다. 그러나 남성의 외로움은 많은 경우 남성과 남성의 갈등에서 발생하지만, 여성의 외로움은 남녀 간의 문제에서 발생한다는 점에서 다르다. 또한 남성의 외로움은 보살핌의 가치나 감정 영역을 폄하해 온 남성 문화에서 기인한 측면이 크다. 남성 외로움의 '가해자'가 여성이 아니라는 것이다. 남성들도 타인을 보살피고 배려하는 감정 노동의 영역에 참가하는 것이 남녀 모두가 사는 상생의 길이다.

여성의 섹스, 남성의 섹스

외화 시리즈 〈X파일〉의 중요한 인기 비결은 남녀 주인공이 연인 관계가 아니었기 때문이다. 시청자들은 여자 주인공과 남자 주인공이 '언제 키스할까?'를 기다리며 계속 〈X파일〉을 보게 된다. 두 남녀가 키스하고 사랑에 빠진다면, 그때부터 드라마는 〈X파일〉이 아니라 '연애 파일'이 될 것이다. 제작진과 시청자 모두 이 같은 '공공연한 비밀'을 공유한다. 이성애 제도에 근거한 가부장제 사회에서, 남성과 여성의 관계는 '동료'이거나 '경쟁자'이거나 '적'일 수 없다는 것이다.

동료나 적은 공적 영역의 관계이다. 남녀 관계의 최종, 최우선 목표는 언제나 사적 영역이라고 간주되는 '사랑'이며, 두 사람은 사랑에 빠질 것으로 기대된다. 남성과 여성의 관계는 사적 영역의 관계가 더 본질적이라는 것이다. 문제는 남성과 여성이 연애 관계에 들어서면, 두 사람은 개인과 개인이라는 동등한 시민이 아니라 '남자'와 '여자'가 된다는 데 있다. 남성과 여성에게 성과 사랑의 의미는 같지 않다. 연애 관계에 있는 남녀에게 부여되는 사회적 역할과 압력 역시 그들의 성별에 따라 크게 다르다.

여성은 아무리 공적 영역에서 노동하고 있어도 사적인 존재로 간주되기 쉽다. 성희롱, 특히 직장 내 성희롱은 남성이 여성을 사적인 존재로 환원할 때 발생한다. 같은 공간에서 일하고 있는 여성 동료에게 커피 심부름을 시키거나 엉덩이를 만지는 등의 행위는 그를 동료가 아니라 '여자'로 보기 때문이다. 남성 문화는 여성이 본래 있어야 할 자리는 가정이라고 보기 때문에, 개별 남성들은 집 밖으로 나와 공적인 영역에서 일하는 여성을 거의 무의식적으로 '훼손된 꽃'이라고 생각한다. 여성은 '애인'이거나 '어머니'이지, 남성의 동료일 수 없다는 것이다.

남성들끼리 연애에 대해 이야기할 때, 가장 많이 오가는 이야기는 '(여자와) 어디까지 갔냐'일 것이다. 손 잡기, 키스, 애무, 성(교) 관계……, 섹스'까지' 했다면 흔히 '갈 데까지 갔다'고 말한다. 갈 데까지 갔다면 더 이상 갈 곳이 없다는 이야기인가? 남성 문화는 남녀 관계의 진도를 대화나 가치관의 공유보다는 상대 여성의 몸에 어디까지 '도달'했는가를 중심으로 생각한다. 이는 남성의 본능이 아니라 사회·문화적 학습의 결과이다. 섹스가 남녀 관계의 종착역이라면, 섹스 이후 두 사람은 어디로 가야 하나? 종착역에서는 버스에서 내리거나 다른 버스로 갈아타야 한다. 가부장제 사회의 의미 체계에서, 갈아타는 사람은 남성이고 여성은 '버스'로 간주된다. 누가 상처받을까?

"만약 당신에게 사랑을 고백하는 익명의 카드가 온다면, 이걸 애인이나 남편에게 말하겠습니까?" 이런 질문에 대한 여성과 남성의 반응은 다르다. 여성들은 대개 익명의 카드를 파트너가 보낸 깜짝 선물이라고 생각한다. 반면, 남성은 모르는 누군가가 자신에게 사랑을 고백했다고 여긴다. 여성은 남성에게 "언제 이런 로맨틱한 카드를 보냈어?"라고 묻고, 남자는 행여나 여자가 볼까 몰래 숨긴다. 그뿐일까? 남자는 익명의 여인에게서 다시 연락이 오면 만날 것이다. 새로운 사랑을 위해서.[6] 그렇다면 여성은?

남성에게 섹스는 (당연히 하는 것이기 때문에) 잘하거나 못하는 것이지만, 여성에게 섹스는 좋거나 싫은 것이다.[7] 여성에게는 남성과 다른 (차별적인) 규범이 적용된다. 여성이 섹스를 좋아하거나 싫어하지 않고 섹스를 잘하거나 못할 때, 그에게는 성산업에 종사하는 여자, '걸레'라는 낙인과 추방이 기다린다. 남성이 '더럽다'고 간주되는 경우는 그야말로, 몸을 씻지 않아서거나 돈이나 권력 투쟁에서의 부정부패 때문이지, 섹스로 인한 규정은 아니다. 그러나 여성에게 '더럽다'는 의미는, 대개 성적인 측면이 연상된다.

남성 권력의 징표 중 하나는 성이다. 남성에게 섹스는 그의 사회적 능력의 검증대이기 때문에 '다다익선'이지만, 여성에게 섹스는 적을수록 좋은 것이다. 가부장제 사회에서 남성은 권력과 자원을 가질수록 많은 여성과 섹스를 한다('가질 수 있다'). 반면, 가난하고 권력이 없는 남성들은 한 여성을 다른 남성과 공유한다. 계급과 섹스의 관계는 성별에 따라 정반대로 나타난다. 여성은 사회적 지위가 높을수록 한 명의 남성하고만 섹스하면 되지만, 그렇지 않은 경우에는 많은 남성을 상대해야 한다. 성매매와 성폭력은 이처럼 성에 대한 남성과 여성의, 서로 다른 상황에서 발생하는 성차별적 현상이다.

성폭력 상담을 하다 보면, 남성과 여성이 얼마나 다른 언어로 살아 가고 있는지를 절감하게 된다. 남성은 여성의 '노(No)'를 '노(No)'로 받아들이지 않고, 여성은 남성이 자기 말을 알아들을 것이라 기대한다. 남성들에게 성과 폭력('박진감', '거친', '짜릿한'……)은 분리되지 않는다. 남성은 화가 나거나 스트레스를 받으면 성욕이 생기지만, 분노했을 때 성 욕구가 일어나는 여성은 거의 없다. 문제는 이러한 차이가 남성의 입장에서 해석된다는 데 있다. 남성은 성폭력 상황에서 여성의 목숨을 건 저항을 '자극'으로 이해하고 수용한다. 가정폭력의 경우, 아내를 구타하는 남편들은 자기가 아내를 '힘들게 가르쳤다'고 생각하고, 아내에 대한 폭력을 남편의 성역할이라고 믿는다. 그래서 가해자인 남편은 '부부 싸움 후 섹스로 화해'했다고 만족하지만, 피해자인 아내는 '구타 후 강간'당했다고 생각한다.

거의 모든 여학교 근처에는 소위 '슈퍼맨'(남성 성기 노출자를 가리키는 여성들 사이의 은어)들이 상주한다. '슈퍼맨'들은 자신의 성기가 여성을 통제할 수 있다는 것을 안다. 여성은 남성의 벗은 몸을 보고 공포를 느끼지만, 남성에게 여성의 벗은 몸은 쾌락의 대상이다. 남성은 돈을 지불하면서 여성의 몸을 즐길 수 있다. 이것이 성기 노출과 스트립쇼의 차이다. 물론, 극소수 여성들도 '호스트바' 등에서 남성의 벗은 몸을 즐기고 산다. 그러나 산업 규모로 볼 때 그것은 비교할 바가 못 되며, 가장 중요한 차이는 여성이 '호스트바'에 갈 때는 혼자 가는 경우가 드물다는 것이다. 여성이 돈을 지불하면서 남성의 몸을 볼 때, 구매자인 여성은 판매자인 남성과의 개인적 성별 위계를 상쇄하기 위해 집단을 이루어 가는 경우가 많다.

여성과 남성의 이 같은 '차이'에 좌절할 이유는 없다. 그러나 여성의 경험과 인식이 중요하게 여겨지지 않고, 남성의 생각이 곧 인간의 생각으로 간주되는 것은 문제가 있다. 가해자가 되기를 바라는 남성은 없을 것이다. 여성에 의해 잠재적인 성폭력 범죄자로 취급받고 싶은 남성도 없을 것이다. 남성 문화와 여성 문화가 동일하게 학습되고 상호 존중되어야 여성은 남성과의 차이로부터 상처받지 않을 수 있다. 지금처럼 남성의 목소리가 일방적이고 유일한 것일 때 즉, 남성과 여성의 차이가 가시화되지 않을 때 남녀 모두 상대방과의 관계에서 실패하기 쉽다.

다이어트와 섹스

미국의 여배우 귀네스 펠트로는 〈내겐 너무 가벼운 그녀〉(2001)라는 영화 촬영을 위해 뚱뚱하게 분장하고 거리를 돌아다녔는데, 사회가 뚱뚱한 여성을 얼마나 적대시하고 함부로 대하는지 느꼈다며 놀라워했다. 체중이 늘어난 성판매 여성에게 벌금을 물리는 성매매 업주가 뉴스에 보도된 적도 있다. 갓 결혼한 남성들은 종종 연애할 때와는 확연히 다른 아내의 식사량에 충격을 받는다. 여자가 그렇게 밥을 많이 먹는 줄 몰랐다고 말하는 남편들이 많다.

우리 사회에서 여성의 몸무게는 절제와 인내력 등 자기 관리의 지표일 뿐 아니라, 여성의 인격과 정체성의 기준이 된 지 오래다. 물론 뚱뚱한 남성도 환영받지 못하지만, 몸무게가 일상적으로 남성의 삶을 통제하거나 규율하지는 않는다. 여성의 체중은 곧바로 취업·결혼·대인 관계·자존감으로 연결되는, 생존을 위협하는 문제다. 여성의 거식증은 연속체로 존재한다. 정도의 차이가 있을 뿐, 현대 가부장제 사회에서 먹는 양을 조절하지 않는 여성은 거의 없다.

다이어트는 여성 문제 중에서도 여성의 '주체적 종속'이 가장 심각한 영역이다. 다이어트 성공은 여성의 인생에서 가장 큰 성취의 하나로 간주된다.[8] 왜 여성의 굶주림은 사회적 보상의 대상이 되는 것일까? 어째서 여성의 몸은 음식과 몸무게의 전투가 벌어지는 격전지가 된 것일까? 왜 여성은 마치 성욕을 느낄 때처럼, 초콜릿 케

이크를 보고 식욕을 느낄 때 죄의식을 느끼는 것일까…….

남성 문화는 여성과의 섹스(혹은 강간)를 '따 먹는다', '맛있겠다' 등 먹는 행위로 비유하는 경우가 많다. 이러한 표현들은 여성의 몸을 남성의 행위 대상으로 삼는 가부장제 사회의 관점을 드러낸다. 어느 인류학자에 따르면, 서양 문화에서 남성이 섹스할 수 있는 여성은 먹을 수 있는 고기의 순서로 비유된다고 한다. 동물은 집에서 기르는 순서대로 인간으로부터 멀어지는데, 개-고양이-돼지-호랑이는 각각 누이-사촌-친족 제도 밖의 여성-이민족 여성을 상징한다. 너무 가까워도(누이), 너무 멀어도(이민족 여성) '못 먹는' 섹스 금지 대상인 것이다. 가부장제 사회에서 여성은 남성이 '먹는 것'이다.

1995년에 제작된 박철수 감독의 영화 〈301 302〉에서 주인공(황신혜)은 어린 시절 아버지의 성폭력으로 거식증에 걸리고, 또 다른 주인공(방은진)은 남편의 사랑을 갈구하며 강박적으로 음식 만들기에 열중한다. 이 영화는 여성의 성적 고통이 식욕 문제로 드러나는 현실을 빼어나게 재현한다. 가부장제 사회에서 남성의 식욕은 통제되지 않기 때문에, 남성은 폭식을 하더라도 집단적으로 여럿이 모여 먹고 마신다. 하지만 여성에게 폭식은 수치로 여겨지기 때문에, 먹더라도 밤에 혼자 먹는다. 또한 남성의 식욕은 성욕과 무관하지만, 여성의 식욕은 곧 성욕으로 유추된다. 여성들, 특히 젊은 여성들이 음식을 많이 먹으면, 어머니나 친구 등 주변 여성들이 나서서 협박에 가까운 걱정과 잔소리를 늘어놓는다. 식욕과 성욕은 모두, 혐오스런, 최소한 바람직하지 않은 여성성인 것이다.

그러나 아이러니하게도, 섹스와 음식 만들기는 가부장제 체제가 유지되기 위해서는 반드시 필요한, 여성에게만 부과되는 노동이다. 즉, 음식과 성을 노동으로 강요받는 사람은 여성이지만, 여성은 음식과 성을 즐길 수도 없고 욕망해서도 안 되는 것이다. 남성은 수천 년 전부터 생식이나 쾌락, 자기 실현 등 다양한 차원에서 성을 즐겨왔지만, 여성의 성은 지금까지도 출산의 영역에 한정할 것을 강요받는다. 여성의 성욕이 부계 가족 유지-아들 낳기만을 위해 허용되듯, 여성의 식욕이 찬양되는 시기는 임신했을 때뿐이다.[9]

남성 사회가 여성에게 요구하는 것은 동시에 달성하기 힘든 이중 메시지인 경우가 많다. 음식을 만들되 먹지 말라, 말라깽이가 되되 가슴과 엉덩이는 풍만하라, 정숙하면서도 섹시하라……. 식욕·성욕·수면욕은 인간의 3대 욕구가 아니라 남성의 3대 욕구인 셈이다.

흔히 여성은 '보는 주체'가 아니라 '보이는 대상'으로 간주된다. 사회는 여성의 몸이 어떻게 '보여야' 하는지에 몰두할 뿐, 여성이 자기 몸을 어떻게 '느껴야' 하는지에 대해서는 무관심하다. 여성은 남성의 눈으로 자신의 몸을 만든다. 물론, 요즘 세상에 다이어트나 화장 등 외모 관리를 "남자에게 잘 보이기 위해서"라고 촌스럽게 말하는 여성은 거의 없다. 대개는 "자기 만족을 위해서"라고 말하며, 실제로도 그렇다. 그러나 그 '바람직한 자기 이미지'는 미디어 등을 통해 사회적으로 만들어지는 것이며, 남성은 여성만큼 '자기 만족을 위해' 다이어트와 외모 관리에 몰두하지 않는다.

왜 거식과 폭식 등 섭식 장애로 고통받는 사람의 95퍼센트가 여성일까? 남성 중심 사회는 스트레스와 우울증을 폭식으로 해결하려는 여성의 상황을 자신을 사랑할 준비가 덜 된 신호로 파악하고 도와주려는 것이 아니라, 여성 개인의 인격적인 결함으로 본다. 여성의 섭식 장애는 지극히 문화적이고 정치적인 문제이다. 여성과 여성성을 비하하고, 여성에게 이중 노동을 강요하는 사회에서 여성들은, 자신의 감정의 허기, 남성의 이중 메시지로 인한 무기력 같은 정치적 허기를 신체적 허기라고 착각하기 쉽다.

가부장제 사회는 여성이 좌절이나 분노, 우울증 같은 학대당한 경험을 표현하는 것을 억압하는데, 여성이 자기 고통에 직면하지 못할 때 섭식 장애가 나타난다. 폭식이나 거식은 언어화되지 못한 여성 문제가 머무는 도피처, 연막인 것이다. 다이어트는 '아름다움의 문제가 아니라' 여성의 자아 존중감과 관련된 문제이다. 거식은 여성의 자기 혐오로 인한 몸의 '축소 열망'(소멸은 죽음)이며, 폭식은 남성의 투사(投射, 남 탓으로 돌리는)와 대비되는 여성의 내사(內射, 자기 탓으로 돌리는)로 일종의 우울증인데, 사회가 싫어하는 여성이 되겠다는 자기 처벌이다.

하지만 영혼의 배고픔이나 심리적 좌절은 음식으로 해결되지 않는다. 알코올 중독이나 마약 중독과 달리, 이상 식욕이 '과정 중독'인 것도 이 때문이다. 알코올 중독은 알코올 자체에 중독되는 것이지만, 폭식증은 음식이 아니라 '먹는 행위'에 대한 집착이다. 그래서 감정과 정치적 영역에서의 나의 심리 행동을 외면한 상태에서,

음식 자체에 집중하는 살 빼기는 실패할 수밖에 없다.[10]

　문제는 음식이 아니라 마음이기 때문이다. 음식이 적이요, 자신의 몸은 늘 배신자가 되는 상황에서 다이어트는 자기 혐오를 내면화하는 과정이 된다. 나의 타자가 내가 되어서는 해결이 어렵다. 타인의 내 몸에 대한 판단은, 내 몸에 대한 나의 생각을 경유한다. 자신의 눈으로 자신을 사랑하는 연습이 먼저다. '아름다운' 몸은 자기 사랑의 수많은 열매 중 하나일 뿐이다.

스와핑에 대하여

'북핵 문제'라는 말은 조지 부시의 언어다. 이 말은 이미 북한에 핵이 있는 것처럼 간주한다. 이러한 명명에서 문제 집단은 전쟁을 일으키려는 미국이 아니라 핵을 보유한 것으로 가정된 북한이 된다. 대개의 사회적 논쟁과 마찬가지로, 인간의 섹슈얼리티와 여성 문제에 관련한 논쟁도 그 논의 구도 자체가 '정답'을 찾지 못하는 방식으로 진행되는 경우가 많다. '양성 평등'이나 '여성의 사회 진출'은 내가 피하는 말들 중 하나다. '북핵 문제'처럼 이러한 용어들은 자신의 고통을 지배자의 언어로 표현해야 하는, 자기 언어를 갖지 못한 모든 사회적 약자의 딜레마를 압축한다.

'양성 평등'은 인간이 두 가지 성으로 구성되었다는 전제를 깔고 있다. 이러한 인식 체계는 여성도 남성도 아닌 양성구유자(兩性具有者)로 태어나는 사람의 존재를 비가시화하고, 양성의 경계를 문제화하는 트랜스젠더나 동성애자 같은 성적 소수자를 '제3의 성'으로 전락시킨다. '여성의 사회 진출'? 그렇다면, 여성이 생활하는 가정은 사회가 아닌가? 가정과 사회를 상호 배타적인 공간으로 상정하는 이러한 논리 때문에 가정에서 여성이 폭력을 당해도 '사회의 질서'인 인권이나 민주주의 개념이 적용되지 않는다.

논쟁 구도 자체가 중산층 남성의 시각에서 구성된 대표적인 예가 배우자 교환 섹스, 스와핑이 아닌가 싶다. 성 보수주의('타락이다')와 성 자유주의('사생활이다')의 구도로 진행된 이 논쟁은 스와

평의 '본질'에 접근할 수 없을 뿐더러, 이러한 '보수'와 '자유'는 모두 여성 억압을 정당화·정상화한다. 남편의 강요로 아내가 스와핑에 참가했을 것이다, 교환 섹스에 참여한 여성은 아내가 아니라 유흥업소 종사 여성이었다 등 스와핑에 대한 항간의 '조롱'은, 역설적으로 스와핑의 급진성을 말해준다. 자본주의 사회에서 일부일처제 가족의 기본 기능은 계급의 재생산이다. 그러므로 어떤 의미에서 스와핑은 여성의 성에 대한 이중 잣대와 자본주의에 봉사하는 일부일처제에 대한 '항거'다. 스와핑을 성적 타락으로 보는 시각에서는 소위 '사회 지도층 인사'의 스와핑에 대해 격분할 수밖에 없는데, 이는 스스로 '지도층'의 섹슈얼리티를 모방해야 할 규범으로 삼기 때문이다.

스와핑 비난의 근거인 '일부일처제의 신성성'은, 대한민국이 마치 일부일처제 사회인 듯한 착각을 유도한다. 그러나 일부일처제가 실현된 사회는 역사상 단 한 번도 없었다. 부계 가족의 영속은 여성의 섹슈얼리티 통제를 통해서만 가능하기 때문에, 일부일처제는 여성에게만 강요된 규율이었다. 일부일처제 현실은 가면극일 뿐이다. 남성 사회는 일부일처제를 보완하기 위해 성매매, 축첩, 혼외 정사 등 다양한 제도를 발전시켜 왔다. 실질적인 일부일처제가 가능하려면, 모든 정치·경제 권력의 반 이상을 여성이 소유해야 한다. 그렇지 않은 사회―현재 한국 사회―에서는, 남성은 언제 어디서든 한 명 이상의 여성을 취할 수 있다. 이때 여성은 교환가치로서, 남성 간에 '유통'되는 신세를 면할 수 없다.

반면, 스와핑을 옹호하는 대표적인 논리는, 그것이 "남에게 피해를 주지 않는 프라이버시"라는 것이다. 이러한 논리 역시, 마치 모든 사람에게 프라이버시 권리가 있는 것 같은 환상을 준다. 가부장제 사회에서 여성은 개인이 될 수 없다. 가정이 사적인 공간일까? 아마도 남성에게는 그럴 것이다. 그러나 대다수 여성에게 가정은 노동의 공간이고, 프라이버시를 침해받는 영역이다. 여성이 타인을 위한 노동에서 벗어나 개인으로서 사생활을 영위할 수 있으려면, 남성과는 반대로 가정 밖으로 나와야 가능할 것이다. 인간의 성생활은 프라이버시 영역일까? 아마도 이성애자 남성에게는 그럴 것이다. 하지만 동성애자나 여성에게 섹슈얼리티는 공적인 이슈이며, 정치적 투쟁의 장이다.

스와핑 실천의 '급진성'에 비하면, 이에 대한 한국 사회의 사유는 너무나 가난하고 상상력이 없다. 스와핑이 '아니라' 스와핑에 대한 해석이, 내겐 더 위험스러워 보인다.

여관의 정치경제학

외국인 친구가 "한국에는 왜 이렇게 여관이 많냐."고 놀라며 물었다. 나는 잠시 당황했지만, "음, 그만큼 한국인들이 자본주의에 저항하고 있다는 거지."라고 둘러댔다. 프리드리히 엥겔스의 고전적 논의대로, 일부일처제 가족의 주요 기능이 계급의 재생산이므로 가족이 붕괴되면 자본주의도 유지할 수 없지 않은가.

하지만 한국에서 여관업이 번창하는 실제 이유는, 가정이 사랑의 공간이 아니라는 점과 늦은 성년과 관련 있는 것 같다(자녀들이 나이 들어서도 부모와 함께 사는 경우가 많기 때문에, 자식도 부모도 마땅히 성생활을 할 '룸'이 없다). 최근 전국의 기혼 여성 1천 명을 조사한 결과, 한 달에 섹스 횟수가 한 번 이하인 '섹스리스' 부부가 30퍼센트에 가까운 것으로 나타났다. 오랜 '여관 생활'에 지친 연인들이 결혼하는 이유 중 하나는 합법적인 성생활을 위해서인데, 정치학자 전인권의 표현처럼, 아이러니하게도 가족은 '무성적 지대(DSZ, de/sexualized zone)'다.

한국인들은 '집'보다 '길 위의 섹스'를 즐기는 것 같다. 가정은 규범적으로는 가장 당당한 성적 공동체로 간주되지만, 성 활동이 그리 활발한 곳이 아니다. 하기야 즐거움을 누린다는 의미의 '향락'이 반드시 집에서만 일어나야 할 이유도 없다. 원래 근대 가족 제도에서 '집'은 사랑을 나누는 공간이 '아니다'. 사생아의 영어 단어는 '러브 차일드(love child)'인데, 사회학자 조은의 지적대로, 뒤집어 말하면 가족 제도에서 출생하는 아이는 사랑의 산물이 아니라는 이야기일지도 모른다. 가족과 사회가 배타적인 공간으로 설정되고 가족이 친밀성을 독점하기 시작한 것은, 근대 이후 공적인 영역과 사적인 영역이 분리되었다는 이데올로기가 등장하면서부터다. 그런 점에서 보면, 한국의 여관은 공·사 영역 분리를 통합하는, '집 밖의 사적인 공간'인 것이다.

서구에서 혼외의 사랑은 대체로 이혼으로 연결되는 경우가 많기 때문에, 그들의 '외도'는 가족에 역기능적이다. 그러나 한국의 '외도'는 '가정 파괴'로 이어지지 않는다. 한국인들의 집 밖 사랑은, '자본주의 유지에 봉사하는' 가족 제도와 '모든 사회악의 근원인' 가족 이기주의에 별로 저항적이지 않다. 오히려 순기능적이다. 사람들은 '외도'의 즐거움으로 가족 제도의 고통과 지루함을 견딘다. 한국 남성들의 혼외의 성이 사랑이라기보다는 성매매의 성격이 강한 것도 이와 같은 이유에서다.

한국은 강력한 가족주의 사회지만, 당위적으로 가족의 가치를 강요하고 신화화할 뿐이다. 가정폭력의 심각성은 말할 것도 없고, 가족은 친밀성과 자발적인 상호 보살핌의 공간이 아니라 지나치게 도구적이다. '기러기 아빠'는 이 문제를 가장 잘 드러내는 사례이다. 이는 남성이 희생하는 현상이라기보다는, 가족이 자녀 교육의 성공, 즉 출세 지상주의와 경쟁 논리로 가득 찬 공적 영역에 얼마나 종속적인지를 보여준다.

한국은 경제협력개발기구(OECD) 국가 중 이혼율과 이혼 증가율이 모두 상위권이다. 준이혼 상태의 부부까지 감안한다면, 실제로는 거의 수위에 다다를 것이다. 이미 사람들은 결혼이 법적·인신적 상호 예속이라는 보험료를 내는, 외로움에 대한 장기 보장성 보험이 아니라는 걸 안다. 성과 사랑에 대한 한국인들의 의식과 실천은 가족의 틀을 '뛰어넘고 있다'. 연애가 대중화, 민주화된 지 오래고, 성은 자아를 구성하는 핵심 요소가 되었다. 연애에 대한 열망과 다양성에 비해 이를 수렴할 제도는 탄력적이지 못하고, 사회적 고민과 담론은 너무나 빈약하다. 변화하는 사람들의 몸과 감정을 제도에 맞출 것이 아니라, 기존 가족 제도 권력이 다양한 방식으로 분산, 재구성되어야 하지 않을까.

늑대와 여우의 사랑?

사람들이 인생에서 경험하는 거의 모든 상처는, 상처를 주는 이와 받는 이가 함께 살아가는 특정한 사회의 가치 체계로부터 발생한다. 한 사회의 지배적인 의미나 상징 질서는, 사회 구성원들이 내면화하고 있기는 해도, 모든 사람들의 이해를 반영하는 것은 아니다. 그래서 우리가 정상적이며 자연스럽다고 가정하는 '문화', '규범', '전통', '비밀'은 어떤 사람들에게는 폭력이거나 고통일 수 있다. "너(여성)의 벗은 몸을 사진 찍어서 인터넷에 올리겠다." "내가 (남성) 너를 성폭행한 것을 세상에 알리겠다."라는 말은, 여성의 인격과 존재성을 성/몸으로 환원하는 가부장제 사회에서만 협박으로 작동할 수 있다.

신경질적 반공주의, 레드 콤플렉스가 집요한 사회에서는, 타인을 '빨갱이'로 지목해야만 내가 '빨갱이'가 아니게 된다. 이런 사회에서 개인의 시민권은 "너는 빨갱이다!" 이 한마디에 얼마든지 박탈될 수 있다. 이처럼 협박 범죄는 가해자와 피해자가 공유하는 문화적 신념이 없다면 불가능한 것이다.

얼마 전, 내 글의 '팬'이라는 독자의 이메일을 받았는데, 마지막 구절이 놀라웠다. "그렇지만 동성애까지도 허용하자는 주장에 대해서는 동의하기 어렵습니다." 나는 동성애를 허용하자고 주장한 적이 없을 뿐 아니라, 누가 동성애를 '허용'하거나 '금지'할 수 있는 위치에 있는지도 의문이 아닐 수 없다. 여성이나 흑인, 장애인 모두 누군가 '찬성'하지 않아도 세상 안에서 살아가는 것처럼, 동성애자 역시 누군가의 '동의'와 '허락'이 있어야만 존재할 수 있는 것은 아니다.

인권운동가 한채윤의 지적처럼, 가부장제 사회의 관습대로 남자는 늑대이고 여자는 여우라면, 늑대는 늑대끼리, 여우는 여우끼리 사랑하고 섹스하는 것이 '정상'이다. 늑대랑 여우랑 섹스를 하다니! 이야말로 하느님의 섭리를 어긴 것이며 자연의 질서를 파괴하는, 너무나 '변태'적인 일이 아닐 수 없다. 우리는 늑대와 여우가 만나 가정을 꾸리는 것이 정상이라고 생각하며, 늑대와 여우 사이에서 태어난 2세를 토끼라고 부른다. 한술 더 떠서 늑대, 여우, 토끼가 함께 살면 '비둘기 가족'이다!

사랑이나 친밀성이 공감과 연민에 근거한다면, 비슷한 경험과 조건에 있는 사람들끼리 사랑에 빠지는 것이 '자연스럽다'. 만일, 여성의 오르가슴이 20분이고 남성은 5분이라면, 20분은 20분끼리 5분은 5분끼리 섹스하는 것이 행복에 이르는 길 아닐까? 그러므로 전혀 다른 세계, 즉 극도로 성(차)별화된 한국 사회에 살고 있는 남성과 여성의 섹스 트러블은 필연적일지도 모른다.

내 이야기는, 생각하기 나름이라는 것이다. 동성애가 문제가 아니라, 동성애냐 이성애냐를 구분하는 경계선은 누가 정하는가가 진짜 문제(질문)거리다. 또한 똑같은 인간을 다른 종(늑대, 여우……)으로 분류하여, 다르게 취급하는 성별 제도가 앞에 말한 모든 문제의 근원일지 모른다.

　여성 동성애자 인권운동단체인 '한국레즈비언상담소'에 의하면, 이성애자들이라면 경찰서로 가야 할 일들이 동성애자의 경우엔 온통 이 단체에 접수된다고 한다. 폭행·사기·해고·강간·감금·스토킹·인신매매 등으로 고통받는 동성애자와 그 가족들은, 피해자가 동성애자라는 이유만으로 도움은커녕, 세상 어디에도 맘 놓고 호소할 곳이 없다. 이들이 당하는 폭력은 '아웃팅(동성애자임을 본인의 의사와 무관하게 강제로 알리는 것)' 위협을 전제로 하는 경우가 많기 때문이다. 아웃팅시키겠다고 협박하여 동성애자를 폭력에 무방비 상태로 노출시키고, 일상적인 인간 관계, 사회적 관계망을 파괴하여 피해자를 오갈 데 없는 신세로 만든다. 그러나 피해를 입은 동성애자는 '더 큰 아웃팅 피해' 때문에 피해를 가시화하는 것 자체에 어려움을 겪으며, 법적 구제 절차를 밟지 못하는 경우가 많다.

　동성애자임을 알리겠다는 위협이 한 사람의 인권을 몰수하는 '권력'일 수 있는 것은, 우리 사회에 깊숙이 퍼져 있는 동성애 혐오 문화 때문이다. 그런 점에서 이 문제의 가해자는 사회 구성원 모두라고 볼 수 있다. 아웃팅은 동성애자에 대한 폭력이며, 인권 침해다. 인권이 이성애자의 인권만을 의미하지 않는다면, 아웃팅 범죄에 대한 사회적 차원의 개입과 처벌이 절실하다.

그들이 '화학적 거세'를 선호하는 이유

성범죄 가해자에 대한 독특한 시선이 있다. 다른 범죄자는 처벌하면 그만인데, 이들에게는 상담·치료 같은 '다양한' 대책이 제시된다. (절도나 폭력 사범에게 '심리 상담'을 운운하지는 않는다.) 아동·청소년 대상 성범죄와 '변태' 성욕에 국한했던 성충동 약물치료, 이른바 '화학적 거세' 대상을 전체 성범죄자로 확대하는 법 개정안이 국회에서 통과되었다.

2011년 7월, 성폭력범죄자 성충동 약물치료법 시행을 앞두고 그 효과와 인권 침해 여부를 놓고 여러 차례 논쟁이 있었다. 2~6퍼센트에 불과한 성폭력 신고율, 신고와 기소 과정에서 피해자가 겪는 고통, 낮은 신고율만큼이나 낮은 기소율과 더 낮은 유죄 판결률을 고려할 때, 성범죄를 막기 위한 대책이 '주사(注射) 요법'이라니, 그다지 설득력 있게 들리진 않는다.

어쨌든 성범죄의 규모와 실태가 워낙 심각하기에, 효과라도 확실하다면 극렬하게 반대할 사람은 많지 않을 것이다. 문제는 성범죄의 원인이 성별 권력 관계의 불균형 때문이지, 남성 호르몬 과다로 인한 생리 현상이 아니라는 점에 있다. '화학적 거세'는 문제를 왜곡하면서 주의를 분산시키는, 이 경우에는 매우 질 나쁜 맥거핀(속임수나 미끼)이다.

'섹스'는 뇌로 하는 것이지 성기로 하는 것이 아니다. 발기는 혈액이 조직을 채우는 것인데, 이는 뇌의 역할이고 그 기능을 가능케

하는 '자극'의 내용은 철저히 사회적인 것이다. 그러므로 '화학적 거세'는 과학적 근거도 없고 실제 효과도 없다.

나는 20여 년간 여성에 대한 폭력 관련자들을 상담해 왔는데, 가해자들의 절실한 호소는 두 가지, 피해의식과 분노이다. "남들 다 하는데 나만 재수가 없어서 걸렸다."라는 피해의식과 자신을 이 지경으로 만든 사법 체계와 신고한 여성, 그리고 '여자들이 판치는 세상'에 대한 분노다. 이러한 사고방식과 심리 상태의 근거는 '성범죄 불가피론'이다. 남성에게 삽입 섹스는 소변과 같은 신체의 자연스러운 배설 행위이므로 성폭력이나 성 구매를 불법화하는 것은 '오줌을 못 싸게 하는' 고통과 같다는 것이다.

"남자는 참을 수 없다." 이들의 주장대로라면 참는(?) 남성, 혹은 '재수 좋아 안 걸린' 대다수 남성들의 신체는 배뇨 통증으로 폭발 직전일 것이다. 가해자들의 이야기는 나이, 학력, 계층과는 무관하게 사전 회의라도 한 듯 똑같다. 이는 이들의 성 인식이 개인의 일탈이 아니라 사회적 규범이라는 것을 보여준다.

이들의 합창은 우리 사회에 만연한 통념이기도 하고, 성범죄의 원인을 통제할 수 없는 성욕에서 찾는 '화학적 거세법'의 현실 인식과 맞아떨어진다. 성욕이 배설과 같다니? 논의의 가치도 없다. 문제는 이 절대적 무지에 저항하기가 생각보다 쉽지 않다는 사실이다. 사회 전체가 의식적으로든 무의식적으로든 이 '상식'에 동의하고 있다.

그들은 나를 설득하려 한다. "갑자기 길 가다가 오줌이 마려우면

선생님은 어떻게 하시겠어요?" "길거리에서 그냥 해결할 수도 있고(성폭력), 화장실을 찾을 수도 있고(성 구매), 참으며 집까지 갈 수도 있겠죠(파트너와 성교). 그런데 화장실이 없으면 그 자리에서 싸는 사람이 많겠어요, 참고 집에 가는 사람이 많겠어요? 또 집에 간다고 해서 쌀 수 있는 것도 아니란 말입니다(파트너가 없거나 동의하지 않는 경우)!"

가부장제 성 문화의 핵심을 이루는 것 중 하나는 여성의 몸을, 남성을 위한 용기(用器)로 취급하는 것이다. 이러한 의식에 대한 문제제기 없이 성범죄의 원인이 인체의 화학적 성욕에 있다는 전제에서 이를 억제하겠다는 발상은 성범죄 예방이 아니라 부양책이다.

다른 범죄와 마찬가지로 성범죄도 사회적 대책만으로는 한계가 있으며 완전한 근절은 불가능하다. 맞다. 하지만 그러니까 우선 '화학적 거세'라도 하고 보자? 진실은 그 반대다. 해결 방법 중 하나라는 '화학적 거세'의 사고방식이 바로 문제의 핵심이기 때문이다. 원인을 대책으로 추진하고 있는 것이다.

의혹은 또 있다. 성범죄자에 대한 가부장제 사회의 지나친 도덕적 낙인(변태, 괴물……)과 '참지 못하는 그들'에 대한 경멸은 무엇을 의미하는 것일까? 거의 모든 통계조사에서 성범죄자에 대한 강력 처벌을 주장하는 입장은 여성보다 남성이 압도적으로 많다. 남성 문화는 왜 이토록 성범죄가 아니라 성범죄'자'를 혐오할까. "나는 아니다."를 증명하기 위해서는 아닐까. 성범죄의 원인은 일상의 성차별, 성역할 구조인데, 이를 수용하게 되면 모든 남성은 피곤해진다. 남성은 잠재적 피고인이 되지 않기 위해 기존의 여성관, 세계관 자체를 수정해야 한다. 그러나 소수 '변태'의 문제로 축소하면 성범죄는 남성 문화의 결과가 아니라 특정한 개인의 문제가 된다. 그럴수록 여성들은 밤거리나 여행에서 조심스럽게 행동하는 등 스스로 자신을 통제하고 억압해야 한다. 반대로 국가와 사회를 통치하는 '안 걸린' 남성들은 사회적 약자를 제대로 보호하지도 못하면서 보호자, 시혜자, 감시자의 지위를 획득한다. 이것이 '화학적 거세'의 배경이다.

2부

가정폭력의 정치학

"아는 만큼 보인다."라는 말은 아름답지만 동시에 냉정하다. 건조하게 다시 쓴다면, "고정관념이 사실을 만든다." 영화 〈가스등〉 (1944)에서 잉그리드 버그먼의 분열처럼 성차별 사회에서 인식 주체로 인정받지 못하는 여성은 늘 '내가 본 것을 믿을 것인가, 남(성)이 말한 것을 믿을 것인가'의 문제로 고통받는다.

내가 이 글을 쓰는 이유와 목적은 '가정폭력의 실태와 대책'을 말하기 위함이 아니다. 대개 여성에 대한 폭력은 공적인 문제, 정치적 사건이라기보다는 '선정적인' 이슈, 지면 편집 용어로 말한다면 '쉬어 가는 코너'쯤으로 여겨진다. 나는 여성폭력을 다루는 한국 사회의 일반적인 접근처럼, 문제의 심각성을 강조하면서 여성의 비참한 현실과 남성의 비인간성을 폭로하는 것에 관심이 없다. 혹은 대책을 논하면서 엄격한 법 집행과 의식 개혁을 주장할 생각도 없다. 이 글은 가정폭력의 실태에 관한 것이 아니라 이 문제를 바라보는 한국 사회의 시각에 대한 비판에 초점을 맞춘다. 그리하여 가능하다면 진보와 보수/전쟁과 일상/좌파와 우파 등 기존의 정치적 의제 설정 자체가 남성 중심적임을 지적하고, 이 문제가 가정폭력 발생과 어떻게 연관되는지 살펴보고자 한다.

진보와 보수는 누구의 전선인가

좌파에도 급수가 있는지 모르겠지만, 자칭 'B급 좌파'라는 어떤 남성은 "90년대 주류 페미니즘의 저급한 사회 의식"을 비판하면서, 가부장제는 자본주의를 작동케 하는 구조의 일부라고 못 박는다. 이와 비슷하게 한 '진보적' 언론인은, "먹고 사는 데 아무 지장 없는 중산층 여성들의 페미니즘은 역겹다."라는 정치적 신념을 밝힌 바 있다.

위 두 남성의 생각은 진보와 보수를 막론하고 여성 문제(gender issues)를 바라보는 한국 사회의 의식적 태도와 여성이라는 피억압 집단을 자기 맘대로 재현하고픈 남성의 무의식적 욕망을 모두 대표하고 있다는 점에서 논의의 재료로 삼을 만하다. 이런 남성의 사고 저류에는 "여성에 대해서는 어떤 말이든 할 수 있다."는 자신감과 당위가 깔려 있다. 이들이 '저항'한다는 계급주의·(혈연적) 민족주의·가족주의·이성애주의·인종주의·오리엔탈리즘·비장애인 중심주의도 대개는 이런 논리로 작동한다. 이들의 말할 수 있는 권력은 어디서 나오는가? 여성 지식인이 장애운동가나 노동운동가에게 그들의 유한성을 지적하며 역겹다고 말할 수 있을까? 이런 남성들의 발상 자체가 폭력이지만, 이러한 진술 방식은 너무도 자연스러워서 진보적이라고 자처하는 언론 매체들도 이처럼 적나라한 인권침해적인 글을 버젓이 실어준다.

가부장제는 성별과 계급 문제를 분리, 대립, 택일해서 생각하는 것을 좋아한다. 그렇다면 무엇이 택일되겠는가? 서구 남성 중심의 근대적 사유 체계에서는 특정한 억압 A는 언제나 특정한 억압 B로 환원되어야 한다. 즉, 더 중요한, 더 근본적인 억압이 있다는 것이다. 자신만이 인식 주체라고 믿는 남성의 생각 속에서 가장 중요한 억압은 자기가 경험한 억압이다. 그 외의 사회 문제는 부차적이고 특수하고 주변적인 것이 된다. 심지어 앞에 언급한 두 남성의 주장의 실상은, 여성이 당하는 억압과 고통이 (자기가 모르므로) '없다'는 것이다.

젠더 정치의 시각에서 본다면, 좌파와 우파 모두 남성 중심적 정치 전선을 강하게 유지하려 한다는 점에서 이런 종류의 진보 남성과 극우 논객 조갑제의 차이는 없다. '좌파'라는 정체성은 진보적 삶의 결과로 (외부로부터) 부여될 수는 있으나, 그것을 스스로 선언한다는 것은 우스꽝스러운 일이다. 자신을 '진보 인사'로 정의하면서 남성 중심적 계급 정치의 이름으로 여성이 경험하는 억압은 "시시"하거나 존재하지 않으며, 여성운동가를 "역겹다"고 하는 것은 무식을 넘어 지극히 우파적이다. 즉, 이러한 사고는 기층 계급의 여성운동을 무시하고 성역할 모델을 중산층에 한정한, 그야말로 부르주아적, 몰계급적 발상이다. 극소수의 여성들만이 중산층 전업주부로 집안에서 일한다. 나를 포함한 대다수의 여성들은 가사 노동과 임금 노동 두 영역에서 남성보다 두 배로 일한다.

여성주의는 '일차적인'(우선적인) 사회 모순이 존재한다는 사고 방식 자체에 대한 문제 제기다. 성별 억압을 전제하지 않은 계급 억압은 없으며, 계급 차별 없는 성차별도 있을 수 없다. 인간의 모든 사회적 억압은 여러 모순이 중첩·교직(交織)된 것이며 각 개인이 겪는 고통은 역사적·사회적 맥락에 따라 다르다. 여성이 독자적인 개인·시민·인간으로 존재하기 어려운 한국 사회의 구조상 '중산층 부르주아 여성'이 있기나 한지도 의문이다. 여성의 계급성은 그 자신이 가진 물적 기반에 의해 정해지기보다는, 여성이 맺는 가족 관계, 즉 ('여성을 소유한') 남편이나 아버지의 계급에 의해 결정되는 경우가 많기 때문이다.

자유주의 페미니스트로 유명한 베티 프리단도 '매 맞는 아내'였다. 그는 여성운동 집회에 나가 연설할 때마다 친구들의 도움으로 남편이 때린 얼굴의 푸른 멍을 짙은 화장으로 가려야 했다. 얼마 전 여성 연예인의 가정폭력 피해 사건이 충격을 준 이유 중 하나는, 사회적으로 성공한 여성도 남편에게 10~20여 년 동안 구타당했다는 사실일 것이다. 가정폭력은 계급 문제로 인한 억압이 아니라 성별 권력 관계로부터 발생하기 때문에 여성이라면 누구나 피해자가 될 수 있다. 가해자가 피해 여성보다 사회적 지위가 낮기 때문에 남편이 더 큰 피해자라는 황당한, 그러나 한국 사회에서는 '설득력' 있는 주장도 있지만, 이는 바로 여성에게는 다른 어떤 사회적 권력보다도 성별 권력이 더 압도적으로 작용함을 보여주는 사례이다.

그래서 여성운동은 "먹고 사는 데 아무 지장이 없는" 여성들이 하는 운동이 아니라 "맞아 죽지 않으려는" 여성들의 최소한의 자구책이다. 미국의 시각이 걸러지지 않은 보도라는 것을 감안해야겠지만, 최근 어느 시사 잡지는 소말리아 내전에 자원한 여성의 인터뷰를 실었다. 그는 전쟁 상태가 훨씬 살 만하다고 말한다. 군인으로 음식을 배급받고 남편에게 맞지 않기 때문이다. 가정이 평화로운 공간이라는 언어는 누구의 경험인가? 여성에게 무엇이 일상이고 무엇이 전쟁인가? 성별을 독자적인 사회적 모순, 정치 제도로 인정하지 않는 한 이해하기 어려운 일이다.

진보의 개념을 넓히다?

1990년대 후반부터 〈당대비평〉, 〈아웃사이더〉, 〈인물과 사상〉 등을 중심으로 기존의 거대 담론적 사회운동의 한계를 지적하면서 새로운 진보를 역설하는 입장이 많아졌다. 조금 냉소적으로 그러나 적확히 말하자면, 예전에는 진보 담론에 끼지 못했던 사회적 소수자 문제가 '유행'하기 시작한 것이다. 정치적 약자의 한 사람으로서 바람직하다고 생각하지만, 이러한 논의가 진보 개념 자체에 대한 문제 제기로까지 나아가지는 않는 것 같다. 사회적 소수자를 정치적 주체로 보고 이들의 고통을 정치적 의제로 설정하기보다는, 기존 진보를 '풍부화'하기 위해 동원한다는 인상을 지우기 어렵다. 그래서 매체마다 여성, 동성애자, 장애인, 이주 노동자 등을 다룬 기사들이 그들의 소외와 비참한 상황을 중심으로 양념처럼 등장한다. 진보 개념을 변화시키기보다는 확대하는 방향으로 소수자 문제가 '활용'된다. 이를테면, "진정한 진보주의자는 이런 문제에도 관심이 많다."는 것이다.

기존의 정치 개념을 근본적으로 의심하지 않으면서 사회적 소수자 문제에 관심을 갖는 것은 한계가 있다. 예를 들어 여성 문제를 정치적 문제로 인정한다 하면서도, 가정폭력의 원인을 군사독재 폭력 문화의 산물로 본다거나(조선시대에도 가정폭력은 있었다), 성매매나 성폭력을 '외세 타락 문화'의 결과라고 보는 것(한국의 성폭력, 가정폭력 발생률은 세계 수위권이다)이 대표적인 모순된 사고이다. 여성 억압은 계급/민족 모순으로 환원되지 않는 남성 지배의 문제, 여성과 남성 간 권력 관계의 산물이기 때문이다.

이러한 사고방식에서는 소위 '일상적 파시즘'과 '구조적 파시즘'이 대립한다. 결국 사람들은 또 무엇이 더 결정적이냐고 결론 내고 싶어 한다. 마치 민족 모순이나 계급 모순처럼 '큰' 문제를 우선시하는 사람은 구조적 파시즘을 강조하고, 소수자들은 일상적 파시즘에 더 무게를 두는 것처럼 논의된다. 이러한 상황에서는 일상적 파시즘도 구조적 파시즘도 극복하기 어렵다. 구조적 파시즘은 일상적 파시즘을 전제로 작동하는데, 두 가지 파시즘이 어떻게 구별될 수 있단 말인가? 인간 현상을 거시/미시, 구조/일상, 사회/가정, 정치적인 것/개인적인 것, 공/사, 전체/부분, 보편/특수 등으로 나누는 것은 누구의 기준에 의한 것이며, 그러한 구분으로 이익을 보는 집단은 누구인가?

사회운동 진영에서 여성 활동가가 동료 남성 활동가에게 성폭력/차별/무시당하는 것은, 기존의 진보 개념으로 치자면 사소한 문제이고 전체(남성)를 위해 덮어두어야 할 문제이다. 그러나 여성이 겪는 차별과 억압도 정치적인 문제라는 입장에서 본다면, 이 문제는 당연히 심각한 모순이다. 마르크시스트든 파시스트든 집에서 설거지 안 하기는 마찬가지인 것처럼, 진보 진영 내부에도 남성 중심 논리가 관통한다. 성폭력도 발생할 수 있다. 나는 '운동권' 남성이 '일반' 남성보다 성폭력을 많이 저지른다고 생각지는 않는다. 그러나 더 깊은 은폐 논리와 조직 보위를 강조하는 측면에서는 운동사회에서 성폭력이 빈발할 가능성이 더 높다고 생각한다.

인류 공통의 역사, 가정폭력

1960년대 여성폭력을 처음 사회적 문제로 제기한 서구에서도 아내에 대한 폭력은 동물 학대보다도 관심이 없는 주제였다. 수천 년간 지속된 가정폭력의 역사에 비하면 여성 인류에게 지난 30년은 혁명적 시기였다. 한국에서는 1983년 '여성의전화'라는 여성운동단체가 생기면서 사회 문제화되었고 가정폭력 방지법도 제정되었다. 그러나 여성폭력 문제에 관한 한, 법 제정과 문제 해결은 별 상관이 없어 보인다. 한국의 가부장제 문화를 고려한다면, 현행 가정폭력 방지법은 현실을 너무 '앞서가는' 법이다.

남편이 아내를 때리다가 죽이는 것은 '과실치사'지만, 아내가 정당방위로 남편을 죽이는 것은 '살인'이다. 한국 사회에서는 때리는 남편이 가정파괴범이 아니라, 폭력에서 탈출하는 피해 여성이나 이들을 돕는 여성운동가가 가정파괴범이다. 이러한 모든 상황은 가정폭력이 범죄가 아니라 일상이며, 일탈적 사건이 아니라 규범이라는 것을 의미한다. 인류가 발명한 제도 중에서 가장 폭력적인 것은 전쟁이고 그 다음이 가족이라는 말은 과장이 아니다. 시대와 지역, 종교, 인종, 계급, 교육 수준, 일부일처제와 일부다처제를 막론하고 인류가 공통적으로 경험한 유일한 역사가 있다면 그것은 가정폭력일 것이다.

한국은 정확한 통계조차 없으나 미국에서 살해당한 여성들의 약 42퍼센트는 이전 또는 현재의 파트너에 의해 죽는다. 방글라데시, 브라질, 케냐, 태국은 50퍼센트에 육박하며 파키스탄에서는 전통적인 여성 억압 문화인 퍼다(purdah, 무슬림 여성에 대한 성차별)의 영향으로 80퍼센트 정도의 여성이 남편으로부터 학대받는다. 볼

리비아 정부는 여성폭력 가해자의 95퍼센트는 처벌받지 않는다고 보고한다. 미국에서 아내 구타는 강간, 자동차 사고, 강도를 합한 것보다 더 많은 외상의 이유이며 여성 상해의 가장 일반적인 원인이다. 지난 5년간 미국에서 아내폭력으로 사망한 여성의 수는 베트남 전쟁에서 사망한 미국인의 수와 비슷하며, 미국 '소아마비 환자 모금 협회(March of Dimes)'에 의하면 임신 중 남편의 구타가 기형과 유아 사망의 주원인이라고 보고하고 있다.

일본 정부의 조사 결과, 기혼 여성의 5퍼센트는 남편의 폭력으로 생명의 위협을 느낀다고 호소한다. 특히 임신 중인 여성은 학대 타깃 1순위이다. 미국 휴스턴과 볼티모어에서 저소득층 임신 여성 여섯 명 중 한 명은 임신 중에 폭력을 경험했다. 구타당한 여성의 60퍼센트가 그렇지 않은 여성보다 임신 중에 세 배 이상의 폭력을 경험한다. 멕시코시티에서 무작위로 342명의 여성들을 조사했는데 20퍼센트의 여성들이 임신 기간 동안 위(胃)를 가격당했다. 코스타리카 산호세에서는 남편에 대해 사법적 개입을 요청한 80명의 매 맞는 아내들에 대한 연구에서, 49퍼센트가 임신 중에 구타당했다고 보고했고 이중 7.5퍼센트가 구타로 유산했다.

한국의 가정폭력 발생률도 형사정책연구원·보건복지부 등 거의 대부분의 조사에서 과반수를 넘고 있으며, 구체적인 피해 상황은 외국 사례와 별로 다르지 않다. 우리보다 여성운동이 활발하고 사회복지시설이 잘 되어 있는 서구의 사정을 고려할 때, 한국의 가정폭력이 더 심각하리라는 것을 예상하기는 어렵지 않다. 나는 50퍼센트의 여성이 남편에게 맞은 경험이 있다고 응답했다 할지라도, 실제는 이보다 훨씬 많을 것이라고 생각한다. 피해자와 조사자의 폭력 개념이 현저히 다르기 때문이다. 연구자는 뺨 한 대도 폭력이라고 생각하지만, 그 정도 가지고 남편에게 맞았다고 주장하는 여성은 거의 없다. 성폭력 신고율이 2퍼센트인 것과 마찬가지로 가정폭력은 언제나 축소 보고된다.

가정은 사회가 아닌가

나는 가정도 권력 관계가 작동하는 인간 사회인 이상, 폭력이 발생하지 말라는 법은 없다고 생각한다. 오히려 반대로 가정에는 폭력이 없을 것이라는 이데올로기가 가정폭력의 발생 기제라고 본다. 폭력으로 평화로운 가정이 깨져서 문제가 아니라, 여성의 생명을 위협하는 폭력으로도 (남성 중심적) 가정이 깨지지 않는 것이 더 문제다.

비바람은 집안에 들어가도 법은 들어갈 수 없다는 논리가 이제까지 가정폭력을 방치·지지하는 논리였다. 물론 이 논리는 거짓이다. 같은 가정 내 폭력인 아동학대나 노인학대 문제에 대해서는 이러한 불개입 논리를 적용하지 않는다. 또한 호주제, 상속세, 가족계획의 예처럼 국가가 가족/사생활에 침투하는 논리는 남성 국가의 이해에 따라 선택적이다.

무엇이 사회이며, 사회는 어디에 있는가? 가정과 사회는 다른가? 남편에게 당하는 고문과 국가로부터 당하는 고문의 내용은 큰 차이가 없다. 다른 점이 있긴 하다. 국가 기관에서 고문당한 사람은 고문 가해자에게 밥을 차려주지는 않아도 되며, 평생 맞는 것도 아니다. 국가폭력의 가해자들은 아무리 무소불위의 권력을 휘두른다 해도 결국 법의 지배를 받는다. 그러나 가정은 치외법권 지대이며 아내를 구타하는 남성들은 광범위한 사회적 이해와 지지를 받는다. 남녀에게 차별적으로 적용되는 성역할 규범이 남편의 폭력을 정당화하기 때문이다. 사회는 가정폭력 피해 여성에게, 목숨을 위협받는 폭력 상황에서도 가해 남편의 권력('버릇')을 고치고 가정을 지킬 것을 요구한다. 전쟁, 조직폭력, 학교폭력의 피해자에게 가해자를 감동시켜 폭력을 멈추게 하라고 말하는 사람이 있는가?

인간은 누구에게나 맞지 않을 권리가 있지만, 아내일 때는 예외이다. 그 인간이 여성이라면, 여성이 아내가 되면, 맞지 않을 인간의 권리보다 여성으로서 참아야 할 도리가 더 강조된다. 여성은 너무도 쉽게 인간의 범주에서 제외된다. 그래서 가정폭력 방지법으로 고소당한 폭력 남편들은 "(사람이 아니라) 집사람을 때렸을 뿐인데 내가 무슨 잘못을 했냐."고 억울해한다.

무엇이 정치적인 문제이고, 그것은 누가 정하는가

장애인 인권운동이 비장애인에게 더 많은 시혜를 바라거나 장애인도 비장애인 못지않은 능력과 의지를 가졌음을 보여주는 것은 아닐 것이다. 장애인운동은 우리 사회에서 정상이라고 간주되는 몸의 기준에 대한 도전이다. 마찬가지로 여성운동은 사회 안에서 여성의 지위를 논하자는 것이 아니다. 여성의 시각으로 사회·역사·정치를 재구성하자는 것이다. 여성, 장애인, 동성애자의 문제는 기존의 공적 영역 중심의 협소한 정치 개념을 바꾸지 않고서는 설명할 수 없다. 이제까지 여성은 역사 밖에, 여성 문제는 정치 밖에 존재했다. 진보와 보수, 좌파와 우파 등 기존의 정치 전선 자체가 남성의 관심사에 의해 설정된 것이기 때문이다.

정치의 행위자는 언제나 남성으로 상정된다. 그래서 여성에 대한 폭력은 언제나 여성과 남성 간의 정치가 아니라 남성과 남성의 정치로 환원된다. 제주도 도지사의 성폭력 사건은 민주당과 한나라당의 싸움으로, 정신대나 기지촌 여성 문제는 식민지와 제국주의의 갈등으로 간주되는 식이다.

남성과 남성의 갈등은 당연히 정치이고 역사라고 여겨진다. 자본가의 노동자에 대한 폭력, 미국의 이라크 침략 등 남성이 남성에게 폭력을 가하는 것은 억압이고 이에 대한 저항은 투쟁이다. 그러나 남성이 여성에게 폭력을 가하는 것은 개인적 문제이거나 집안일, 혹은 기껏해야 '격렬한 로맨스'로 간주된다. 여성은 정치적 주체가 아니라고 보기 때문이다. 그래서 폭력 피해자가 여성일 때, 피해는 언제나 사소화된다. 여성폭력은 '남편이 총을 쏘면 신고하라'는 말처럼, 피해의 심각성이 가시화되어야만 사회적 관심사로 부각된다. 가정폭력은 해결하려는 노력이 활발하면 할수록 사건이 증가하는 특성이 있다. 여성운동이 활발할수록 문제가 드러나기 때문이다. 이는 가정폭력이 가부장제 사회에서 익숙한 렌즈, 즉 남성의 시각으로는 보이지 않는 문제라는 것을 의미한다.

대중매체를 통해 가정폭력의 극단적인 사례만이 재현되는 것은, 그들의 고통이 믿을 수 없는 것이기 때문이다. "우리가 확실히 믿을 수 있을 때까지 맞아라, 우리는 이 정도라야 믿는다."라는 사회의 메시지인 것이다. 가정폭력은 피해가 명백히 가시화되어야만 '진실'이 되기 때문에, 문제 해결은 피해 이후에 논의된다. 여성운동가들이 가정폭력이 사회적 문제임을 주장하기 위해 심각성을 강조하는 것도 이 같은 맥락이다. 여성들이 가정에서 당하는 폭력은 '개인적'인 것으로 간주되므로, '사회적'인 문제가 되기 위해서는 피해가 끔찍하고 심각해야 하기 때문이다. 결과적으로 사람들이 가정폭력을 성격장애나 빈곤, 스트레스, 알코올 문제 등 '특수한' 부부 관계에서나 일어나는 일이라고 믿는 악순환이 반복된다.

폭력을 당한 아내의 고통은 한국 사회 구조에서는 부정되어야 하는 것이다. '매 맞은' 아내들이 고통을 표현하는 행위는, 그들의 고통에 의해 유지되어 왔던 가부장제 가족 제도의 효율적 작동을 위협한다. 그들이 이야기하기 시작하면 '안식처 가족'의 신화, '보호자 남성'의 신화가 무너지는 것이다. 이처럼 인간의 고통 경험은 평등하지 않다. 어떤 고통의 경험자들은 존경받지만, 어떤 고통의 경험자들은 '더럽다'고 추방되고 낙인찍힌다. 가정폭력은 인정되지 않는 고통, 믿을 수 없는 고통이다. 정치적이고 공적인 장에서 인정되는 고통과 달리 재현할 수 있는 언어를 가지지 못한 타자의 고통이기 때문이다.

한국 사회는 폭력당하는 여성의 경험을 '있는 그대로' 수용할 수 있는 담론 구조도, 그들을 지지하는 공동체도 없다. 그들의 고통은 가족의 문제가 되거나, 자녀의 고통이 강조될 때만 부수적으로 드러날 뿐이다. 그래서 고통을 인내하는 여성들의 능력은 지나치게 과장되어 왔고, 그들은 자신의 고통을 표현하는 것 자체에 죄의식을 느낀다('나는 왜 참을성이 없을까').

가정폭력은 다른 폭력과 마찬가지로 사람이 죽고 사는 문제이다. 그러나 가정폭력 사건이 신문의 정치면 기사에 나는 일은 없다. 남편이 아내를 때리는 것은 당연해서 뉴스가 아니기 때문일 수도 있고, 여성이 맞는 것은 너무도 흔한 일이기 때문일 수도 있다. 가정폭력은 인간의 범주, 가족 이미지, 인권, 정치, 권력, 여성 문제에 대한 총체적인 인식의 변화를 요구한다. 이 문제가 이제까지와는 전혀 다른 차원으로 새롭게 다루어지지 않는 한, 대책은 없다.

'피해자다움'이라는 성역할

오랜 기간 남편의 폭력에 시달리다가 이혼하려는 여성들이 법정에서 가장 많이 듣는 말은, "이제까지 잘 참았는데, 왜 갑자기 이혼하려고 하는가(남자가 생겼나)?"이다. 하지만 남편의 초기 폭력을 문제삼아도, "참을성이 없다"고 비난받기는 마찬가지다. 흉기를 들이대는 강간범을 만났을 때, 소리쳐야 할까? 빌어야 할까? 잘못 소리쳤다가는 죽을 수도 있고, 잘못 빌었다가는 "너도 즐겼지."라는 말을 듣기 십상이다.

피임을 해야 할까? 말아야 할까? 피임 준비를 잘하는 여성은 '선수', '걸레' 취급받기 쉽고, 피임을 못해 임신하면 남자에게 부담 주는 '칠칠치 못한 여자'가 된다. 성차별에 저항하는 여자는 나쁜 여자로 찍히고, 가만 있으면, "여자들이 의식이 없어서 문제다." "딸들아 깨어나라."며 계몽이 덜 된 인간으로 본다. 남성 언어 안에서는, 여성의 저항과 순종 모두 남성 폭력과 성차별의 '원인'이 된다.

경찰서나 법정에서 성폭력 피해 여성의 분노나 강한 감정 표현은 과장으로 의심받고, 침착하고자 애쓰면 피해자답지 못한 인상으로 해석된다. 제주도 도지사 성추행 사건의 피해 여성은 '너무 똑똑'한 것이 문제 해결 과정 내내 비난의 구실이 되었다. 기자회견장에서 그는 "초등학교밖에 안 나온 여자가 어떻게 녹음기를 사용할 수 있나, 누구의 사주를 받았나." 따위의 질문을 받았다. 남성의 구미에 맞는 '적절한' 피해자의 태도는 어떤 포즈일까?

피해의식은 남성의 전유물

남성은 여성이 성적 주체이기를 바라지 않으면서 동시에 성적 주체이기를 바란다. 사실 가부장제 유사 이래 여성은 언제나 성적 주체였다. '성의 유혹을 견디지 못하는' 남성 젠더 시스템에서, 여자는 남자의 인생을 망치는 존재다. 스릴러 영화의 공식, 남자 주인공을 시험에 들게 하는 팜 파탈(femme fatale), 요부(妖婦)는 남성의 모순을 여성에게 투사한다. 팜 파탈은, 남성의 성이 저지르는 폭력과 파괴가 결코 남성의 잘못이 아니라는 것을 '증명'하는 존재다. 남성의 성욕은 무한대라서 어디로 '분출'할지 모르지만, 성욕 폭발의 버튼을 누르는 사람은 남자 자신이 아니라 남자를 유혹하는 여자라는 것이다. 이때 남성은, 대부분의 성폭력 가해자들이 합창하듯, 유혹자 여성의 '피해자'가 된다.

원래 피해의식은 남성의 전유물이었다. 정치의식으로서 여성의 피해의식은 근대 이후 여성주의 의식의 발전과 더불어 등장한 아주 최근의 현상이지만, 남성의 '피해의식'은 수천 년 전 가부장제와 함께 시작되었다. 여성의 피해의식이 피해자로서 지니는 사회구조적 의식이라면, 남성의 '피해의식'은 가해자의 정신 분열, 프로이트식으로 말한다면 죄의 투사이다. 백인의 피해의식, 자본가의 피해의식, 미국의 피해의식을 보라. 피해의 의미와 내용은 객관적인 것이 아니라 권력 관계의 유동에 따라 구성된다.

지금 여성들은 수천 년 동안 '여자라서' 당연히 해 왔던 노동을 거부하고, 너무도 오랫동안 당해 왔던 여성에 대한 폭력에 저항하고 있다. 폭력을 당하는 것. 폭력에 순종하는 것. 맞으면서, 강간당하면서 가해자의 앞날을 걱정하고 보살피는 것. 이 모든 것은 일종의 여성의 성역할이었다. 동성애자 인권 담론의 가시화에 따른 이성애자들의 당황과 혼란처럼, '권리를 침해당한' 남성들의 '피해의식'은 당연한 것이다.

여성에게 섹스와 모성은 자원이자 억압이다. 남성은 그렇지 않다. 이것이 가부장제 사회의 가장 근원적인 작동 기제이다. 여성에게 섹스가 자원('꽃뱀'?)이기도 하기 때문에 억압(성폭력 피해자?)이 아닌 것이 아니라, 이 현실이 바로 성폭력의 원인이다. 남성에게는 모순이지만, 여성에게는 연속선이다. 여성에게 섹스가 자원이자 억압이라는 사실은, 성매매와 성폭력이 명확히 구별되어야 한다는 것이 아니라 섹스의 주체는 오로지 남성이라는 의미이다.

주체와 피해자의 이분법, 그리고 이러한 이분법의 성별화는, 남성 주체의 이해(利害)와 환상 속에서 구성된 '침묵하는 피해 여성'이라는 관념을 낳았다. 이분법에서 각각의 범주는 겹칠 수 없는, 상호 배타적인 것으로 설정된다. 주체 아니면 피해자다. 그래서 여성이 행위자, 주체이면서 동시에 피해를 당한다는 주장을 하기가 쉽지 않다. 때문에 피해는 곧 피해자화로 연결된다. 피해는 타자화를 동반하지 않지만, 피해자화는 타자화를 전제한다. 피해 여성은 남성 주체의 욕망에 의해 규정된다. 남성의 입장에서 강간당한 여성은 더럽혀진 여자이거나 '기껏해야' 무기력한 희생자지, 성별 계급 투쟁의 생존자가 아니다. 그리고 이러한 남성의 시각이 곧 사회의 시각이 된다. 특히, 성폭력 피해 여성에 대한 피해자화는 가부장제 사회의 가장 진부한, 가장 오래된 타자화 방식이었다.

피해자화는 여성에게 권력을 부여하기도 한다. 이것이 바로 젠더 사회에서 남자들은 성공을, 여성들은 불행을 '경쟁'하는 이유이고, 여성들이 '피해자 정체성'에 매력을 느끼는 이유다. 남성 중심 사회에서 여성은 피해자일 때만 주체가 되기 때문이다.

내게 상담을 청한 어떤 성폭력 피해 여성은, 칼을 들고 덤비는 성폭력 가해자를 설득하여 임신과 성병 예방을 위해 콘돔을 사용하게 했다. 나는 그의 행동을 칭찬했지만, 그에게 고소를 적극적으로 권할 수는 없었다. 가부장제 사회의 피해자 각본에서, 이 여성의 뛰어난 행위성과 협상력은 '섹스(강간) 동의'를 의미한다. 여성은 아무런 행위를 하지 않고 죽은 듯이 있어야만 피해가 인정되고, 피해자로서 '권력'을 부여받게 된다.

남성 언어로 말하기의 고통

전 세계에서 유례없이 '빠르고 쉽게' 제정되었던 한국의 성폭력 법제화는, 여성의 고통을 남성의 언어로 재현하는 것의 한계와 남성의 '피해의식'이라는 역효과(backlash)의 위력을 확인해주었다. 현재 한국 사회에서 성폭력만큼 인식론에서, 방법에서, 관계에서 논쟁적인 이슈도 없을 것이다. 그 어떤 인식론도 여성의 고통을 설명하지 못한다.

성폭력 문제는 '여성의 시각으로 본다는 것', '남성의 언어', '여성의 관계성과 남성과의 사랑-상처-고통-착취당함의 공통점과 차이'가 도대체 무엇인지, 여성주의를 포함하여 기존의 모든 담론과 인식 체계에 근본적인 질문을 던진다. 거의 모든 성폭력 사건 해결 과정에서 논쟁이 폭발한다. 성폭력 사건이 가시화되기만 하면, 가해자와 피해자 그리고 그들이 속한 공동체는 격렬한 논란에 휩싸인다. 또한 성폭력의 법제화는, 국가의 가부장성을 비판하는 동시에, 상담소 운영 등을 통해 국가 정책의 하부 집행자가 된 여성운동 단체의 이중 역할 속에서, 여성운동의 정체성과 진로를 고민하게 만들었다.

학생이든, 노동자이든, 공무원이든 남성을 대상으로 한 성폭력 예방 교육에 강의를 하러 가면, 일단 그들은 자신이 교육 대상, 잠재적 가해자가 되었다는 사실 자체에 분노한다. 어느 집단을 가든 남성들은 똑같은 문제 제기를 한다. "성폭력당하는 남성도 많다." "여성부는 있지만, 남성부는 없다." "여성 상위가 지나치다. 페미니즘은 여존남비를 강요한다."는 것이다. 여당의 '친일 과거사 청산' 주장에 야당이 '친북 과거사 청산'으로 대응하는 것과 같은, '남자도 성폭력당한다.'는 주장은, 여성주의가 기존의 보편성, 객관성, 평등 개념을 해체, 재구성하기가 얼마나 어려운지를 보여준다. 성폭력, 아니 모든 폭력 사건 해결의 가장 기본적인 원칙인 '피해자 중심주의'에 대해, 남성들은 '가해자 인권론'으로 맞서고 있다. '보편적이면서도 특수한' 여성의 권리 주장, 너무나 어렵고 복잡하다. 자유주의 철학은 평등을 주장할 수 있는 근거인 동시에 걸림돌인 것이다.

현재 반(反)성폭력 여성운동은 (기존의 언어에서 본다면) 여러 가지 모순에 직면해 있다. 성적 자기결정권 주장과 여성은 자기결정권을 행사하지 못하도록 교육받았다는 주장을 동시에 해야 하고, 성폭력은 섹스가 아니라 폭력인데 동시에 그것은 성적인 폭력이라고 설득해야 한다. "죽어도 잊을 수 없는 죽음과 같은" 성폭력의 극심한 피해를 강조하지만, 동시에 피해 여성은 피해자가 아니라 생존자라고 주장해야 한다.

피해자 중심주의와 여성 범주의 딜레마

모든 여성은 여성이지만 동시에 여성이 아니다. 내가 생각하기에, 현재 성폭력 반대운동의 결정적인 딜레마는, "여성이기 때문에 성폭력당한다."는 젠더 범주가 성폭력 피해를 주장하는 근거이기도 하지만, 실은 '우리'가 극복해야 할 인식론이기도 하다는 데 있다. 가부장제에 저항하기 위해 여성의 공통성을 강조하는 것은, 한편으로는 여성을 성별 정체성으로 환원하여 모든 여성을 동질적인 존재로 만들고자 하는 가부장제 프로젝트에 기능적이다. 성폭력 발생 원인은 물론 이후 투쟁은, 피해 여성의 사회 의식, 자원, 장애 여부, 인종, 사회적 관계망, 학력, 계급, 외모, 나이, 건강 상태, 비혼 여부, 지역 등등의 상황에 따라 크게 달라진다. 성폭력의 원인 그리고 성별 제도 자체가 젠더만으로 이루어지지 않기 때문에, 여성주의 인식만으로는 문제 해결이 불가능하다. 여성의 불행이 젠더 때문만은 아니라는 이야기다.

'피해자 중심주의'나 '성폭력 개념 확장론'은 여성들의 차이를 젠더로 환원한다. 여성주의는, 이제까지의 객관성이 남성의 경험에 근거했기 때문에 이제는 여성의 경험이 객관이라고 주장하는 것이 아니다. 여성주의는 기존의 객관성이 틀렸다는 것이 아니라 남성의 객관성을 부분화, 맥락화하자는 것이다. 객관성이란 권력의 내용이 아니라 형식이며, 권력 관계에 따라 변화한다. 그러나 피해자 중심주의는 마치 모든 피해 여성이 동일한 경험을 하며, 피해자의 경험이 그 자체로 객관적인 것 같은 오해를 불러일으킨다.

같은 성폭력이라도 여성들은 각각 다른 방식으로 억압받고 다른 강도로 피해를 느낀다. 어떤 여성은 포르노를 보고 성욕을 느끼지만, 어떤 여성은 불쾌할 수 있다. 젠더 범주는 여성을 개인이기 이전에 여성으로 묶는다. 이때 포르노를 불쾌하게 느낀 여성의 경험은 의미화되기 어렵다. 남성 사회는 이렇게 말할 것이다. "좋다는 여성도 있는데, 지나치게 예민한 거 아니야?" 여성이 느낀 것이 아니라 개인이 느낀 성폭력 피해의 의미를 구성해야 한다. 성폭력 피해 인식의 근거를 젠더가 아닌 여성 개인의 몸에서 찾고, 법 담론 중심의 협소한 성폭력 개념을 극복해야 한다.

피해자와 가해자의 주장이 대립할 때, 피해자의 목소리에 귀기울이는 것은 성폭력뿐 아니라 모든 인권 이슈의 기본 시각이다. 성폭력 '피해자 중심주의'는 가부장제 사회에서 실현되기 힘들며, 피해자 진술의 객관성은 피해자 자신에 의해서가 아니라 피해 여성의 이야기를 제대로 들을 수 있는 사회의 태도에 따라 결정된다. 다시 말해, 성폭력 사건의 객관성은 피해 여성이 증명해야 하는 것이 아니라 사회가 여성들의 목소리를 존중하는가, 아닌가에 달려 있다.

여성의 눈으로
다시 보는 인권

"모든 인간은 인간으로서 권리를 가진다."라는 말은, 당위적인 진리가 아니라 추구해야 할 희망적 가치이다. 불행하게도 현실에서는, 사람이라고 해서 모두가 인권을 가질 수 있는 것이 아니기 때문이다. 인간의 범위는 자연적으로 정해지는 것이 아니라 계급 차별주의, 인종주의, 서구 중심주의, 가부장제, 비장애인 중심주의, 이성애주의 등이 복잡하게 상호 작용하는 사회적 권력 관계의 역동 속에서 결정된다. 인종주의 사회에서 '유색' 인종은 표준적 인간이 아니며, '비장애인'의 몸이 인간을 대표하는 사회에서 장애인은 정상성의 범주에서 탈락한 타자로 간주된다. 흔히, 흑인은 인간과 동물의 중간으로, 여성은 인간과 자연의 중간 존재로 '다루어진다'.

누가 인간인가? 그것은 누가 정하는가?

인간과 인간 아님의 경계는 한 사회의 지배 규범에 의해 임의적으로 정해진다. 해방 후 이승만 정부가 친미 반공 국가 건설을 위해 다수의 제주 도민을 학살한 제주 4·3 사건에서 우익 테러 조직인 서북청년단이 "우리는 사람을 죽인 것이 아니라 '빨갱이'를 죽였다."라고 말한 것이나, 아내폭력 가해자들이 "나는 사람을 때린 것이 아니라 '집'사람을 때렸다."라고 주장하는 사례 등은 가해자가 피해자를 인간으로 간주하지 않고 있음을 보여준다.

인간의 개념은 시대와 지역에 따라 다르다. 그러므로 인간의 권리인 인권은 특정한 사회가 어떤 조건을 지닌 사람을 인간으로 규정하고 있는지에 따라 달리 해석될 수밖에 없다. 역사의 진보는 인간의 범위가 확대되어 더욱 많은 사람들에게 인권이 부여되는 과정을 말한다. 즉, 인권은 사회적 투쟁 속에서 경합하는 매우 정치적인, '움직이는' 역동적 가치일 수밖에 없다. 사회적 약자의 고통이 인권 의제로 상정되고 논의되는 것은, 피해 당사자들의 지난한 투쟁의 산물이다. 예를 들어, 우리 사회에서 성폭력은 몇 년 전까지만 해도 사회적인 문제가 아니라 개인적인 일로 간주되었다. 하지만 현재, 성폭력 문제는 여성들의 투쟁에 의해 여성뿐만 아니라 남성에게도 중요한 사회적 의제가 되었다. 물론, 이는 여성 문제만 그런 것은 아니다. '광주 사태'나 제주 4·3 사건도, 우리 사회의 민주주의가 진전되기 전까지는 민주화운동으로 인정되지 않았지만, 많은 사람들의 투쟁과 헌신에 의해 공식적인 역사로 인정받게 된 경우이다.

후기구조주의 여성주의와 탈식민 여성주의에서는, 차별뿐만 아니라 여성/남성, 장애인/비장애인, 동성애자/이성애자의 구분, 즉 차이 자체를 임의적인 제도의 산물로 본다. 그러므로 '정상'과 '비정상'의 기준은 매우 유동적이다. 장애인 내부의 몸의 차이는(시각 장애인과 청각 장애인의 차이를 생각해보자), 장애인과 비장애인의 몸의 차이보다 큰 경우가 대부분이다. 왜냐하면 장애인인가 아닌가에 대한 판단은 비장애인이 '정상'이라는 전제 아래, 비장애인의 시각에서 규정되기 때문이다. 즉, 장애인은 비장애인 중심주의에 따른 임의적인 범주인 것이다.

여성과 남성의 차이도 마찬가지다. 남녀의 성 기관을 모두 가진 '자웅동체' 인간인 양성구유자의 존재는, 인간이 원래부터 양성으로 구분되어 있다는 가부장제 사회의 통념에 도전한다. 성별 구분은 계급·인종·학력·성격·사회적 지위 등에서 여성과 여성의 차이가 남성과 여성의 차이보다 클 경우와 모순된다. 모든 사람은 한 가지 정체성으로 환원할 수 없는 다중적 주체인데, 인간을 성별이나 피부색을 기준으로 '여성', '흑인'으로 환원하여 규정하는 것이 바로 성차별주의, 인종차별주의이다. 동성애 인권운동가들은 이성애와 동성애의 구분에 의문을 제기한다. 동성애와 이성애의 '차이'는 성별 구분으로부터 시작된다. 인간을 남성, 여성으로 구분하는 것은 '자연스러운' 일이 아니라 이성애 제도의 산물인 것이다.

성폭력 가해자의 인권?

모든 인간이 인권을 갖는다는 근대적 인권 개념의 보편주의는, 진보적인 동시에 문제적인 사유 방식이다. 보편적 인권 개념은 칼날과 칼자루와 같은 양면성을 지닌다. 인권 개념의 보편성은, "여자도 인간이다." "동성애자도 인간이다." 등 사회적 약자에게도 평등하게 적용될 수 있다는 의미에서는 이상적인 가치이다. 그러나 누구에게나 적용된다는 보편적 인권 개념이, 현재 우리 사회에서 주장되고 있는 '성폭력 가해자의 인권'이나, '이성애자의 인권', '자본가의 인권', '백인의 인권'처럼, 사회적 약자에 대한 차별을 정당화하기 위한 '강자의 인권'일 경우에도 진보적 가치가 될 수 있을까? 비슷한 예로, 백인이 흑인을 '야만인'으로 재현하거나, 여성의 몸을 남성의 성 활동의 도구로 삼는 남성 시각의 포르노그래피 제조를 '표현의 자유'라고 할 수 있을까? 김정일에 반대한다는 '반김'과 미국에 반대한다는 '반미'가 '평등한' 논쟁이라고 할 수 있을까?

성폭력 가해자를 처벌하라는 여성들의 요구를 '성폭력 가해자의 인권'을 침해하는 언설이라고 주장하는 일부 남성들의 주장은, 여성 인권이 실현되는 과정의 어려움과 특수성을 잘 보여준다. 현재 한국 사회에서는 성폭력 특별법 제정에도 불구하고, 여전히 피해 여성의 진술보다는 가해 남성의 주장을 신뢰하는 분위기가 팽배하다. 그렇기 때문에 성폭력은 범죄 사실이 인지, 인정되는 것 자체가 대단히 어렵다. 성폭력은 절도나 사기 등 다른 범죄와는 달리, 언제나 "강간이냐, 화간이냐?"라는 식으로, 피해 사실을 둘러싼 객관성 논쟁에 휩싸인다.

성폭력 사건의 80퍼센트는 아는 사람에 의한 것인데, 이는 성폭력이 남녀 간의 '정상'적인 성·사랑과 질적으로 다른 문제가 아니기 때문이다. 가부장제 사회에서 성폭력-성매매-'아름다운 성과 사랑'(이성애)은 모두 불평등한 성역할 제도(gender system)의 연속선상에 존재하기 때문에, 어린이 성폭력이나 윤간 등 남성의 기준에서 볼 때도 의심의 여지가 없는 '완벽한' 피해를 제외한 대부분의 성폭력은 가시화되기 어렵다.

한국의 성폭력 신고율이 2~6퍼센트에 불과한 것은, 신고할 경우 더 큰 피해를 입게 된다는 것을 여성들 스스로 잘 알기 때문이다. 이러한 남성 중심적 사회 구조는 성폭력 가해자로 하여금 범죄를 저질러도 처벌받지 않는다는 자신감을 갖게 한다. 피해 여성은 법의 도움을 요청하는 순간, 가해 남성으로부터 명예훼손, 무고죄 등으로 역고소를 당한다. 성폭력 가해자가 피해 사실을 공론화한 피해자를 명예훼손, 무고, 모욕죄, 간통죄 등으로 역고소한 사례는 1986년 부천경찰서 성고문 사건, 1988년 대구 경찰관 두 명이 다방에서 일하는 여성을 성폭행한 사건, 1993년 신○○ 교수 사건(서울대 조교 성희롱 사건) 등 꾸준히 이어져 왔다. 그러다가 2001년 초, '운동사회 성폭력 뿌리 뽑기 100인 위원회'가 공개한 두 가지 사건을 시작으로 명예훼손 역고소 사건이 크게 증가하면서 일반화되고 있다. 현행법상 명예훼손은 피해 여성이 여성단체에 상담하는 등 피해 사실을 제3자에게 말하기만 하면, 얼마든지 적용될 수 있다. 이러한 과정에서 가해 남성은 성폭력을 적극적으로 부인하고, 피해 여성을 괴롭히는 행위를 남성의 인권이라고 주장하고 있다. 남성 중심적 사회 구조에 편승한, 가해 남성의 2차 성폭력 행위(social rape, second rape)가 "성폭력 가해자에게도 인권이 있다."는 보편적 인권 개념으로 옹호되고 있는 것이다.

성폭력 사건의 '진실'을 둘러싼 논쟁에서 가해 남성과 가부장제 사회가 실질적으로 주장하는 것은, 성폭력 가해자의 인권이라기보다는 남성 생물학의 자연스런 결과로 성폭력의 불가피성인 경우가 대부분이다. 한국 사회에서 성폭력 개념과 성폭력 사건의 객관성은, 법 운용이나 일상생활에서 모두 피해 여성의 입장이 아니라 남성의 경험과 이해에 의해 구성된다. 때문에 남녀 모두에게, 여성의 주장은 지나치게 예민하고 과격한 것으로 받아들여지지만, 남성의 주장은 자연스럽고 객관적인 것으로 수용된다. 이렇게 5천 년이 넘는 성별 권력 관계의 역사성을 무시한 채, 인권의 보편성을 똑같은 방식으로 적용하게 되면, 결과적으로 사회적 강자의 이해를 실현하는 결과를 낳게 된다.

물론, 성폭력 가해자에게도 인권은 있다. 그러나 '가해자의 인권'은, 성폭력 가해 용의자가 수사 과정에서 고문이나 부당한 대우를 받지 않을 권리를 의미하는 것이지, 피해 여성을 억압하는 남성의 권력은 아니다. 가부장제 사회에서 성은 여성에게 억압이자 자원이기 때문에, 가해 사실이 없는데도 여성이 남성을 성폭력범으로 지목하는 경우가 있을 수 있다. 하지만 순결 이데올로기가 강력한 우리 사회에서 '성폭력 피해자'('더럽혀진')라는 낙인을 감수하고, 남성의 처벌을 원하는 여성은 그리 많지 않다. 이런 경우에도 가해 사실 여부는 수사 과정에서 가려질 문제이지, 범죄 사실에 대한 부정을 남성의 인권이라고 명명하기는 어렵다.

또한 남성들이 흔히 주장하는 '순결한' '진짜' 성폭력 피해 여성과 소위 '꽃뱀'은 구별되어야 한다는 언설도, 성 인지적 시각 (gender perspective, 여성주의 시각)이 없기 때문에 나온 것이다. 현행법의 차원에서는 구별되어야 하겠지만, 넓은 시각에서 보면 여성의 성폭력 피해나 남성의 '꽃뱀 피해' 모두, 성의 주체는 남성으로 간주된다는 점에서 근본적인 공통점이 있다. 즉, 여성의 성은 여성의 몸 밖에 존재한다는 것이다. 가부장제 사회에서 여성의 성은 여성의 것이 아니라 남성과의 관계에서 폭력, 매매, 협상의 대상이 된다. 그러나 남성의 성은 이러한 의미를 지니고 있지 않다.

여성주의의 문제 제기는, "성폭력 가해자는 인권이 없다."는 것이 아니라, 가해자의 인권이 누구를 대상으로 어떤 권력 관계에서 주장되고 있는가 하는 것이다. 성폭력 가해자의 인권은 사법권을 가진 국가를 상대로 용의자와 재소자의 권리 차원에서 주장되어야 하는 것이지, 피해 여성을 상대로 경합되거나 주장될 수는 없는 것이다. 이러한 원칙은 다른 인권 사안에도 마찬가지로 적용된다. 1980년 광주 학살의 발포 명령자 등 가해자의 인권 역시, 재판 과정에서 보장받아야 하는 것이지, 그들이 광주 민주화 운동의 희생자들을 상대로 자신들의 인권을 주장할 수는 없는 것이다.

이처럼 인권 개념의 보편성은 사회적 약자에게 적용될 때만 '인권으로서 의미'를 갖는다. 포르노그래피가 '표현의 자유냐, 여성 인권 침해냐'란 논쟁도 이 문제를 살펴볼 수 있는 좋은 사례이다. 원래 권리로서 표현의 자유 개념은 근대 자본주의 사회에서 강력한 국민국가가 탄생한 뒤, 거대한 국가 권력에 비해 취약한 개인의 권리를 보장하기 위한 것이었다. 집회의 자유, 사상의 자유 역시 같은 맥락의 권리이다. 즉, 표현의 자유는 아무 때나 누구나 주장할 수 있는 것이 아니라, 지배 규범에 대한 사회적 약자의 저항일 때만 권리로 존중될 수 있다.

기존 대부분의 포르노그래피는 '표현의 자유'가 아니라 여성 인권 침해이며, 여성에 대한 폭력이다. 여성이나 장애인, 동성애자의 성적 권리와 욕망을 옹호하는 포르노그래피도 소수지만 제작되고 있다. 여성주의자들이 포르노그래피를 반대하는 것은, 성 보수주의자 혹은 '검열주의자'여서가 아니라 현재 제작, 유통되고 있는 포르노그래피가 성폭력을 '정상적인 섹스'로 묘사하여 성폭력을 합리화하는 기제로 활용되기 때문이다. 실제로 우리 사회에서 많은 남성들은 "포르노는 이론이고, 강간은 실천"이라고 여기고 있다.

결국 인권의 보편주의는 근대적 인권 개념의 성과이자 한계이다. 보편적 인권은 피억압자에게 인권을 적용할 수 있는 근거가 되지만, 성차별주의(인종주의, 이성애주의……) 등 구체적인 제도들의 사회적 작용을 고려하여 맥락적으로 해석하지 않는다면, 인권의 보편성은 억압 세력의 지배 전략이 될 수도 있다. "빵을 훔친 사람은 징역에 처한다."라는 법은 평등하지 않다. 부자는 빵을 훔칠 가능성이 없기 때문이다. 이 법은 가난한 사람에게만 적용된다. 이처럼 개인이 갖는 권리의 내용은 그 개인이 속해 있는 성별·인종·계급 등 사회적 위치에 따라 달라진다. 인권은 사회의 권력 관계와 관련 없이 추상적, 초월적으로 본래 존재하는 개념이 아니라, 구성되고 쟁취되는 경합적 가치이다. 인권은 언제나 피억압 집단의 개입을 기다리는 과정적 개념인 것이다.

개인적인 것은 왜 정치적인 것인가?

인간이 겪는 고통과 억압의 문제가 인권 문제로 상정되는 것은 무엇을 문제로 보는가라는, 특정 방식의 패러다임 안에서만 가능하다. 보장되어야 할 인권에 대한 규정은 '객관적인' 억압 상황뿐만 아니라 가치 판단에 의한 선택의 문제를 포함하는데, 선택의 원리에는 권력 관계가 개입하게 마련이다.

현대 사회의 공·사 영역 분리 이데올로기는 여성 인권 침해의 가장 핵심적인 논리적 기반이라고 할 수 있다. 인간의 활동이 사적인 것과 공적인 것으로 구분되기 시작한 것은 근대 자본주의 사회 이후의 일이다. 이때부터 집은 일터와 분리되기 시작했다. 봉건 사회에서는 일터, 학교, 집이 분리되지 않았기 때문에, 사생활, 프라이버시(privacy)라는 말도 존재하지 않았다. 여기서 말하는 공·사 영역의 구분은 실제로 분리되었다는 것이 아니라, 근대에 이르러 공·사 분리 이데올로기가 만들어졌다는 의미이다. 일터는 공적인 영역으로, 집은 사적인 영역으로 개념화되기 시작한 것이다. 일터와 집은 물리적으로는 분리되었지만, 실제로 두 영역은 연결되어 상호 작용하고 있다. 그러나 공·사 분리 '이데올로기'에서 두 영역은 상호 배타적·위계적인 것으로 간주된다.

모든 인간이 평등하다는 근대적 인권 개념은, 성차별을 옹호하는 가부장제와 양립할 수 없는 것이었다. 공·사 영역 분리 이데올로기는, 여성을 개인, 인간의 위치로 승격시키는 것과 가부장제 사이의 모순을 해결하는 데 유용한 전략이었다. '여성적 공간'이라고 간주되는 사적인 영역에서는 인권의 개념이 적용되지 않는다고 여겨지기 때문이다. (우리 사회에는 가족 외에도, 사회로부터 배제되는 영역이 많다. 군대에서 제대를 "사회에 나간다"라고 표현하거나 '윤락여성의 사회 복귀 방안에 대한 연구'와 같은 언설들은, 군대나 성매매 집결지인 '집창 지역'은 사회가 아니라는 의미를 함축하고 있다. 그런 곳은 사회가 아니므로 폭력 등 인권 침해 사안이 발생해도 사회가 개입하지 않는다는 것이다.)

근대 이후, 여성은 가족을 대표하고 남성은 사회를 대표하게 되었다. 이것이 공·사 영역 분리의 성별화이다. 모성이나 아동기의 개념도 이때 탄생한 것인데, 여성은 모성의 담지자로 '노동자로서 자격'을 잃게 되었다. 여성의 가사 노동은 비가시화되고, 산업 예비

군, '유휴(遊休)' 노동력으로 전락하게 된 것이다. 반면, 남성 가장은 사회에 대해 가족의 이해를 대변하게 되었고, 노동자 모델을 남성으로 전제하여 남성 노동자와 여성 노동자의 임금 차별을 정당화하는 '가족 임금제(family wage)'가 만들어졌다. 남성이 가족을 부양한다는 전제 아래 고용·임금·승진·직업 훈련 등에서 남성 노동자를 최우선으로 고려하는 가족 임금제 사회에서는 여성의 경제적 독립이 대단히 어렵다.

공·사 분리 제도를 통해 여성은 남성과는 다른 형태로 국가, 사회와 관계를 맺게 된다. 공적 영역은 남성만을 주체로 세우기 때문에 여성이 공적 영역과 관계를 맺거나 경찰, 법 같은 공적 자원을 이용하려면, 가족 제도를 통해 남편을 매개할 때 가능하다. 가부장제 사회에서 여성은 한 사람의 개인으로서보다는, '누구의 아내'일 때 정상성을 획득하고 더 많은 '자원'을 갖게 된다. 때문에 여성에게는 사회적 시민, 노동자로서 정체성보다 아내, 어머니 등 성역할 정체성이 우선시되며, 여성의 다양한 사회적 정체성은 성역할로 환원된다.

'성역할 수행자로서 여성'은, 곧 여성이 사적인 존재로 간주됨을 의미한다. 가정은 사회와 배타적인 영역으로 설정되어, 모든 면에서 사회와 다른 원리가 적용된다. 가정은 남성의 입장에서 공적인 곳과 달리 경쟁이나 권력 관계, 노동이 없는 평화로운 안식처로 여겨진다(물론, 이것은 신화이지 현실이 아니다). 때문에 가족은 비정치적인 공간이어서 법이 적용될 수 없다고 생각하게 된다(여기서 법은 남성 젠더를 상징하기 때문에, 법이 집안에 들어오게 되면 한 집안에 두 명의 남성이 존재한다는 의미가 된다. 이는 집안의 가부장인 남성의 입장에서는 용납할 수 없는 일이다).

이처럼 공·사 영역 분리 이데올로기의 실제는, 공적인 영역의 시각에서 사적인 영역이 규정된다는 것을 의미한다. 사적 영역은 공적 영역의 창조물이며, 사적인 것은 공적인 것과의 대립을 통해서 정의된다. 공적 영역의 정치적·갈등적 성격에 비해 사적인 것은 동의가 전제되는 영역으로 간주되기 때문에, 사람들은 사적인 영역에서는 폭력과 강제가 없을 것이라고 생각한다. 사적인 것에 대한 이러한 관념은 가정폭력 피해 여성에게 '왜 떠나지 않는가?'와 같은 질문을 하게 한다. 국가폭력이나 학교폭력, 전쟁의 피해자에게는 이런 질문을 하지 않는다. 여성의 삶에서는 공적인 것과 사적인 것이 구별되지 않는다. 여성의 입장에서는 "개인적인 것이 정치적인 것이다."

남성과 여성의 관계는 다른 권력 관계와 다르게 성애화되어 있기 때문에, '자연스러운 것'으로 인식되어 이제까지 정치적 분석의 대상이 되지 못했다. 그러나 여성주의자들은 '무엇이 정치적인 문제인가, 그리고 그것은 누가 정하는가' 자체를 질문하기 시작했다.

프라이버시는 개인의 개념과 함께 탄생했는데, 이때 개인은 중산층 남성만을 의미한다. 우리 사회에서 일상적으로 사용하는 프라이버시 개념은 중산층 남성의 프라이버시다. 프라이버시는 계급화, 성별화된 언어이다. 다시 말해, 모든 인간이 인간(개인)으로 간주되지 않기 때문에, 프라이버시 역시 모든 사람에게 평등하게 보장되지 않는다. 만일 어떤 사람이 9평 아파트에 산다면 9평이 그의 프라이버시 공간이 되고, 50평 아파트에 산다면 50평이 사적인 공간이 된다. 남성에게 집은 프라이버시의 공간이지만, 여성에게 집은 노동의 공간으로 프라이버시가 잘 보장되지 않는다. 오히려 여성들은 집에서 나와 공적인 노동을 할 때 프라이버시를 가질 수 있다고 말한다.

이제까지 가정 내 폭력에 국가가 개입하지 않는 주된 근거는 개인(구타 남성)의 프라이버시를 침해할 우려였다. 이러한 인식은, 여성은 인간이 아니므로 여성의 프라이버시는 남편에게 속해 있으며, 폭력당하는 여성의 고통보다 가해자의 프라이버시가 더 중요하다는 의미를 함축하고 있다. 공·사 영역의 분리, 대립은 허구이다. (공적) '체계'와 '생활 세계'를 대립시켜 체계에 의한 '생활 세계의 식민화'를 우려했던 사회학자 위르겐 하버마스(Jürgen Habermas)의 비판 이론 역시, 여성의 시각에서 보면 공·사 분리 이데올로기의 변형이다. '하버마스주의자'의 입장에서는 국가가 가정폭력에 개입하는 것은 '생활 세계의 식민화'와 다름없다.

몇 년 전 사회 문제가 되었던 고려대 학생들의 이화여대 축제 난동 사건은, '일상적 파시즘'과 '구조적 파시즘'의 관계를 드러내는 중요한 사건이었다. 1985년부터 1996년까지 12년 동안 일부 고려대 학생들은 매년 5월 이대 대동제에 집단적으로 난입하여 집기를 부수며 행사를 방해하였고, 이 과정에서 이화여대 학생들은 팔이 부러지는 등 부상을 입었다. 이화여대 학생들과 여성운동가들은 이 사건을 '성폭력(gender violence)'으로 규정하였다. 그러나 여론은 '학생들이 강간을 한 것도 아닌데 성폭력이라고 한 것은 지나치다'며, 이 사건을 고려대 학생들의 '젊음의 낭만, 장난스러운 놀이'라고 보았다. 이는 성폭력을 강간으로만 한정하는 해석이다. 이 사건은 여성 공간 침탈, 여성의 자율성 침해, 실질적인 여성에 대한 폭력으로 성폭력에 해당한다.

더욱 중요한 시사점은 평화시 남성 중심적인 놀이 문화가 바로 전쟁시에 집단 강간이나 대량 학살(genocide)과 같은 폭력으로 연결된다는 점이다. 집단 강간, 고문 등 전시 폭력은 '광기' 때문에 급작스럽게 일어나는 것이 아니라 이러한 일상 문화의 연장선에서 발생하기 때문에, 남성들의 폭력적인 일상 문화를 성찰하는 것은 매우 중요하다.

인권 이론에 대한 여성주의의 가장 큰 공헌은, 국가 권력으로부터 개인의 권리를 보호하고자 했던 근대적 인권 개념의 한계를 뛰어넘어, 이제까지 비정치적인 공간으로 간주되었던 '사적인 영역'에 인권 개념을 적용함으로써 인권의 범위를 확장한 것이다. 여성주의 인권은 기존 공적 영역에서 '국가 대 개인'의 억압뿐만 아니라 '개인 대 개인'의 억압도 중요한 인권 문제로 보며 일상을 정치화했다. 사실, 기존의 인권 범위는 대단히 협소한 것이었다. 인구의 과반수를 훨씬 넘는 여성, 동성애자, 장애인들은 국가의 법과 제도에 의해 차별받기도 하지만, 일상생활에서의 '보이지 않는' 차별과 고통은 더욱 심각하다. 일상의 폭력이 인권의 문제로 제기되어야 한다는 것은 성차별에만 국한되지 않는다. 한국 사회에서 많은 이들의 일상을 규율하고 있는 외모·학벌·나이·서울 중심주의 등으로 인한 차별 사안도 인권 침해의 문제로 다루어져야 한다.

여성 인권 문제와 탈식민주의

여성에 대한 차별을 줄여 성차별이라고 하듯이, 성폭력(gender violence, violence against women)은 강간뿐만 아니라 여성에 대한 폭력 전반을 가리킨다. 1993년 유엔이 채택한 '여성폭력철폐선언(Declaration on the Elimination of Violence against Women)' 제1조는 여성에 대한 폭력을 '사적, 공적 영역에서 일어나는 여성에 대한 신체적, 성적, 심리적 해악과 여성에게 고통을 주거나 위협하는 강제와 자유의 일방적 박탈 등 성별 제도에 기초한 모든 폭력 행위'로 정의하고 있다. 1995년 제4차 베이징세계여성대회에서는 여성폭력에 대한 행동 강령을 채택하였다. 이에 근거하여 여성에 대한 폭력의 정의와 종류를 구분하면 다음과 같다.

1) 가족 내에서 일어나는 신체적, 성적, 심리적 폭력
- 아내 구타, 성적 학대, 여아 낙태, 근친 강간, 생식기(음핵) 절제, 음부 봉합 등.

2) 지역 사회에서 일어나는 신체적, 성적, 심리적 폭력

- 강간, 성희롱, 성적 위협, 인신매매, 강제 매춘, 포르노, 음란 전화, 성기 노출, 황산 테러, 지참금 살인, 신부 불 태우기(bride burning), 아내 순사(殉死), 전족, 과도한 다이어트와 성형 수술 등.

3) 국가에 의해 자행되거나 묵인되고 있는 신체적, 심리적, 성적 폭력

- 군 위안부, 기생 관광, 기지촌 성매매 등.

4) 무력 분쟁하에서 일어나는 여성 인권 침해

- 살상, 강간, 성적 노예화, 강제 임신, 대량 학살.

5) 임신 관련 폭력

- 강제 불임, 강제 낙태, 피임제의 강제 사용, 여아 · 영아 살해, 성별 태아 살해.

6) 특수 상황에 있는 여성에 대한 폭력

- 소수 민족, 토착민, 난민, 이주자, 장애 여성, 여성 노인, 감금되어 있는 여성, 빈곤 여성에 대한 폭력.

서구 급진주의 페미니즘의 주요 이슈였던 여성에 대한 폭력은, 1990년대 들어서 전 세계적인 여성운동의 의제가 되었다. 여성운동가들의 국제 연대의 성과로 1979년 유엔이 정한 '여성차별철폐협약(Declaration on the Elimination of Discrimination against Women)'에 여성폭력이 빠진 것을 비판하여, 1993년 '여성폭력철폐선언'이 추가로 제정되었다. 특히 주목할 만한 것은, 우리나라의 '군 위안부' 문제가 강간, 가정폭력과 함께 여성 인권 문제로 국제

인권운동의 중심 현안으로 등장하면서 국제 사회에서 여성 문제의 주류화에 큰 영향을 끼쳤다는 점이다.

일제시대 '군 위안부' 문제는 한국과 일본이라는 국가 대 국가 차원의 노력으로는 해결하지 못한 문제였다. 오랫동안 양국 정부는 이 문제를 남성의 시각에서 민족 문제로만 다루어 왔기 때문이다. 한국 사회는 보수, 진보 진영에 상관없이 정신대 문제를 '민족의 수치'라고 보았고, 일본 정부는 강제로 끌려간 전쟁 성폭력 피해 여성을 '자발적 공창'이라고 주장했다. 양국 정부의 이러한 입장은, 여성의 성은 남성 공동체의 소유물이라는 인식에서 출발한 것으로, 여성을 '순결한' 성폭력 피해 여성과 '타락한' 성판매 여성으로 이분화한 것이다.

한국 남성의 입장에서 '군 위안부' 역사는 한국 여성을 일본 남성에게 '빼앗긴' 남성 집단 간 갈등이고, 일본 정부의 입장은 여성을 '강탈'한 것이 아니라 '자발적으로' 참여한 것이므로 배상할 필요가 없다는 것이다. 여성의 존재성과 인권을 성을 기준으로 이분화한 이 입장들은 동일한 인식론에 기반을 두고 있다. 때문에 '군 위안부' 문제는 국가 차원의 해결이 아니라, 국적을 초월한 여성들 간의 국제 연대로 유엔에 여성 인권 침해 문제로 상정되었고 국제 사회의 압력으로 해결의 실마리를 찾을 수 있었다.

여성에 대한 폭력 문제를 둘러싼 성별 제도와 민족 문제의 관계는 대단히 복잡하다. 버지니아 울프의 "여성에게는 조국이 없다."라는 주장은 자칫, 여성들 간의 인종 차별을 은폐하는 서구 중심

이데올로기로 역할할 가능성이 크다. 우리나라의 '군 위안부' 문제
는 국제적인 여성 연대의 성과였지만, 여성들 간의 연대가 쉽지 않
은 사안이 더 많다. 대표적인 논쟁이 바로 인도 일부 계층에서 죽
은 남편을 따라 아내가 '자살'하는 풍습인 사티와 일부 아프리카와
이슬람 사회에서 널리 행해지고 있는 음핵 절제이다. 사티와 음핵
절제는 탈식민 여성주의, 제3세계 페미니즘에서 매우 중요한 이론
적 주제이기도 하다.

사티는 인도 사회의 카스트 제도 중 최상층인 브라만 계급의 여
성들이, 남편이 죽어 화장(火葬)할 때 산 채로 뛰어드는 아내 순사
(따라 죽는 것) 관습이다. 사티는 오랫동안 인도 사회에서 민족 문
화의 전통으로 여겨져 왔다. 그러나 인도를 식민 통치한 영국은 이
제도를 '야만'으로 여겨 금지하였다. 이에 반발한 인도의 독립운동
가들은 영국 정부의 사티 금지를 민족 문화 침탈로 간주하고, 인도
독립운동 과정 내내 규탄과 저항 대상으로 삼았다. 하지만 사티에
대한 인도 여성의 입장은 인도 남성과 다를 수밖에 없다. 인도 내
부의 성차별과 제국주의의 이중 억압을 경험하는 인도 여성의 상
황은, 가부장적인 인도 남성 민족주의자들과도 다르고 사티에 반
대하는 서구의 여성주의자와도 다르다. 인도 여성(한국 여성도 비슷
하다)은 남성 중심적 민족국가의 국민 범주에서도 제외되었고, 서
구 백인 여성 중심의 여성 범주에서도 배제된 제3의 정치적 주체
인 것이다.

음핵 절제는 남성의 음경에 해당하는 여성의 성 기관인 음핵(陰

核, clitoris)을 열 살 전후에 절단하는 것이다. 이후 임신과 출산 때 반복적으로 봉합, 절개하기도 한다. 대개 집에서 연장자 여성이 병 조각, 녹슨 면도날 등을 사용해 비위생적으로 마취제 없이 행한다. 이슬람 사회에서는 음핵 절제를 공동체의 전통이라고 주장하지 만, 해마다 많은 여성들이 출혈 등 합병증으로 사망하는 심각한 여 성 인권 침해이다. 최근 음핵 절제 등 이슬람 사회의 성차별을 피 해 서구 사회로 망명하는 여성들이 늘고 있는데, 국제 사회는 이를 '정치적 망명'으로 인정하고 있다.

전 세계 많은 여성들이 음핵 절제 관습에 분노하지만, 누가 이 문제를 비판할 수 있는가는 윤리적이면서 정치적인 문제이다. 음 핵 절제 시술을 받았다는 것을 공동체의 정당한 성원이 되는 통과 의례로 생각하는 여성들이 대다수이며, 이 제도를 지지하는 여성 들도 많다. 앞서 말한 대로, 실제로 이 시술은 모두 여성에 의해 이 루어진다. 음핵 절제를 시행하는 사회 '내부'의 여성의 목소리가 없을 경우, 누가 이를 문제화할 것인가? 미국이 이라크 침공의 명 분을 이라크 여성의 인권을 보장하기 위해서라고 공언하듯이, 종 종 인권과 페미니즘은 제3세계 지배를 정당화하는 서구 제국주의 의 이데올로기적 수출품이 되기도 한다. 서방 세계 미디어에 제3세 계의 여성 억압 상황이 재현될 때, 여성들은 비서구 사회의 야만의 상징처럼 보이는 경우가 많다.

실제로 이제까지 이슬람 사회 여성들이 겪는 여성 할례의 고통 에 대한 서구 여성주의자들의 문제 제기는, '비서구' 사회에 대한 타자화와 제3세계 여성에 대한 피해자화를 벗어나기 어려웠다. 물론 그렇다고 해서 음핵 절제를 비판하지 말아야 한다는 뜻은 아니다. 여성주의는 여성들 간의 '차이'를 존중하지만, 어떤 차이까지 수용하고 존중해야 하는지에 대해서는 언제나 논쟁적이다. "폭력이나 고통은 안 된다."라는 절대적·보편적 인권 개념은 앞서 비판한 서구 남성 중심의 보편적 인권 개념과는 분명 다르다. 그러나 다른 사회의 성차별을 비판하는 여성주의 인권운동의 '자매애'만으로는 인종주의와 같은 여성에 의한 여성 억압을 설명할 수 없다. 여성의 상황에 대한 '외부자'의 개입이 반드시 틀린 것도 아니지만, 동시에 외부자가 '그들의' 입장을 대변할 수 없음도 분명하기 때문이다.

인권의 시각에서 다시 묻는 여성 차별과 폭력

가부장제 사회에서 여성에 대한 폭력이나 차별은 인권의 시각에서 정의되거나 문제화되지 않고, 가족주의, 민족주의 등 남성 공동체의 관점과 이해에 따라 규정되는 경우가 많다. 그동안 우리 사회에서는 여성 억압에 반대하는 이유조차 여성 인권을 중심으로 논해지지 않아, 실질적인 효과를 거두기가 어려웠다. 예를 들어, 여아 낙태는 여아의 생명권과 어머니 여성의 건강에 대한 염려를 중심으로 논의되는 것이 아니라, 성비 불균형으로 '남자들이 장가 못

간다'는 것이 더 중요한 문제가 된다. 정신대 문제는 피해 여성의 인권이 아니라 민족의 수치를 중심으로만 논의된다. 가정폭력의 해결책 역시 피해 여성의 공포나 고통의 해결보다는, 남성 중심적 가족 유지를 더 강조해 왔다. 문제의 원인이 대책으로 제시되고 있는 것이다.

무엇이 성폭력인가 하는 성폭력 정의(定義)의 배제와 포함의 원리를 살펴보면, 우리 사회의 반(反)성폭력 담론이 여성의 인권을 위해서가 아니라 부계 가족 보호라는 남성 공동체의 이해에 더 기능적이라는 것을 알 수 있다. 1996년 대법원은 트랜스젠더 여성(성전환 여성)을 남성 세 명이 길거리에서 승용차로 납치하여 집단 강간한 사건에 대해, "피해자를 여성이라고 볼 수 없고, 생식 능력이 없다."는 이유로 가해자에게 제1심과 제2심 판결에 이어 무죄를 선고했다. 이 사건은 성폭력의 정의뿐 아니라 남성 중심 사회에서 남성의 시각에 부합하는 '진짜' 여성은 누구인가를 묻고 있다. 현행 성폭력 특별법, 가정폭력 방지법은 여성운동의 성과물이긴 하지만, 여성의 섹슈얼리티가 여성 자신의 것이라는 인권의 시각에서 제정되지 않았기 때문에 여성 섹슈얼리티에 대한 가족주의의 규범과 통제를 벗어나지 못하고 있다.

현행 성폭력 특별법에서 강간은 남성의 성기가 여성의 성기에 삽입되었을 경우에 한정된다. 성폭력을 피해자의 인권 침해가 아니라 '임신 가능한 부녀자 보호'라는 가부장적 시각에서 규정하고 있기 때문이다. 그러므로 군대에서 남성 간 성폭력, 성 전환자에 대한 강간, 여성 성기에 이물질 삽입 등은 강간이 아니라 추행죄가 적용되어 강간보다 형량이 낮다. 피해자가 여성이든 남성이든 성전환자든, 성기 삽입이든, 이물질 삽입이든 피해자의 입장에서 보면 모두 인권 침해이고 성폭력이다. 가부장제 사회가 '임신 가능한 부녀자'만을 '여성'으로 볼 때, 성폭력은 개인의 인권을 침해하는 범죄가 아니라 남성 각자가 소유한 '임신 가능한 부녀'에 대한 침해죄―'사유재산권' 침해―가 된다. 이러한 문화적 규범 때문에 성폭력 특별법이 있어도 아내나 성판매 여성에 대한 강간은 처벌하기 어렵다. 자기 아내나 성판매 여성에 대한 성폭력은, 다른 남성의 '가임 가능한 부녀자'가 아니므로 남성 연대의 가부장제 질서를 위협하지 않기 때문이다.

여성폭력은 언제나 피해 여성 개인의 고통보다 그 여성이 속한 집단의 명예와 관련되어 논의되어 왔다. 특히, 유교 전통과 성의 이중 규범이 강력하게 작동하는 한국 사회에서 여성에 대한 폭력은 범죄나 인권 침해의 문제가 아니라 도덕적인 문제로 인식되는 경향이 강하다. 여성에 대한 폭력을 명예나 도덕과 관련한 문제로 인식하게 되면, 여성은 피해 사실에 분노하기보다 수치심을 느끼게 되고 피해 여성은 자신이 속한 집단의 명예를 '더럽힌' 존재가 된다. 그러므로 자신이 당한 폭력을 거론하는 여성은 공동체 내부의 치부를 폭로한 '배신자'로 간주된다. 성폭력 피해를 문제화하려는 여성이 가장 많이 듣는 말은 '남자 앞길 망친 여자'라는 비난이다. 폭력 피해 여성들도 자신의 피해를 중심으로 생각하기보다는, 가족이나 직장, 조직, 학교 등 자신이 속한 공동체의 명예를 먼저 걱정하는 경우가 많다. 사회적으로 피해 여성의 고통보다 가해 남성의 명예가 더 중요하다고 간주되기 때문이다.

이러한 상황 때문에 성차별이 인권 문제로 인식되기 위해서는 우리 사회의 기본 질서에 대한 근본적인 문제 제기가 불가피하다. 국가주의, 민족주의, 가족주의 등 남성 중심의 공동체적 질서가 강한 한국 사회에서 여성이 권리를 획득하는 문제는, 곧 공동체에 대한 공격으로 해석되기 때문이다. 예를 들어, 가정폭력 현상의 사회적 인식은 필연적으로 가족에 대한 국가의 개입과 중재가 필요한데, 이것은 가부장제 사회에서 남성(남편)을 통해서만 사회적 지위와 정체성을 획득해 왔던 여성이 국가·사회와 직접 협상하는 주체, 사회적 시민으로 나서게 됨을 의미한다. 하지만 이러한 상황에 대한 사회적 저항이 크기 때문에, 이제까지 여성운동 진영조차 가족·아동 중심의 관점에서 가정폭력을 논의해 온 것이다.

무엇이 인간의 권리인가?

한 사회에서 인권 개념이 확장되는 원인, 과정, 영역은 동일하지 않다. 인권 문제가 발생하는 이유 자체가 사회 구성원의 이해가 동질적이지 않기 때문이다. 성별·인종·계급 등의 차별로 인해 각 개인의 삶의 조건이 다르므로, 개별적인 인간의 권리는 상충되고 갈등한다. 현실에서 이러한 예는 매우 흔하다. 비장애 여성과 장애 남성, 이성애자 여성과 동성애자 남성, 한국 여성과 이주 남성 노동자의 '보편적 인권'이 충돌하는 경우, 각각의 인권은 어떻게 보장될 수 있을까. 비슷한 처지의 여성과 남성의 갈등에는 젠더(성차)라는 비교적 단일한 요소가 작용하지만, 비장애 여성과 장애 남성의 대립은 젠더 혹은 장애 문제에 대한 한 가지 인식만으로는 해결하기 어려울 것이다.

최근 우리 사회에서 성매매 방지법 시행을 전후하여 일어난 논란은, 여성 인권과 남성 집단 내부의 타자인 장애 남성, 남성 이주 노동자 인권의 관계를 보여주는 매우 좋은 예이다. 성매매 방지법이 장애 남성이나 이주 남성 노동자의 '성을 살 권리'를 침해한다고 주장하는 여론이 비등하다. 그렇다면 여성의 몸을 사는 것은 '인간으로서의 권리'인가, 아니면, '남성으로서의 권력'인가? 성매매를 반대하는 여성운동은 장애 남성이 성을 살 권리를 침해하는가? 비장애인 중심의 여성운동과 남성 중심의 장애운동은 대립할 수밖에 없는가? 최근 불가피한 글로벌 경제 현상처럼 논의되고 있는 이주 남성 노동자의 매춘(買春)할 권리가 인권인가? 한국의 성판매 여성이 이주 노동자 손님을 거부하는 것은, "외국인 노동자의 인권이 멍드는 일"인가? 등을 질문해볼 수 있다.

성매매에 반대하는 여성들의 입장을 '(비장애) 여성 이기주의', '장애인 차별', '비장애인 중심주의'의 일환으로 보는 일부 남성 장애 인권운동가의 전제는, 모든 인간에게는 같은 인권이 있으므로 장애 남성도 비장애 남성처럼 성을 살 권리가 있다는 것이다. 그러나 이러한 주장은 다음의 세 가지 측면에서 '보편적 인권'에 위배된다.

첫째, 사회가 장애 여성의 성적 권리에 대해서는 무관심하다는 점에서, 장애 여성이 남성의 성을 살 권리를 주장하는 사람은 없다는 점에서, 이 입장을 남성과 여성을 모두 포함하는 보편적인 장애 인권론이라고 말할 수는 없다. 또한 인신매매되어 감금 성매매를 강요당하는 장애 여성이 있다는 점에서, 장애 남성들의 이러한 주장은 같은 장애 여성을 억압하는 것이기도 하다.

둘째, 이러한 주장은 인간의 성 활동(여기서는 성매매), 섹슈얼리티가 사회적으로 구성되는 것이 아니라 본질적이고 생물학적인 것이라고 가정하고 있다. 만일 장애인을 위한 사회 복지 시설을 확충한다면, 교육·문화·의료·직업 훈련 등의 시설이 우선적으로 필요할까? 성매매 시설이 우선적으로 필요할까? 이에 대한 대답은, 한 사회가 지향하는 가치에 의한 판단과 선택에 따라 달라질 것이다. 다시 말해, 여성의 성을 사는 것이 본능이기 때문에 장애 남성의 인권을 위해 성매매 시설이 당연히 필요한 것이 아니라, 성매매 시설 필요 여부는 사회적 선택이라는 것이다. 사랑이든 성폭력이든 성매매든, 성과 사랑에 관한 인간의 실천은 특정한 제도와 규범에 의해 형성된 것이지, 자연 발생적인 것이 아니다. 성매매는 불가피한 것이 아니라 개개인이 선택하지 않으면 사라질 수도 있는 사회적 관행의 하나일 뿐이다.

셋째, 위와 같은 일부 장애 남성들의 주장은, 비장애 남성으로부터 받는 차별을 비판하기보다는 비장애 남성의 '남성다움', '정상성'을 욕망하는 것이다. 이제까지 비장애 남성이 누려 왔던 권력이자 잘못인 성폭력, 성매매를 장애 남성도 똑같이 하는 것이, 장애 남성과 비장애 남성의 '평등'인가? 이런 식의 논리대로라면, '양성평등'은 여성도 남성이 저질러 왔던 살인과 전쟁, 고문, 폭력을 똑같이 하겠다는 것이고, 장애 여성과 비장애 여성의 평등은 장애 여성도 비장애 여성처럼 남성의 성적 대상이 되자는 주장이 될 것이다. 비장애 남성의 성기 중심적인 섹슈얼리티가 인간의 섹슈얼리티를 대표하는 가부장제 사회에서, 여성이나 장애인들은 기존의 성을 실천할 몸이 없는 성적 타자들이다. 때문에 이들은 성적 주체가 아니라 남성을 위한 성적 대상이거나 무성적(asexual) 존재로 간주되어 왔다. 장애 여성, 비장애 여성, 장애 남성은 비장애 남성 섹슈얼리티의 '공동의 피해자'라고 할 수 있다. 섹슈얼리티와 관련한 인권 개념의 재구성은, 이제까지 지배 규범이었던 비장애 남성 섹슈얼리티를 "우리도 똑같이 하자."는 것이 아니라 성적 타자들이 연대하여 대안적인 성 문화를 생산할 때 가능하다. 즉, 남성의 '성을 살 권리'를 비판하지 않는 상태에서는, 비장애 여성의 인권과 장애 남성 인권의 충돌은 불가피할 것이다. 대안적 인권 개념을 고민하기 위해서는 기존 인권 개념의 확대 적용에 그치지 않고, '무엇이 인간의 권리인가?'에 대한 새로운 물음이 요구된다. 이제까지와는 다른 차원의 정치적 상상력과 언어가 필요한 것이다.

위의 경우처럼 여성 인권이 다른 사회적 약자의 인권 주장과 충돌하는 경우뿐만 아니라, 여성이 남성과 같음을 주장할 때도 남성 중심적 인권 개념의 수정이 필요하다. 여성이 남성과 같음을 주장하는 것만으로는, 여성의 인권도 남성의 인권도 모두 제대로 보장하기 어렵다는 것이다. 여성운동의 '성적 자기결정권(self-determination)' 주장을 예로 들어 생각해보자. 그동안 한국의 반(反)성폭력 여성운동은, 성폭력이 정조(순결)의 문제가 아니라 여성의 성적 자기결정권을 침해하는 문제라고 주장해 왔다. 성적 자기결정권은 여성의 성이 가족이나 국가 등 남성 공동체의 소유가 아니라 여성에게 속해 있다는 주장으로, 우리 사회에서 성폭력 특별법 제정 운동의 핵심적인 이론적 기반이었다. 하지만 성적 자기결정권 개념은, 몸과 정신의 이분법과 개인의 개념을 전제하는 자유주의 철학에 근거를 둔 논리이다. 이 개념은 여성도 남성처럼 몸이 아니라 정신의 담지자라고 보며, 여성도 남성처럼 개인의 위치로 승격해 달라고 요구한다.

그러나 성적 자기결정권은 성폭력이 사적인 문제가 아니라 성별제도, 젠더라는 사회적 구조에서 발생하는 범죄라는 여성주의의 주장과 모순된다. 여성이 성적인 권리를 스스로 결정, 선택해야 한다는 논리에서는, 성폭력 피해의 책임 역시 여성이 지게 된다. 이때 성폭력은 (본래부터) 성적 자기결정권을 가진 남성과 (투쟁으로 획득한) 성적 자기결정권을 가진 여성, 두 사람 사이에서 발생한 개인적인 문제가 된다.

또한 기본적으로 성적 자기결정권은 비장애 성인 여성을 기준으로 한 논리이기 때문에 장애 여성이나 여자 어린이, 여성 노인에게는 적용하기 어렵다. 비장애 성인 여성 중심의 시각에서 보면, 장애 여성, 여자 어린이, 여성 노인 등 여성 내부의 타자들은 성적 자기결정을 하기 힘든 존재이다. 그리고 장애 여성의 성적 자기결정의 의미와 내용이 비장애 여성의 그것과 같다고도 할 수 없다. 특히, 성적 자기결정권이 자유주의적으로 해석될 때, '10대 원조 교제(청소년 성매수)', '자발적 매춘', '낙태'는 사회적 문제가 아니라 여성 개인이 마음대로 자기 몸에 대한 권리를 행사한 결과로 이해되기 쉽다.

그러나 인간이 원하는 것은 개인의 고유한 의지로만 형성되는 것이 아니며, 몸은 단순히 그 몸을 '소유한' 개인의 판단 대상이 아니다. 여성의 자기결정은 여성의 정신에 의해 투명하게 구성되거나, 약자인 여성의 결정이기에 그 자체로 올바른 것이 아니다. 성적 자기결정론은, 개인의 자기 몸에 대한 결정 내용이 사회 혹은 상대방과의 상호 작용과 사회적 맥락 안에서 형성된다는 사실을 은폐하는 추상적, 현실 초월적인 논리이다.

"내 몸은 나의 것"이 아니라 내 몸이 바로 나다. 성적 자기결정권을 주창한 급진주의 페미니즘은 성폭력이 사적인 피해라는 자유주의 이론 비판에서 출발했지만, 몸을 주체의 소유물, 주체의 재산으로 간주하는 근대 자유주의 철학의 연장선상에 있었다. 몸을 주체의 소유물로 보는 관점에서는 몸은 마음이 아닌 어떤 것이며, 몸은 영혼, 이성, 마음의 배반이자 감옥으로 간주된다. 몸은 존재를 담아 두는 보관 장소에 불과하게 된다. 페미니즘 역시 사회, 정치, 문화 전반에 걸쳐 남성이 가정한 몸과 정신의 이분법을 무비판적으로 수용해 온 것이다. 즉, 성적 자기결정권 주장은 근대 자유주의의 남성 논리를 비판하기보다, 기존의 논리에 여성도 포함시켜줄 것을 요구한 것이었고, 이는 여성의 삶에 기반을 둔 언어가 아니기 때문에 한계를 지닐 수밖에 없었다. 성적 자기결정권은 순결 이데올로기에 대한 저항으로 정치적 의미가 있는 것이지, 여성주의의 최종 목표라고 할 수는 없다.

여성주의 인권은 여성에게도 남성과 같은 근대적 개인, 근대적 주체의 권리를 보장하라는 주장과 동시에, 기존 인권 개념의 기준 자체에 도전한다. '양성 평등'이 누구 중심의 평등인가는 언제나 논쟁거리이다. 정의로서 평등한 인권은 같아짐(same)이라기보다는 공정함(fairness)을 추구하는 것이다. '양성이 평등한' 인권은, 여성이 남성과 같아지는 것만을 의미하지 않는다. 이제까지 '양성 평등'은 남성이 여성과 같아지는 것이 아니라 여성이 남성과 같아지는 것을 의미했다. 여성은 '공적 영역'으로 진출했지만, 남성은 그만큼 '사적 영역'으로 진출하지 않았다. 결국 이러한 남성 중심의 같음을 의미하는 '양성 평등' 이념은, 여성들에게 임금 노동과 가사 노동의 두 영역에서 이중 노동을 강요하는 결과를 초래하였다.

남성들은 '양성 평등'을 위해 여성과 같아지려고 노력하지 않는다. 가사 노동, 자녀 양육 등 주로 여성이 해 왔던 재생산 노동은 경시되고 비하된다. 우리 사회에서 남성이 '여성적인 노동'을 하는 것은 수치와 무능력으로 여겨진다. 현재의 인권 개념에도, 보살핌과 돌봄, 배려의 가치 같은 '여성적 경험'은 포함되어 있지 않다.

같음의 기준이 남성의 경험에 근거한 것일 때, 여성은 남성과 같음을 주장해도 차별받고 다름을 주장해도 차별받는다. 이것이 소위 '차이와 평등의 딜레마'이다. 예를 들어, 여성이 남성과의 차이를 주장하면 남성 사회는 그것을 차별의 근거로 삼고, 같음을 주장하면 사회적 조건의 다름은 무시한 채 남성의 기준을 따르라고 요구한다. '양성 평등'을 "여자도 군대 가라." "여자도 숙직해라."로 이해하는 것이다.

그러나 공정함의 시각에서 평등은 기회의 평등에만 머물지 않고, 조건의 평등, 더 나아가 결과의 평등을 지향한다. 남성과 여성의 화장실이 5 : 5의 비율로 있는 것은 기회의 평등이지만, 남성과 여성의 서로 다른 사회적·역사적 상황을 고려하면, 기회의 평등은 평등이라고 할 수 없다. 임신, 생리, 옷 구조가 남성과 다르고 유아를 자주 동반하기 때문에, 여성의 화장실 사용 시간은 남성의 두 배가 넘는다. 그러므로 이런 경우에는 5 : 8 정도의 비율로 여성 화장실을 넓게, 많이 만드는 것이 실질적이고 공정한 평등 정책이다.

이 같은 인권, 평등 개념의 재구성은 성별 문제에 국한되지 않는다. 휠체어를 사용하는 장애인과 두 발로 걷는 비장애인에게 동일한 조건에서 달리기 경쟁을 하라는 것은 평등이 아니다. 그러나 아직까지도 우리 사회에서 '평등'은, 장애인이 장애를 '극복'하고 비장애인과 같아지는 것을 의미한다. 이것은 사회적 강자의 기준을 강요하는 것이지, 평등이라고 볼 수 없다. 인권운동은 사회적 약자에게 인권의 개념이 확대 적용되는 것을 넘어, 기존의 인권 개념을 문제시, 재구성하는 것까지를 포함하는 '인권의 운동' 과정이기도 하다. 인권운동은 인권 개념의 운동을 낳고, 동시에 새로운 개념은 인권운동을 발전시킨다.

나이 듦, 늙음
그리고 성별

몇 해 전 캐나다의 어느 대도시 공항에 내렸을 때다. 첫눈에 인상적이었던 것은 공항에서 일하는 사람들의 피부색 밝기에 따른 노동 분업이었다. 승무원, 청소부, 쓰레기 수거원, 스낵바 점원, 경찰, 세관원, 짐을 나르는 포터. 이들은 모두 자신의 피부색에 따라 다른 노동에 종사하고 있었다. 이를테면 청소부 중에 백인은 한 명도 없었고 세관원 중에 (흰색도 하나의 유색이지만) 유색 인종은 거의 없었다. 이런 식의 직종 분리는 공항 밖에서도 마찬가지였다. 직업은 인종에 따라 달랐다. 한국인들은 주로 식료품 가게를 독점하고 있었고 택시기사는 모두 인도인 차지였다.

이주 노동자에 대한 인종주의(나는 우리 사회의 인종 문제는 지역주의와 학벌이라고 보지만, 이 글에서는 논외로 한다), 장애, 성별, 성정체성(동성애/이성애), 연령주의⋯⋯. 1990년대 후반부터 한국 사회에서 '새로운' 정치학으로 '각광'받기 시작한 소위 소수자 문제°들을 생각해보면, 하나같이 몸에 대한 위계적인 해석의 결과라는 것을 알 수 있다. 몸은 '구별 짓기'를 통해 인간을 계층화하는 물리적 공간이다. 모두 몸이 문제인 것이다.

계급(의 형성)은 위와 같은 억압의 결과에 불과할지도 모른다는 생각을 해본다. 성별과 이성애주의, 장애 문제와 연령주의에 근거하지 않고 계급 억압이 작동할 수 있을까. 우리에게 익숙한 근대적/남성적/서구적 사고의 전형인 '정신 분석학'적 사고를 상대화하고 '육체 분석학'으로 세계를 재구성해본다면, 삶이 더 솔직하게 아니 감당할 수 없을 만큼 정치적으로 보일 것이다. 성별에 따른 외모와 나이, 나이에 맞는 사회적 지위, 학벌, 옷차림, 섹슈얼리티, 몸의 정상성 여부, 개인의 매력, 개인이 가진 관계망, 능력주의, 심리적 힘 등은 '정치' 이전에 우리의 삶을 일상적으로 규율하는 매뉴얼의 핵심 요소들이다.

한국 사회 전반에 걸쳐 겉으로 표방되는 '정치적으로 올바른' 갖가지 외침 뒤에 별개로 그러나 실질적으로 작동하는 이러한 원리에 직면하는 것은, 큰 정치와 작은 정치, 미시와 거시, 개인적인 것과 정치적인 것 등의 경계에 도전하는 작업이다. 그러나 그것이 두

---

o 정체성이 형성되는 역사적·정치적 맥락에 따라 인간은 누구나 이방인이며 소수자이다. 그러므로 주류와 비주류, 혹은 사회적 소수자와 다수자 개념은 정해진 것도 양적인 것도 아니다. 그 경계를 설정하는 권력학에 따라 범주는 달라진다. 인구의 반에 해당하는 여성을 소수자로 보는 것은 여성 억압의 심도를 보여주는 반증이다. 여성은 사회적 소수자라기보다 정치적 약자이다.

려움의 전부는 아닐 것이다. 모든 것을 정치화하는 것, 이것은 삶이 너무 피곤해지는 문제이다.

흔히 생각하듯 여성 노인 문제는 '노인 억압'이라는 일반론의 여성 판일까? 여성의 나이 듦은 연령주의와 성별주의가 결합된 이중 차별의 결과일까? 피해자가 연소자이든 연장자이든, 연령주의는 단지 차별과 편견의 문제일까? 이 글에서 나는 이러한 질문들을 다시 해보고 싶다.

한국 사회에서 노인 문제에 대한 일반적인 통념은, 나이 듦은 생물학적 문제라는 전제 아래 사회운동이나 정치적 차원의 문제가 아니라 소외 계층에 대한 잔여적 복지 정책의 시혜 대상으로 간주하는 것이다. 노인 문제를 포함한 연령주의에 대해, 편견과 차별이라는 언어는 빈곤해 보인다. 나는 연령주의를 우리 모두의 삶을 근본적으로 규율하고 있는 심각한 혹은 '결정적'인 사회적 모순이라고 생각한다. 또 여성의 나이 듦은 연령주의와 성차별의 결합이라기보다는, 여성에게 연령주의는 성별주의 없이는 작동하지 않는 억압이라고 보는 것이 더 정확하다. 이것은 여성 노인, 중년 여성의 문제가 연령주의로 인한 것이 아니라 성차별로 인한 것이라고 보는 '주요 모순론' 주장이 아니다.

장애 여성이나 여성 동성애자는 장애인의 범주에서도 제외되고 동성애자 범주에서도 제외되며 여성의 범주로도 설명할 수 없는 다른 차원의 정치적 주체이다. 비슷한 맥락에서 여성 노인 문제는 (남성 중심적인) 노인학이나 (젊은 여성 중심의) 페미니즘으로 환원되지 않는 문제이다. 여성의 나이 듦을 성차별과 연령 차별의 결합으로 보는 것, 여성 노인 문제를 노인 문제라는 '일반'론의 '특수' 사례라고 생각하는 것은 기계적 사고이다.

나는 한국 사회에서 정치적 사회운동으로서 여성노인운동, 반(反)연령주의운동이 전개되어야 하고 정치적 주체인 여성 노인 활동가가 나와야 한다고 생각한다. 여성 노인의 사회적 위치와 '피해' 상황은 '드러난' 억압의 구체적 사례와 통계를 제시함으로써 나타날 수 있겠지만, 이 글에서 나는 그러한 사실을 알리는 것에는 별로 관심이 없다. 뿐만 아니라 그러한 방식은 연령주의를 우리 자신의 문제로 정치화시키기에 한계가 있다고 생각한다. 여성 노인 문제는 가부장제 사회에서 여성의 나이 듦의 의미를 살펴보는 과정의 결과로 인식될 수 있을 것이다.

한국 사회의 연령주의 정치학

한국 사회에서 노인은 기본적으로 계급적 개념이자 범주이다. 지식인, 여성 지식인, 게이 지식인이란 말은 있지만 노인 지식인이란 말은 없다. 지식인이나 정치인, 재벌 등 사회적 지위가 높은 사람들은 아무리 나이가 들어도 노인이라고 불리지 않으며 그들도 스스로를 노인으로 정체화하지 않는다. 우리는 서민에게만 노인이란 칭호를 붙인다. 노인이 되는 것은 보통 사람들에게만 문제가 된다. 이것은 나이 듦이 모든 사람에게 똑같이 적용되는 자연스러운, 생물학적 현상이 아니라는 반증이기도 하다.

사회운동 내부의 가부장제를 비판하면서 여성운동을 하게 된 경우는 많지만, 사회운동 내부의 연령주의 때문에 노인운동을 시작한 사람은 아직 없다. 한국 사회에서 노인은 정치적으로 의미 있는 정체성이 아니다. 세대 모순과 갈등은 심각하지만 세대의 이해와 요구에 근거한 사회운동은 존재하지 않는다. 한국 사회의 청년운동 혹은 (대)학생운동은 청년이기 때문에 억압받는다는 정치경제학적 문제에 기초한 사회운동이 아니라, 기본적으로 지사(志士)적, 선민(選民)적 운동이다. "청년이 서야 조국이 선다." "누가 조국의 미래를 묻거든 고개 들어 관악을 보게 하라."(이 시구는 학벌주의의 예이기도 하다)는 식의 젊음을 특권화시킨 운동이다. 사회 주체인 젊은이는 조국, 민중을 대상화할 수 있는 권력이 있고 이들만이 나라를 구한다('구국운동').

지식인의 사명, 청년의 사명이라는 말도 같은 착각에서 나온 언설이다. 매력, 열정, 가능성, 순수, 치열함은 젊은이만의 표상으로 간주되기 때문에 나이 든 사람이 그런 모습을 보일 때는 '철이 없거나 주책'이 된다. 사회의 주체, 즉 노동과 성과 사랑, 욕망의 주체는 젊은 사람(남성)으로 한정된다. 따라서 표준적 인간 범주에서 제외된 노인은 복지의 대상일 뿐이다.

한국 사회에서 연령주의는 두 가지 방식으로 작동한다(고 논의되고 있다). 나이에 맞게 살아야 한다는 이른바 '생애 주기'식의 연령주의와 나이가 차별의 근거가 되는 연소자/연장자 우선주의다. 군인이나 검사들의 '기수'주의가 봉건적 권위주의라는 비판이 많지만 사실 그러한 현상은 정도를 달리할 뿐 일반 회사나 학계, 종교계, 언론사, 사회운동 내부에도 만연해 있다. 한국 사회에서 나이에 맞는 지위를 갖지 못한 사람을 보는 시선은 '패배자(loser)' 그 자체다. 우리는 일상에서 직업·지위·외모·언어·태도·습관·문화적 취향·성생활·결혼 등 삶 전반에 걸쳐 특정한 나이에 맞는 정상성을 요구하고 요구받는다. 성별과 나이는 사회의 기본 질서이다. 거의 모든 인간 관계는 성별과 나이를 기초로 조직화되어 있다. 사람을 만나고 평가할 때 상대방의 성별과 나이를 모른다면 우리는 엄청난 혼란에 빠질 것이다.

나이에 맞는 삶에 대한 문화적 규율이 워낙 막강하기 때문에 인생을 다르게 살 자유, 방황할 자유가 없고 그것은 쉽게 낙오로 연결된다. 취업시 나이 제한이 당연한 규정으로 간주되는 사회에서 남과 다르게 사는 것은 곧 생존권을 위협하는 문제가 된다. (미국에서는 1967년부터 연령차별금지법에 따라 구인 광고나 이력서에 나이를 명시하는 것은 불법행위로 본다.)[1]

나이 차별은 전 세대에 걸쳐 이뤄지고 있지만 성별, 인종 등과 달리 고정된 피해 집단이 없다는 특성 때문에 뿌리 뽑기가 무척 어렵다. 나이가 들면서 피해자와 가해자는 뒤바뀌기도 한다. 늦깎이로 광고회사에 입사하기까지 연령 제한으로 고생했던 정선철(35) 씨는 "뽑히는 처지일 때는 '나이 든 게 죄냐'고 생각했지만 막상 직원을 뽑는 위치가 되니 나이가 든 신입사원이 부담스럽다."고 말했다.

— '나이 많아 취업 쓴 잔', 〈한겨레〉 2002년 5월 7일자

누구나 나이를 먹기 때문에 우리 모두가 경우에 따라 가해자이거나 피해자라는 지적은 일견 타당한 측면이 없지 않다. 이와 비슷한 방식으로 노인 문제에 대해 이야기할 때 "누구나 노인이 된다. 노인 문제는 곧 당신의 문제다."라는 식의 언설도 마찬가지이다. 대중적 동참의 호소력은 있겠지만, 이러한 관점은 연령주의를 역사적·정치적 문제로 보기보다는 생물학적 문제로 보게 하며 연령주의가 모든 사람에게 동일한 방식으로 작동하는 것 같은 오해를 불러일으킨다.

나이 듦이 적용되는 방식은 사람마다 다르다. 어떤 사람에게 나이 듦은 권력에 접근하는 유용한 방식으로 작동하지만 어떤 이에게는 치명적인 약점이다. 어떤 이에게 나이 듦은 돈으로 감출 수 있는, 개인의 힘으로 통제 가능한 문제이지, '어쩔 수 없는 세월'의 문제가 아니다. 나이는 개인의 성별과 계급에 따른 적용 방식이 정반대가 될 정도로, 저마다 다르게 경험되는 정치적 제도이다. 여성에 대한 억압을 개선하기 두려워하는 사회는 성별 제도를 생물학적 문제로 환원하고 이를 정치화하려는 페미니스트에게 적대감을 숨기지 않는다. 마찬가지로 연령주의의 문제화를 회피하는 사회는 나이 듦이 어쩔 수 없는 자연의 질서라는 식의 담론을 끊임없이 생

산한다.

인간의 나이는 임의적인 인식과 제도의 산물이다. 그리고 그것은 억압적인 제도이기 때문에 정치·경제학적, 사회·심리적인 물적 토대를 가진다. 시대마다 나이의 의미도 다르고, 평균 수명이 다르다. 중세시대에는 절대적인 보살핌과 교육을 받아야 한다는 아동기가 존재하지 않았다.

나이가 숫자에 불과하려면, 전반적인 사회 시스템의 근원적인 변화가 동반되어야 한다. 나이 듦이 생물학적인 것이라는, 어느 시대나 모든 사람에게 동일하게 적용되는 객관적이고 평등한 것이라는 개념부터 극복되어야 한다. 나이에 따라 인간의 권리가 다르지 않다면, 노후(老後)라는 말부터 없어져야 한다. 노전(老前) 생활이 따로 없듯이 노후 생활도 없는 것이다.[2]

여성의 늙음과 남성의 나이 듦

미혼 여성이 가장 듣기 싫어하는 말이 "아줌마 같다."이다. '아줌마'에 대한 혐오는 남성 중심적인 한국 사회가 나이 든 여성에게 가하는 처벌을 상징적으로 보여준다. 여성의 나이 듦에 대한 이 집요한 비난은, 여성들도 자발적으로 동참하는 여성에 대한 가장 쉬운 모욕이며 통제 방식이다. 한국 남성들은 여성이 그 말을 얼마나 싫어하는지 너무도 잘 안다. 비슷한 맥락에서 여대생들이 가장 듣기 싫어하는 말은 "4학년 같다."란 말이다. 대학생들의 수련회나 술자리에서 여학생들은 학년에 따라 하는 일이 다르다고 한다. 남학생들은 술을 먹고 술자리를 즐기는 데 반해 나이 어린 1학년 여학생들은 술을 따르거나 노래를 부르고, 4학년 여학생들은 음식을 만들거나 시중드는 일을 주로 한다. 여성은 나이에 따라 '애인'으로서 노동하거나, '어머니'로서 노동한다.

남성과 달리 여성은 능력이나 자원보다 나이와 외모가 계급을 결정하는 경우가 많다. 따라서 (젊어서 나이 든 남성에게 선택될 가능성 때문에) 10대, 20대 초반 여성은 또래 남성보다 권력이 많다. 그러나 (물론 계급에 따라 차이가 있지만) 50대쯤에 이르면 여성과 남성의 권력은 비교 불가능하게 된다. 가부장제 사회에서 젊고 예쁜 여성은 '억압받지 않는다.' 라이너 베르너 파스빈더 감독의 〈불안은 영혼을 잠식한다〉(1974)는 나이 든 독일 여성과 그보다는 젊은 남성 이주 노동자의 사랑을 그린다. 성별, 나이, 국적은 남녀 관계를 형성하는 데 상호 교환되는 중요한 요소이다. 이 영화에서 여성은 나이 들었지만 백인 독일인이라는 것이 자원이며, 남성은 유색인 이주 노동자지만 젊다는 것이 자원이다. 인종주의와 연령주의에 근거한 성별주의가 상쇄되지 않았다면, 두 사람의 관계는 성립할 수 없다.

가부장제 사회에서 여성(woman)은 모든 여성(female)을 가리키는 개념이 아니다. '아줌마'는 여자가 아니라 제3의 성인 것처럼 계급과 나이, 외모, 결혼 여부 등에 따라 '진정한 여성'과 그렇지 않은 여성이 있다. 남성 중심 사회는 여성 개인을 여성이라는 전체 집단의 속성에 귀속시키지만, 사실 남성 사회가 원하는 여성의 개념은 대단히 협소하다. 정숙하고 젊고 예쁜 여성만이 여성의 범주에 들어갈 수 있다. 예를 들어 여성 흡연에 대한 심리적 거부감이 있지만 모든 여성에 대해 그런 것은 아니다. '술집 여자'나 할머니 혹은 여성 지식인의 흡연은 자연스럽다. 한국 사회는 젊은 미혼 여성의 흡연만 처벌한다. 이는 젊은 여성만이 진정한 여성이기 때문에, 그들의 흡연은 여성성을 위반한다고 생각하기 때문이다. 그러나 '술집 여자'와 할머니는 남성 사회가 규정한 여성의 범주에서 벗어난 여성이기 때문에 그들의 흡연은 문제가 되지 않는다.

영화 〈엔트랩먼트〉(1999)에는 70대 남자배우 숀 코너리와 30대 여자배우 캐서린 제타존스가 연인으로 나온다. 이 영화는 평범한 오락영화다. 그러나 만일 70대 여자배우와 30대 남자배우가 나온다면, 컬트영화이거나 대단히 정치적인 영화가 될 것이다. 대개의 경우는 엽기나 불륜으로 사회적 지탄의 대상이 될 것이 분명하다. 청소녀 성매수('원조 교제')는 나이가 어리다는 여성적 자원과 나이가 들면서 뒤따른 돈이라는 남성적 자원의 교환이다. 몰성적 (gender blind) 시각에서 보면 이는 평등한 교환이며 합의된 거래이지만, 성 인지적 관점(gender perspective)에서 보면 차별이고 여성의 몸에 대한 폭력이다.

성별 사회에서 '여성적' 자원과 '남성적' 자원은 동등하게 평가되지 않는다. '여성적 자원'인 몸은, 소멸하는 유한한 자원이지만 남성의 자원은 그렇지 않다. 남성은 일생 동안 남성으로 산다. 첫 생일을 기념하는 남자아이가 자신의 성기를 자랑스레 전시하는 사진관 풍경은 지금도 익숙하다. 성폭력 가해자 중 70대 남성은 흔하다. 그러나 여성은 특정 연령층만 여성으로 간주되며 나이에 따라 '가격'이 다르다. 아마도 우리 사회에서는 20대 후반 이후부터 여성들이 (화장술과 외모 관리에 따라 개인 차가 있지만) 나이 때문에 스트레스를 받기 시작하지 않는가 생각한다.

연령주의 사회일수록 나이 듦과 늙음은 동의어로 간주된다. 그러나 나이 듦과 늙음의 상관성은 성별에 따라 다르다. 남성에게는 나이 듦이 곧 늙음을 의미하지 않지만, 여성에게 나이 듦과 늙음은 같은 말이다. 대개 중산층 이상의 남성들은 나이가 들수록 권력과 자원에 접근할 가능성이 높지만 여성은 그 반대다.

가부장제 사회에서 여성은 남성의 몸을 기준으로 분류된 타자이다. 남성의 몸과 다르다는 것이 여성 억압의 근거가 되는 성차별 사회에서는 여성의 존재성은 언제나 몸으로 환원된다. 남성의 몸과 다르다는 것이 여성의 존재 '의의' 방식이 되기 때문이다. 가부장제 사회에서 몸의 경험을 근거로 형성되는 여성의 정체성은 남성 중심 사회가 '부여'한 것이지만, 남성은 행위하는 주체로서 자신의 정체성을 '획득'한다. 그러므로 남성은 어떠한 경우에도 몸으로 환원되지 않으며 그들의 정체성은 몸의 기능과 상태(나이)에 의해서가 아니라 세상에서 무슨 일을 하는지에 의해 형성된다.[3]

여성의 순환에 의존하는 남성 질서

한국 사회에서 여성의 취업률을 결정짓는 가장 중요한 요소는 연령이다. 소위 여성 적합 직종으로 분류되는 산후 간병인, 영유아 관리, 텔레마케터, 한식 조리사, 애완견 관리사 등은 기혼 여성들에게 가사 노동의 확장된 형태로 주어지는 반면, 20대 미혼 여성들에게 여성 직종은 다른 의미를 갖는다. 사적인 영역이라고 불리는 성과 사랑, 가족 질서에서뿐만 아니라 공적인 노동 시장에서도 여성의 섹슈얼리티는 노동 자원으로 간주된다.

현재 20대 미혼 여성들이 대거 참여하고 있는 '행사 도우미' 같은 판매 서비스, 대인 서비스직은 가사 노동과 유사한 단순 노동으로 간주되면서도 젊음과 외모를 중요한 노동 요소로 요구한다.[4] 여성들이 종사하는 직업은 대개 성애화되어 있거나 업무와 관련 없는 부분에서도 성적 서비스를 강요받는다. 이처럼 성별화된 노동 시장 구조에서 여성이 상사나 고위직이 되는 것은 매우 어려운 일이다. 노동 시장에서 여성을 통제하는 남성의 권력은 결국 연장자, 상급자에 대한 '예우'로 인식되고 고착화된다. 성차별이 연령 위계로 합리화되는 것이다.

여성은 나이에 따른 외모를 기준으로 남성 질서 안에서 끊임없이 순환, 소비된다. 권력을 가진 남성은 젊고 예쁜 여성을 얼마든지 '살 수 있고', 젊은 여성들은 그런 남성에게 사랑받기를 원한다. 성별 사회에서 연애는 결국 성별 자원의 교환이다. 남성이 여성에

게 원하는 것은 '몸'이거나 보살핌이며, 여성이 남성에게 원하는 것
은 자원이다. 사회적 자원을 많이 가질 수 있는 남성은 나이 든 남
성일 수밖에 없으며, '여성적'인 자원을 많이 가진 여성은 젊은 여
성일 수밖에 없다. 때문에 가부장제 사회에서 나이 든 여성과 젊은
남성의 사랑은 성립하기 어렵다. 아니, 성립하기 어려운 정도가 아
니라 우리는 심리적·윤리적인 차원에서 그러한 사랑은 '불륜'(일
탈, 비정상)이라고 생각하며 처벌에 주저하지 않는다.

젠더 구조를 기반으로 하는 글로벌 경제 시대에는 한 사회(지역,
국가)의 여성 지위가 높아진다고 해도, 남성은 언제든지 그러한 상
실을 보상받을 체계를 갖는다. 자본주의 전 지구화, 문화산업의 초
국적 자본주의화의 맥락에서 IMF 구제금융 관리 체제 이후 제작되
고 있는 한국형 블록버스터 영화의 특징 중 하나는 남한 여성들이
사라지고 있다는 점이다. 한국형 블록버스터 영화에서 한국의 주
변적인 남성들은 자신의 주체성을 구성하기 위한 타자로 남한 여
성이 아닌 북한 여성(《쉬리》1998), 스위스 여성(《공동경비구역 JSA》
2000), 중국 여성(《파이란》2001)을 동원하고 있다.[5]

이메일로 신부 주문하기(e-mail ordered bride), 여성의 나이와
남성의 국적이 교환되는 국제결혼, 제3세계 여성에 대한 국제 인신
매매 등도 같은 맥락의 사례들이다. 서구 항공사 승무원들은 중/노
년의 남녀인 경우가 많은 데 반해, 한국이나 동남아시아의 항공사
승무원은 '젊고 예쁜' 여성 일색이다. 이러한 대비는 서구 항공사
노동자들이 벌인 노동운동의 성과이기도 하지만, 성별화된 오리엔

탈리즘의 산물이기도 하다. 국제 관광 산업에서 항공사 승무원들은 각국의 이미지를 대표한다. 남성적 서구의 타자로 적합한 아시아는 여성의 이미지를 지니는데[6] 이런 식으로 기표화된, 본질화된 '진정한' 여성은 어리고 예쁜 여성이다.

영화 〈집으로〉와 〈죽어도 좋아〉의 여성 노인

성별은 억압적인 제도이지만 한편으로는 개인에게 사회 구성원으로서 안정적인 정체성을 부여하는 중요한 장치이기도 하다. 노인이나 장애인, 특히 여성 노인이나 여성 장애인은 탈성화(desexualized)된 존재이다. 이들은 성욕이 없거나 성별 정체감이 없는 존재로 간주된다. 인간이기 이전에 여성 혹은 남성으로서 정체성이 우선시되는 성별 사회에서, 탈성화된 사람들은 인간 외 혹은 인간 이하의 사람이라는 의미를 가진다.

장애인 공중 화장실에 남녀 구분이 없는 것, 여성 노인은 성폭력 피해자가 될 수 없다고 생각하는 것, 모든 여성 노인을 할머니로 간주하는 것 등이 그 사례이다. 할머니는 모성만을 간직한 존재라는 판타지는 너무나 강력하다. 여성 노인/남성 노인이라는 지칭 대신 할머니/할아버지라는 가족 내 성역할 호칭으로 이들의 존재성을 드러내는 것은, 가족이 지닌 비정치적 이미지를 이용해 이들의 문제를 탈정치화하려는 것이다.

'국민' 영화 〈집으로〉(2002)와 '컬트' 영화 〈죽어도 좋아〉(2002)는 모두 연애 영화다. 두 영화는 우리의 일상적인 정서가 얼마나 성별과 연령주의에 의존하고 있는지를 충실히 보여주는 텍스트들이다. 일반적인 의미의 연애 각본에는 〈집으로〉가 충실한 편이고, 〈죽어도 좋아〉는 노부부의 일상을 그린 다큐멘터리다. 〈집으로〉는 성별화된 사회에서 전형적인 남녀의 연애 관계, '여자를 괴롭히는 남자, 그 남자를 사랑하는 여자'를 그린다.[7] 〈집으로〉에서 묘사되는 두 남녀의 갈등과 오해, 여성의 무조건적인 정성과 헌신에 감동하는 남자, 두 남녀의 화해와 그리움은 모든 로맨스 영화의 공식을 충실히 따른다.

성과 사랑이 정치적인 것, 사회적 구성물이 아니라면 성과 사랑에 대해 어떠한 의미 체계도 없을 것이다. 알고 대화하고 보살피고 싶은 타인이 있다면, 나의 결핍을 메우는 타인에 대한 갈구가 사랑의 시작이라면, 사랑하고 사랑받는 것은 누구에게나 부여된 양도할 수 없는 삶의 조건이어야 한다. 그러나 그러한 관계가 모두 '사랑'으로 불리는 것은 아니다. 사랑에 대한 사회적 해석은 같지 않다. 성별, 나이, 섹슈얼리티, 상대방과의 사회적 관계 등에 따라 사랑은 동성애·이성애·모성애·동지애·형제애·자매애·조국애 등으로 분류, 위계화된다.

〈집으로〉가 국민 영화가 된 것은 〈서편제〉(1993)가 흥행에 성공한 이유와 비슷하다. 〈집으로〉는 가장 익숙한 방식으로, 즉 가장 보수적인 방식으로 대한민국 관객의 정서에 호소한다. 〈집으로〉는 남녀 주인공의 성역할과 연령주의에 철저히 의지하고 있는 영화다. 영화의 주인공이 할아버지-손자, 할머니-손녀, 할아버지-손녀였다면 이 영화의 '감동'은 그리 크지 않았을 것이다.

대중매체에서 여성 노인은 개인, 여성, 인간으로 등장하지 않는다. 출세욕, 자아 실현, 성적 욕망에 충실한 나이 든 여성 캐릭터는 없다. 〈죽어도 좋아〉는 남녀 노인을 할아버지/할머니가 아니라 욕망을 가진 개인으로 그렸다는 데 큰 의미가 있지만, 여전히 영화밖 사람들은 주인공을 박치규 씨, 이순애 씨가 아니라 할아버지, 할머니로 부르고 있다.

어떤 의미에서 성과 사랑을 누릴 수 있는 권리는, 개인이 그 사회에서 어떠한 지위를 가지고 있는지를 보여주는 가장 정확한 리트머스 시험지일지도 모른다. 우리는 특정한 조건의 사람—남성이 연상인 미혼의 젊은 중산층 선남선녀의 이성애—들만이 사랑할 자격이 있다고 생각한다. 무의식적이든, 의식적이든 각자의 마음 속에 존재하는 심리적 타자들—장애인, 노숙자, 나이 든 여성들—에게는 성과 사랑의 욕망이 없다고 상정하기 쉽다.

몸에 새겨진 계엄령

서른이 된다는 것은 '젊은이' 영역에서 벗어나기 시작한다는 것을 의미한다. 여태까지는 젊음의 기득권이 당연한 것이므로 20대라는 기득권이 있는 줄도 모르고 살다가, 어느 날 문득 죽느냐 사느냐의 문제보다 더 살벌한 문제가 있음을 알게 되었다. 그것은 바로 품위 있게 사느냐, 초라하게 사느냐의 문제였다. '진정성'의 힘만으로는 살아가는 일이 더 이상 효력을 갖지 못하게 된 것이다. 목숨을 걸고 싸울 대상이 없어졌지만 내놓을 목숨 또한 사라졌는지도 모르겠다.[8]

나와 비슷한 또래의 여성이 쓴 위의 글은 20대를 길거리에서 보낸 내가 30대에 느꼈던 당혹감을 잘 표현하고 있었다. 동시에 사람들이 왜 나이가 들면 '보수적'이 되는지에 대해서도 생각하게 하는 글이었다. 물론 나이 들면서 사람들이 보수화되는 것은, 나이 때문이 아니라 나이에 따라 구조화된 특정 사회 시스템 때문일 것이다. 20대에 나는 "서른 넘은 인간들은 무슨 희망으로 살까?" 혹은 "서른이 넘으면 인간은 저절로 성숙해질 것이다."라고 생각했던 것 같다.

30대에 들어서면서 나는 개인적으로 (성별로 인한 억압보다는) 나이로 인해 고통받거나 삶의 가능성이 제한당하는 경험을 하게 되면서 나이 문제에 관심을 갖게 되었다. 나와 성별이 다른 남성이나 나이가 어린 여성에게는 당연하게 주어지는 권리가 나에게는 과도한 욕망으로 간주되어 비난받는 일이 일상에 지뢰밭처럼 깔려 있는 것을 경험하고 나서부터이다. 단지 나의 나이 때문에, 남들은 질문받거나 문제되지 않는 것들이, 늘 나에게는 해명하거나 투쟁해야 할 과제가 되었다.

나이 듦에 대한 고민 과정을 돌이켜보면서 나는 남성들이 여성 문제에 무지하거나 무관심한 것을 이해하게 되었다. 나 역시 20대에는 나이 문제에 대해 한 번도 생각해보지 않았다. 자기 경험을 뛰어넘어 타인, 더구나 타자의 억압을 이해할 수 있는 사람은 많지 않다고 생각한다. 그런 점에서 특정 연령대의 '생산성 높은' 사람들이 주도하는 사회는 매우 위험하다. 그들이 노인이나 장애인, 어린이, 여성들의 경험을 이해하거나 대변하기를 기대하기는 어렵기 때문이다.

 어떤 면에서 한국 사회는 계엄령이 필요 없는 사회다. 사회 구성원들의 상상력, 용기, 소망은 나이에 따라 철저히 제한되어 있다. 우리는 대단히 자발적으로 나이 듦에 대한 지배 이데올로기—누가 지배하는지 모르는—를 수용하고 있으며 나이 든 자, 나이 든 여성을 혐오한다. 일상의 아주 감정적인 차원에서부터 나이 듦에 대해 동일한 해석 틀을 지니고 있으며, 미세한 검열과 규율에 예속되어 있다. 나이에 따라 삶의 가능성이 체계적으로 억압된 사회, 이것은 '고도로 조직화된 조용한 폭력'[9]이다. 나이 든 사람을 바라보는 나 자신의 시선을 다시 바라보는 것에서부터 반(反)연령주의 정치를 시작해야 할 것 같다.

3부

'성판매 여성'의
인권

내가 처음 '매춘'으로 돈을 받았을 때, 나는 그 어느 때보다 자존심을 갖게 되었고, 스스로 가치 있게 느꼈다. 한 사람의 아내였을 때 나는 불쾌한 일을 해야 했고, 내 욕구가 아닌 남편의 욕구를 충족시켜야 했다. 나는 이용당하고 학대받았다. 내 남편처럼 내 갈비뼈를 부러뜨리는 손님은 없었다. 전에 또 다른 남편이 그랬던 것처럼 내 돈을 갈취하고 돈이 떨어지면 나를 떠나는 손님도 없었다. 그를 받아들이기 위해 내 자식을 버려야 하는 손님도 없었다. 손님 가족이 내 삶을 비참하게 하는 일도 없었다. 매일 밤 술에 취해 오는 손님도 없었다.

— 필리스 루먼 메탈(57세에 성판매를 시작한 미국 여성)[1]

'페미니스트'를 규명할 리트머스 시험지는 없다.

— 사라 러딕(Sara Ruddick)[2]

성매매, 근절과 허용의 크레바스로부터

2004년 6월 나는 일본 오차노미즈여자대학과 한국여성의전화
연합이 공동 주최한《한국여성인권운동사》일본어판 출판 기념 심
포지엄에서, 한국의 기지촌 성매매에 대해 10분 정도 발표했다. 워
낙 짧은 시간이었기 때문에, "성을 자원으로 갖지 않는 여성은 거
의 없다. 그것이 가부장제다." "성판매 여성과 페미니스트의 '진짜'
경계는 무엇인가?"라는 식으로 선언적으로 말할 수밖에 없었다. 전
체적으로 나는 성매매에 대한 전통적인 여성주의 입장인 서구 급
진주의 페미니즘을 비판하는 논조로 말했다. 행사가 끝난 후 일본
의 여성주의자들은 물론, 같이 참석했던 한국 동료들로부터 "그렇
다면, 성매매가 좋다는 거냐?"라는 내용의 문제 제기를 많이 받았
다.

그 와중에 자신을 여성학 강사이며 '성 노동자 서포터
(supporter)'라고 소개한 일본 여성이 내게 다가와 편지를 건네
주었다. 내용은 '성 노동자가 아닌 페미니스트(non-sex-worker
feminist)'들이 성 노동자의 이야기를 듣지도 않고 성 노동에 대해
말하는 것은 정말 문제라며, 나의 입장에 "완전히 동의한다."는 것
이었다. 편지의 마지막 구절은 "한국에도 성 노동자의 인권을 고민
하는 페미니스트가 있다는 것을 알게 되어 기쁘다."였다. 나는 몹
시 당황했다. 일단, 나는 그가 생각하는 '그런' 페미니스트가 아닐
뿐더러, 내 말이 그렇게 읽혔다는 것도 걱정스러웠다. 그날 모인 사

람들이 나의 이야기를 "누가 이렇게 말했다더라."라고 다른 곳에서 다시 논의하지 않기를 바랄 정도였다.

나에게 이 장면은, 그로부터 3개월 후인 2004년 9월, 성매매 방지법 시행으로 생활 수단을 잃은 성판매 여성들의 생존권 투쟁을 '지켜보는' 여성주의자들의 다양한 모습('분노', 옹호, 무기력, 혼란……)과 겹쳤다. 그날 심포지엄에서 내게 "그럼, 성매매에 찬성하느냐?"라고 물었던 여성주의자나 "(성 노동자의 인권을 옹호하는) 동지를 만나 기쁘다."는 편지를 건넸던 여성 모두, 동일한 인식론에 기반을 두고 있다고 생각한다. 나는 여성주의자가 성판매 여성을 대변할 수 있다고 생각하지 않는 것만큼이나, 성판매 여성들만이 성매매에 대해 말할 수 있다고 생각하지 않는다. 또한 성판매 여성들은 성매매에 대해 단일한 입장을 갖고 있지 않으며, 여성주의자 역시 마찬가지다. 여성주의자들의 반(反)성매매 입장이 '정치적 올바름'에서만 나온 것은 아닐 것이며, 일시적이든 아니든 성매매를 허용해 달라는 성판매 여성들의 주장 역시 생계만이 그 이유는 아닐 것이다.

투명한 이야기도, 끝난 이야기도 없다. 모든 이야기는 말하는 이의 '그 순간'의 자기 현실에 대한 사회적 해석, 체현(embodiment)의 가시물이며 정치적으로 협상하는 언어들이다.

성매매 방지법°은, 제정 과정에서는 큰 논란이 없었지만, 시행 후

○ 2004년 9월 23일부터 시행된 '성매매 알선 등 행위의 처벌에 관한 법률'과 '성매매 방지 및 피해자 보호 등에 관한 법률'의 약칭.

의 상황은 여성주의자 누구도 예상하지 못한 강도로 한국 여성주의 정치를 뒤흔들었다. 성매매 방지법은 한국의 여성주의자들에게 설산(雪山)의 깊고 넓은—따라서 '무서운'—틈(크레바스crevasse)이었다. 나를 비롯한 많은 여성주의자들은, 성이란 곧 성매매라고 생각하는 남성 인식과 싸워야 한다고 생각했지만, 그러한 여성주의 실천이 혹시라도 '가장 억압받는 민중 여성'인 성판매 여성의 목소리를 빼앗는 데 일조할까 봐 전전긍긍하다가, 결국 가장 '안전한' 방법인 침묵으로 일관했다. 적어도 나는 그랬다. '여성운동'이 '여성'을 억압하는 딜레마에 빠진 것이다.

'근절 대 허용'이라는 이분법은 애초부터 어느 여성도 빠져나올 수 없는, 그래서 빠질 수밖에 없는 크레바스였다. 왜냐하면 이 논쟁 구도 자체가 여성의 입장에서는 성립될 수 없는 질문이기 때문이다. 그러나 '우리 여성'은 모두 이 구도에 동원되었다. 생존권 투쟁에 나선 성판매 여성이나 여성주의자나 모두 그 틈새에 양다리를 걸치고 위태롭게 서 있었다.

'무엇을 할 것인가'가 아니라 '무엇을 문제라고 보는가'

내가 보기에 무엇보다 중요한 것은, 성매매는 한국의 '주류' 여성주의 진영의(이성애자로 서울과 인근 신도시에 사는 비장애인이며 중간층에 대학을 나온……) 여성 내부의 '차이'에 대한 감수성—정확히 말하면, 이는 인권 감수성, 정치의식이다.—에 근본적인 질문을 제기했다고 생각한다. '서구 이론을 추종하는 일부 포스트모던 페미니스트'들의 주장이라 여겨졌던, 여성들 간의 차이가 바로 지금, 여기 '현실'에서 폭발하였다. 아니, 차이를 강조하든 그렇지 않든, 이미 수천 년 동안 차이는 존재해 왔다. 여성들 간의 차이를 여성 범주로 환원하는 것이 가부장제이기 때문이다.

최근 비장애 여성과의 '평등'을 주장하며 누드 퍼포먼스를 벌인 장애 여성, (일본의 경우이긴 하지만) 장애 여성이 남성의 성을 사는 문제[3] 등은 '소수자' 문제가 아니다. 소수자가 겪는 차별과 고통은 그 사회가 어떤 사회인지를 말해줄 뿐이다. 규명되고 변화해야 할 것은, 기존의 젠더 개념이지 '그들'이 아니다. 즉, 이러한 상황은 기존의 젠더, 성별 이해가 모든 여성의 경험에 근거하여 형성된 것이 아님을 보여주고 있으며, 앞으로 한국 여성주의의 핵심 쟁점이 될 것을 예고하고 있다.

이들이 제기하는 것은 여성주의가 차이를 어떻게 다룰 것인가, 여성 내부의 '타자'들의 목소리가 기존 여성주의를 어떠한 방식으로 '수용', 해체, 재구성할 것인가라는 여성주의 '실천'과 '이론'의 핵심적인 이슈들이다. '차이'를 둘러싼 대화와 소통의 정치는, (예를 들어) 비장애 여성과 장애 여성 사이에서만 수행되는 것이 아니다. '우리'는 일상적으로 남성(사회)과 대화하며, 구성 중인 존재로서 (과거의) 자기 자신과 끊임없이 대화하며 살아간다. 소통의 정치는 여성주의 정치학의 기본 주제이다. 여성들 간의 차별과 억압을 이해하지 못하면, 남녀 간의 그것도 파악 불가능하다. 역사를 초월하여 수행되는 젠더는 없기 때문이다.

어느 사회나 젠더는 계급·인종·성 정체성·나이 등 여성과 여성의 차이, 남성과 남성의 차이를 기반으로 하여 작동하며 그 역도 마찬가지다. 선후, '근본' 문제를 따지는 방식의 사유는 다른 시간과 공간 속의 정치를 인식자의 상황으로 환원하는 것이며, 그것이 바로 복잡한 현실을 단순하게 만드는 '실재'에 대한 욕망, 서구 근대적 사유의 폭력이다.

'성판매 여성'이라는 범주

글의 서두에 인용한 성판매 여성 필리스는 아내폭력으로 이혼한 후 50대 후반 성판매를 시작했고, 69세에 석사 학위를 마쳤다. 나는 그의 삶이, 가부장제 사회에서 이성애 결혼 제도와 성매매가 동일하다는 것을 보여주는 사례라고 주장하는 것이 아니다. 주부와 성판매 여성이 같다는 의미가 아니라, 오랜 세월 동안 타자화되어 온 성판매 여성이라는 경계를 문제삼고 싶다. 그들이 타자(the others)라면 주체(one)는 누구인가? 그들을 타자로 호명할 수 있는 주체가 존재하는가? 널리 알려진 대로, '창녀' 범주는 역사상 남성 사회가 고안한 '아내' 제도의 탄생에서 기인한다.

섹슈얼리티 자체가 성매매화된 오늘날, 어떤 의미에서는 성판매 여성과 그렇지 않은 여성의 차이보다, 성판매 여성 내부의 차이가 큰 경우가 더 많다. 성판매 여성과 '비(非)성판매 여성'의 차이가 다음의 차이보다 크다고 말할 수 있을까? 군산 성매매 업소 화재 사건의 피해 여성들, 가족에게 버림받거나 팔려서 감금된 채 성판매를 '징역'으로 살아내는 장애 여성, 어렸을 때부터 고아원에서 성폭력에 시달리다가, 그 후 몇 년을 노숙자로 살다가 돈보다는 '숙식 제공'이라는 유인물이 반가워 찾아간 기지촌이 좋았다고 말하는 여성……. 이들과 여성학 수업 리포트에 "유학 갈려구(비용 마련을 위해) 사장님과 사귀고 있어요."라고 쓰는 '명문대생'(지금 내가 출강하는 대학을 의미하지 않는다)과 거절하는 30대 남성에게 원조 교제를 '강요'하는 10대 여성,[4] '대딸방'[○]에서 남성의 자위를 도와주는 아르바이트 여대생……. 더구나 이는 내가 아는 한국 사회의 상황일 뿐이다. 서구의 경우처럼 주로 학술대회나 고급 호텔, 휴양지에서만 전문적으로 일하는 백인 성판매 여성(한국의 학술대회에서도 마찬가지일지 모른다. 몇 년 전 노동조합 전문 성판매 여성인 '삐삐 아줌마'는 알려진 사례다)과 부모와 전문 조직에 의해 인신매매되어 '성관계' 후 장기만 적출되고 살해되는 동남아시아와 남미의 남녀 어린이가 같은 성판매자인가 혹은 성 노동자인가?

성판매 여성은 변화하지 않는 고정된 '정체성'이 아니다. 성판매

○ 여대생 딸딸이방의 약칭이며, '성판매자'가 여대생이라는 것을 강조하기 위해 학생증 검사를 한다. '딸'은 자위행위를 가리키는 은어다. 손으로 해준다는 뜻의 핸드플레이를 줄여 '핸플 업소'라고도 불린다.

여성은 인간의 성 활동이 남성 성기 중심 섹스로 환원되고, 상업화된 성과 이성애 가족 제도 내부의 성이 명확하게 분리되어 있다는 환상 속에서만 가능한 범주다. 사회는 '사창가'라는 집단적 공간에서 평생 전업 성매매에 종사하는 여성을 성판매자라고 생각하고, 여성주의 진영의 인식도 크게 다르지 않다. 성판매 여성을, '그들도 우리처럼' 과정 속에서 생성되는 '유목적 주체'라고 생각하지 않는 것이다. 몇 번 혹은 몇 년을 성 산업에 종사해야 성판매자인가? 성판매 후 대학에 진학한 여성은 '성판매 출신'이고, 대학 재학 중에 '오빠(사장님)'한테 돈 받으면 '여대생 출신'인가? 내가 아는 어떤 '언니'는 탈(脫)성매매 후 여성운동가가 되었지만, 부모님을 부양해야 하고 생계가 막막해 간간히 성판매를 한다(솔직히 나는 그가 탈성매매 후 어떻게 생계를 꾸려갈지에 대해 한 번도 걱정해본 적이 없었다). 그는 여성운동가인가? 성판매 여성인가?

성판매 여성이 고정된 경계라는 전제가 문제화되지 않은 상태에서, 성매매 방지법은 성매매 유형만을 바꾸었을 뿐이다. 이 문제는 남성과 남성의 차이(계급)와 만났다. 가시적인 집결지('집창촌') 단속 중심의 성매매 방지법으로 집결지를 주로 이용해 왔던 가난한 남성들은 '타격을 입었지만', 덕분에 일자리를 잃은 여성들은 더욱 '저가'로 '공급'되고, 이 '혜택'은 룸살롱 등지에서 은밀히 성 구매가 가능한 돈 많은 남성들에게 돌아갔다.

'강제'와 '동의'의 구분은 '중요하다'

　이러한 성판매 여성들의 상황의 차이는, 반(反)성매매 여성주의 진영의 (성매매에서) 강제와 동의의 이분법에 대한 비판만으로는 설명하기 어렵다. 물론 성판매가 '여성의 선택인가' 대 '사회 구조 혹은 직접적인 인신매매에 의한 강제인가'를 기준으로 성매매 제도를 정치적·윤리적으로 판단하는 것은 섹슈얼리티의 성별 권력을 은폐하는 남성 중심 논리다. 강제냐 동의냐라는 질문은, 성매매에서 가장 중요한 문제, 즉 왜 언제나 사는 사람은 남성이고 파는 사람은 여성인가라는 논의를 봉쇄한 상태에서 구성된 언설이다.

　'선택'과 '강제'의 이분법은, 특히 처벌주의 아래서는, 성판매 여성을 피해자와 범죄자로 구분하고, 여성은 범죄자가 되지 않기 위해 끊임없이 피해를 증명해야 한다. 그리하여 피해 주장이 곧 피해자화의 과정이 된다.[5] 남성 사회가 원하는 것은 피해받은 여성이 아니라 여성의 피해자화이다. 남성 사회가 그토록 선택과 강제를 구분하는 것은, 여성의 피해자화를 통해 남성 주체를 유지하기 위함이고('강제'), 여성이 동의했다는 논리를 통해 남성 주체를 여성에게 확장, 투사하기 위해서이다('선택'). 이는 성폭력 문제에도 고스란히 적용된다. 그들이 성매매와 성폭력을 통해 근본적으로 원하는 것은 '남자 되기'이다.

　그러나 이러한 남성 논리와는 전혀 다른 차원에서, 그간 여성주의 진영의 강제와 동의의 이분법 비판 역시 문제적이다. 가부장제에서 이성애-성폭력-성매매는 질적으로 구분되지 않는다는 소위 '성폭력 연속선' 개념은, 실제로는 성판매 여성이 아니라 중산층 여성의 섹슈얼리티 억압을 설명하기 위한 것이었다.[6] 즉, 성폭력 연속선 개념은 섹슈얼리티, 인종, 계급 모순을 젠더 문제로 환원한다. 동의와 강제를 구분하지 않는 지나친 구조 결정적 사유는, 동의와 강제를 뚜렷이 구분하는 자유주의만큼이나 현실 설명력이 없다.

여성주의는 젠더에 집중하는 근대적 사유와 여성과 여성의 차이, 즉 젠더가 다른 사회적 모순과 맺는 관계에 주목하는 탈근대적 사유를 넘나들 수밖에 없다. 때문에 여성주의 정치에서 자유주의는 계륵이지만, 동시에 자유주의는 언제나 급진적이고 언제나 절실하다. 성폭력이나 성매매는 성별 권력 관계라는 구조의 문제이기 때문에, "의사에 반한"이라는 법률 문구는 문제지만, 여전히 의사는 중요하다.

여성주의 연구 방법이 여성을 구조의 피해자이자 역사의 행위자로 규정하는 것은, 여성의 경험을 정치적으로 만들어 기존 담론에 개입한 젠더의 영향을 밝히는 데 있다. 성판매 여성들의 선택은, 분명 성별화된 사회 구조를 떠나서는 생각할 수 없는 '강제된 동의'지만, 한편으로 그들의 '선택'은 젠더 외에 다른 사회적 구조를 드러낸다.

성매매 방지법 시행 이후 수많은 성판매 여성들이 이를 반대하며 거리 투쟁에 나섰고, 많은 여성들이 단식과 자살을 감행했다. 이들의 행위를 젠더 모순으로만 본다면, 이들은 모두 포주의 '꼭두각시'일 것이다. 법 시행 이후, 성판매 여성들이 반발한 핵심 이유는, 성판매 여성들 사이의 '차이'였다. 이들에게 강제와 동의는 너무나 중요한 문제다. 이들은 여성단체와 여성부가 모든 성매매 형태를 동일하게 본다고 비판한다.

우리의 직업은 사적인 영역이다. 왜 하지 말라고만 하나. 우리에게도 준비할 시간을 달라. 보호시설은 절대 못 간다. 평소 담배 피우고 술 마시며 자유롭게 살던 여성들이 교도소 같은 곳에서 어떻게 지내나. 보호 기간이 끝나면 사회에 나와서 무엇을 할 수 있겠나. 나는 자신 없다. 원하는 여성들만 그런 시스템으로 보호하라. 다른 아가씨들은 제발 가만히 놔두라.[7]

저희도 처음에는 이 법 찬성 많이 했어요. 진짜 피해받는 여성들 많아요. 집창촌도 형태가 많아요. 이 법이 군산 화재 사건 계기로 생긴 거 같아요. 그런 데는 밀집되어 있고, 문을 잠그고 영업을 하고, 들어가면 휴대폰부터 압수해요. 한번 들어가면 웬만하면 못 나오는, 빚을 갚아줘도 못 나오는 그런 데예요. 그래서 우리는 이 법을 진짜 환영했다니까요. 그런 곳 단속 좀 해주라고. 그니까, 여성단체 분들한테 진짜 말하고 싶은 거는, 본연의 자세로 돌아가서 원래 그분들의 취지대로 그런 피해 여성들을 도와주라는 얘기예요. 지금은 피해자가 아닌 우리를 상대로, '강요를 당한다, 피해를 당한다', 피해자로 만들어버리고 있어요.[8]

성매매에 대한 전통적인 논쟁 구조인 급진주의(젠더가 주요 모순이라는)와 성적 급진 자유주의(섹슈얼리티가 주요 모순이라는)의 대립은, 서구 사회에서 성혁명을 전후로 한 역사적 맥락을 갖는다. 한국 사회의 성매매는 서구처럼 개인 자영업 성매매 유형이 많지 않다. 한국의 성매매는 인신매매, 여성의 가족 부양, 소비 자본의 욕망, 입시 제도, 강력한 가족주의, 학연, 가족 내 성폭력, 전무하다시피 한 사회 복지 등으로 인한 남성과 여성, 여성과 여성의 계급 차이가 성판매 여성의 '선택'으로 실현되었다고 생각한다. 한국의 성매매는 섹슈얼리티와 젠더 모순의 대립이 아니라, 성별화된 계급 문제의 성격이 강하다. 성매매 방지법 '사태'는 한국 여성주의 세력이, 여성에게 계급 문제는 '곧바로' 섹슈얼리티의 문제가 된다는 것을 이해하지 못한 반증이기도 했다.

성판매 여성들이 한국 사회의 그 집요한 이중 성 규범에도 불구하고, 성판매를 '선택'하고 거리 투쟁에 나선 것은, 현실의 정치경제학이 그보다 훨씬 다급하고 강력하기 때문이다. 다시 말해, 어떤 의미에서 성의 이중 규범('더러운' 여자라는 낙인)은 모든 여성을 통제하지 않는다. 그것은 여성의 계급에 따라 다를 수 있다. 탈성매매 이후 지금은 성매매 관련 상담소에서 일하는 '현장' 출신 여성은, 내게 이렇게 말했다. "정 선생이 들으면 섭섭하겠지만, 내가 그 일을 그만둔 것은 (여성주의가 아니라) 주님을 만났기 때문이지. 그리고 난 지금도 그걸(성판매) 그렇게 나쁘게 생각 안 해."

권력은 듣는 자에게 있다

성매매 피해 여성 자활 지원 기관인 '다시함께센터'는, 연간 4천여 건에 이르는 성매매 피해(빚, 구타, 감금, 성폭력, 질병……) 상담을 받는다. 그러나 한편에서, 성판매 여성들은 "여성부 자폭하라." 며 소복을 입고 데모를 한다. 성판매 여성의 수입은 그야말로 '아는 사람이 없다'고 한다. 일을 하면 할수록 빚에 쪼들리는 여성이 있는가 하면, 한 달에 3백만 원 이상 버는 '아가씨'도 있다고 한다.[9] 모두 듣는 사람의 해석을 요구하는 현실이며, 이들의 경험 역시 이미 해석일 것이다.

만약 내가 탈 성매매를 위해 헌신했기 때문에 여성주의자인 나의 주장이 객관적인 것으로 간주되거나, '당사자', '민중 여성'의 목소리가 그 자체로 권위를 갖는 것은, 상대방의 목소리에 귀기울이지 않는 것만큼이나 위험하다고 생각한다. '당사자'의 목소리를 절대화하려는 일부 여성주의자 그리고 나 자신의 모습에서, 나는 1980년대 중산층 출신 운동 진영의 '민중 판타지'를 떠올렸다. '어디에도 없는' 민중의 목소리를 자기주장의 근거로 내세움으로써 (물론, 그렇게 말하는 사람, 그 자신은 '민중'이 아닌 경우가 대부분이다), 말하기의 위치를 선점하고 관념적인 정치적 올바름을 경쟁하며 관계를 파괴하는 경우가 숱했다.

'약자의 큰소리(tyranny of minority)'는 불행과 고통이 심각할수록 정치적으로 올바르다는 착각을 주기 쉽다. 가부장제 사회가 억압적일수록, 내부에서 형성된 정치적 소수자 커뮤니티에서 일어나는 일들은 격렬하고 억압적이다. 반대로 민주주의가 진행될수록, 가부장제 사회와 커뮤니티 간의 경계는 흐려지게 마련이다.

누구의 목소리가 성매매의 객관이냐가 아니라, 성판매 여성과 여성주의 진영이 어떻게 하면 새롭게 관계를 맺을 수 있을까가 쟁점이 되어야 하지 않을까. 성판매 여성들의 시위를 '포주의 조정'이라고 보는 '여성계'의 논리는, 당시 여성부 장관의 '스톡홀름 현상' 발언[10]과 한국여성학회의 '여성학 연구자 선언문'의 '자매애'로 집약된다. 이들의 주장대로 분명 성매매는 기본적으로 남성과 여성의 사회적 관계를 규정하는 성별 정치학의 핵심적인 문제지만, 그러한 성별 인식과 "그들은 우리와 같다."는 논리는 다른 차원의 문제이다. 이때 같음은 성판매 여성과 여성주의자가 평등하다는 논리가 아니라, 여성주의자의 환원 욕망이라는 데 문제가 있다. 여성주의는 '인간은 다르다'는 주장이 부정의(injustice)한 만큼이나, '인간은 같다'는 주장이 다른 집단을 억압할 가능성이 있다는 것을 알아야 한다.

여성주의 사유 방법의 출발은 "그들이 말하게 하라."[11]였다. 우에노 지즈코는 다음과 같이 지적한다. 문서화된 역사가 거의 없는 상태에서 여성의 역사가 출발하다 보니, 그동안 역사는 남성에 '의해' 여성에 '대해' 쓰인 문서나 재현에 의존했다. 그러나 이제까지 남성들이 쓴 것은 여성에 대한 '사실'을 전하는 것이 아니라, 남성이 여성에 대해 무엇을 생각하고 어떤 환상을 갖고 있는가와 관련된 남성들의 관념을 웅변하고 있다. 다시 말해, 남성이 생산한 여성에 대한 지식은 남성 자신에 대해 말하고 있는 것이지, 여성에 대해서는 아무것도 말하고 있지 않다.[12] 이 문제를 남성을 여성주의자로, 여성을 성판매 여성으로 바꾸어본다면 무리일까? 이런 치환은 백인 여성과 흑인 여성, 비장애 여성과 장애 여성, 이성애자와 동성애자의 관계에 모두 적용 가능하다고 생각한다.

기존 나의 세계관과 갈등을 일으키는 현실이 나타났을 때, 두 가지 태도가 가능하다. 하나는, 자신이 보고 싶은 대로 '본다'. 그래서 결국 자신이 보고 싶은 대로 '된다'. 다른 방법은 자기 단절을 통해 자신을 현실에 개방하는 것이다. 문화 연구의 고전,《교육 현장과 계급 재생산―반학교문화, 일상, 저항》(1977)의 저자 폴 윌리스(Paul Willis)는, 연구자가 새로운 사실의 도출을 미루고 직접 관찰할 수 있는 것만 강조함으로써 질적 연구가 실증주의적 경향을 띠는 것은 '실증주의와의 데이트(a secret compact with positivism)'라고 비판한다.[13]

모든 대상과의 소통은 새로운 관계에 들어감을 의미한다. 대화의 과정이란 나와 상대방의 의도적 행위를 통해 이루어지는 것이라기보다는, 나와 상대방이 대화의 관계에 몰입하는 것을 통해 가능하다. 대화의 관계에서는 누구도 상대를 지배하려 하지 않으며, 다만 이해하려고 한다. 대화로부터 무엇이 드러나는지는 대화에 들어가기 전에는 아무도 알 수 없다. 따라서 대화는 단순한 수용이 아니라 의미의 재창조이다.

유영님, 김동심 등 기지촌 여성공동체 '두레방' 여성운동가들의 지혜와 통찰에 힘입어 제작된 박경태 감독의 다큐멘터리 영화 〈나와 부엉이〉(2003)를 본 관객들 중에는, 주인공이 '뚱뚱하고 나이든' 성판매 여성이라는 데 놀란 사람들이 있을지 모른다. 많은 사람들이 성판매 여성은 '팜 파탈'의 몸일 것이라고 생각한다. 두레방 사무국장 정혜진은 다음과 같이 말한다. 가끔 두레방 활동을 공부하고 돕고자 하는 마음으로 방문한 여성들이, '기지촌 여성'에게 호의를 표현하는 마음으로 "어머, 어쩜 그렇게 영어를 잘하세요? 어디서 배우셨어요?"라고 묻는 이들이 있다. 영어를 잘하는 것이 권력인 사회에서 그 말은 정말 칭찬일지도 모른다. 하지만 기지촌 여성들은 생존을 위해서 영어를 할 수밖에 없었던 사람들이다. 클럽에서, 거리에서, 미군을 상대로 일하면서 영어를 못하는 것은 먹고 살 수 없는 것과 같기 때문에, 그들은 쓰고 읽기를 못할지언정 다들 듣고 말하기는 잘할 수밖에 없다. 그들에게 영어를 잘한다는 칭찬은, 뿌듯한 일일 수도 있겠지만 그보다는 쓴웃음 짓게 할 뿐이다. 예컨대, 두 팔로 휠체어를 밀면서 생활하는 장애인에게 "어쩜 그렇게 팔 힘이 좋으세요? 따로 운동하셨어요?"라고 말하는 것과 다를 바 없다는 것이다.

이런 일도 있다. 기지촌 여성들이 무언가 재미난 이야기를 나누며 웃고, 장난을 치는 모습을 보면서, 어떤 방문객들은 "어휴, 그간 얼마나 고생이 많으셨어요? 이렇게 밝게 사시니까, 정말 보기 좋네요."라고 말한다.[14] 이 이야기를 처음 들었을 때, 나도 그 기막힌 타자화에 어이없어하며 깔깔거리며 웃었다. 그런데 생각해보니, 나 역시 나를 처음 본 남성들로부터 이와 비슷한 이야기를 종종 듣지 않는가!

성과 사랑은 노동이어야 한다

여성의 입장에서 성매매가 왜 문제인가, 누구의 무엇을 침해하는 문제인가는 아마 여성주의 이론을 '총동원'해야 할 논쟁거리일 것이다. 성매매는 섹슈얼리티를 통한 젠더 억압의 모형(母型)이라는 점에서, 남성은 그렇지 않지만 여성의 성을 교환 가치로 삼는 제도라는 점에서, 성은 인격으로 상품화될 수 없다는 측면에서 모두 비판 가능하다. 그리고 근본적으로 대안적 섹슈얼리티가 계발되어야 하겠지만 장애인, 노인, 죄수, 파트너가 없는 사람들을 위해 성별 구분 없는 성매매를 제안하는 이들도 있다. 만일, 이러한 상황이 가능하다면, 그때 성판매는 주로 가난한 사람들이 종사하는 계급 문제가 될 것이다. 이처럼 그 어느 경우에도 성매매는 옹호되기 힘들다.

나는 평소 성매매를 남성 노동의 면제라는 측면에서 '분노'해 왔다. 모든 관계는 기본적으로 그 관계에 참여하는 이들의 노동을 통해 유지 가능하다. 성과 사랑은 노동이고, 노동이어야 한다. 물론, 이러한 주장은 여성에게는 성 노동이 사회적 노동일 수 있다는 남성 사회의 인식과는 전혀 다른 논리이다. 가부장제 사회에서 남성은 감정 노동, 관계 유지를 위한 노동을 면제받는다.

특히 한국의 중산층 남성들은 근대화 역군, 새마을 운동적 인간, '회사 인간'이다. 이들은 과다한 업무로 인해 같은 남자들하고만 생의 대부분의 시간을 집 밖에서 보낸다. 가장 큰 문제는, 남자들이 그 많은 시간을 남자들과 보내면서도 그들 내부에서 친밀성을 해결하지 못하고, 여성에게만 그것을 전가, 요구한다는 것이다. 물론, 그들은 여성을 성적으로, 감정적으로 갈망하면서도, 여성에게 집착하지는 말아야 한다고 배운다. '진짜 인생'은 남자들의 세계에서만 가능하다고 믿기 때문이다. 남자의 일생 중, 여자와 소통하기 위해 자아를 조절하는 기간은 연애할 때가 유일하다. 결혼하면 남자들이 돌변하는 이유가 바로 이것이다.[15]

김기덕 감독의 〈파란 대문〉(1998), 〈나쁜 남자〉(2001)에 많은 여성들이 분노한 것은, 남성들의 주장대로 모든 여성을 '창녀' 취급해서가 아니라, 그가 연속선상에 있는 성역할과 성폭력/성매매의 거리마저도 대단히 경제적으로 좁혔기 때문이다. 그의 영화에 나오는 남성 캐릭터들은 꽃다발과 선물 공세라는 일상적 성역할 노동 없이, 남성성 그 자체의 힘만으로 곧바로 '성관계'(성매매나 성폭력)를 한다. 바로, 이 점이, 여자가 필요하지만 최소한의 존중도 귀찮은 남성들의 어떤 순간을 포착하는 김기덕의 능력이다.

사회는 남성의 성 구매 이유를 '성욕 해소'라고 주장하지만, 실상 많은 경우 남성의 성 구매는 보살핌받고 싶거나, 본인의 노동과 고뇌로만 가능한 인간 관계를 손쉽게 경험할 수 있기 때문이다. 마조히즘을 즐기는 남성 성 구매자에 대해 성판매 여성은 이렇게 말한다. "내게 오는 남성의 90퍼센트는 항상 다른 남성을 통제하는 사람들이다. 그들은 내게 와서 책임감의 부담을 벗어버리고, 내 손에 자신을 맡기고 정반대의 역할을 맡는다. 그들이 공통적으로 추구하는 것은 완전히 다른 사람의 통제를 받는다는 느낌과 무력감이다." 노동 계급 남성들이 자신이 가진 작은 권력을 성판매 여성을 통제함으로서 실현하려 한다면, 높은 지위에 있는 남성들은 성판매 여성을 그 반대의 이유로 '산다'.[16]

원리는 같다. '공적'인 곳이라고 간주되는 영역에서 남성은 국가나 자본의 형태로 여성의 노동을 착취하며, '사적'인 영역이라고 주장하는 가족, 이성애 관계, 성매매에서는 관계성을 혐오하고 부정함으로써 여성의 감정 노동에 무임승차한다. 성매매 '근절'이 '불가능'하지만, 여성주의 정치의 최후, 절대 프로젝트일 수밖에 없는 이유가 여기에 있다. 그것은 남성의 의식과 무의식, 그들의 24시간을 혁명하지 않고는 사라지지 않을 남성 젠더 문제다.

성매매를 둘러싼
'차이'의 정치학

성매매는 기본적으로 남성과 여성의 사회적 관계를 보여주는 성별 정치학의 문제이다. 그러나 성매매를 반대하는 여성들과 성매매를 통해 생계를 이어가는 '성판매 여성'의 갈등과 대립은, 이 문제를 둘러싼 여성과 여성의 '차이'를 질문하고 있다.

그동안 성매매에 대한 우리 사회의 지배적인 관점은 '도덕' 혹은 계급의 문제였다. 성매매는 가장 성별화된 사회 현상임에도 불구하고, 가장 몰성적으로 이해되어 왔다. 성산업에 직접 종사하는 여성이든 그렇지 않은 여성이든, '피해' 집단은 여성임에도 불구하고 여성의 목소리가 가장 드러나지 않았던 영역이다. 성매매는 여성과 남성의 서로 다른 성적 실천에 의해 유지되는 가족, 국가, 자본주의 제도의 매트릭스다. 성매매는 성정치학의 핵이자 성정치학에 의존한 한국 사회 정치경제학의 주요 요소인 것이다.

국가, '포주'에서 '보호자'로

성매매 방지법의 제정과 시행은 성매매 근절의 근거라기보다는, 이 문제를 공적인 문제로 만드는 가시화의 첫 출발점에 불과하다. 현재 전국적으로 성매매 관련 전문가(활동가)는 수십 명이 채 되지 않는다. 언제나 그렇듯이 소프트웨어는 준비되지 않은 채, 하드웨어만 만들어진 셈이다. 성매매 방지법은 성급하게 추진되었지만, '단속'은 잘되고 있는 편이다. 이 법의 내용이 기존의 윤락행위방지법과 큰 차이가 없음에도 불구하고, 업주들의 저항이 큰 것은 순전히 강력한 단속 때문이다.[17]

그동안 기지촌 성매매와 기생 관광을 주도해 왔던 국가는, 이전과는 완전히 다른 태도를 취하고 있다. 전통적으로 국가는 업주와 성 구매자(남성)의 이해를 대변해 왔고, 경우에 따라서는 적극적으로 '포주'의 역할을 자임해 왔다.[18]

상황은 달라졌다. 현행 성매매 방지법은 국가가 여성운동 세력이 제안한 안(案)을 전폭적으로 수용한 것이다. 16대 국회는 성매매 방지법을 만장일치로 통과시켰으며(보호법의 경우 한 명 기권), 여성부를 중심으로 한 행정부는 여성운동 세력과 긴밀히 협력하고 있다. 물론, 국가가 성매매 방지법을 제정한 이유는, 여성을 '보호'하거나 고삐 풀린 남성 섹슈얼리티를 규제하기 위해서라기보다는, 지나치게 비대화된 성산업이 '정상적인' 국가 경제를 위협할 만한 수준에 이른 것에 대한 위기의식과 '인신매매 3등급 국가',[19] '여자

장사 왕국'이라는 국제적인 망신을 피하기 위해서라는 견해가 지배적이다. 게다가 법 제정 운동의 계기가 되었던 군산 성매매 업소 화재 참사에서 보이듯이, 성판매 여성에 대한 감금, 구타, 강간, 인신매매 등 참혹한 사건들은 국가가 성매매에 개입하지 않을 수 없게 만들었다. 기지촌 성판매 여성을 '외화 버는 애국자', '민간 외교관'이라고 칭송했던 시절과는 분명한 차이가 있다.

성매매 방지법 시행 이후, 각각의 입장은 모두 다르지만 성매매 업소 업주와 종사 여성들의 반발 그리고 남성 여론은 성산업의 심각성을 보여주었다. 성매매 산업 종사자 수는 정확한 통계를 내기는 어려우나 2003년 여성부 조사에서 33만 명(20~30대 여성 인구의 4.1퍼센트, 20~30대 취업 여성의 8퍼센트), 1998년 한국여성개발원 조사에서 51만 명, 2001년 기지촌 여성운동 단체인 새움터 조사에서 73만 명이었다. 성매매 관련 전문가들은 최소 150~200만 명이라고 본다. 성매매 산업 규모는 연간 총 24조 원으로 추정된다. 이는 국내 총생산의 4.1퍼센트로, 농림어업(4.4퍼센트)과 비슷한 규모이다.[20]

"성매매 근절은 현실적으로 불가능하다.""'창녀'와 주부의 차이는 일시불이냐, 아니냐의 차이일 뿐이다." 등의 일상적 언설은, 성매매 제도 유지를 희망하는 남성의 시각이기도 하지만, 한편으로는 가부장제 사회에서 여성의 사랑과 노동, 성매매가 쉽게 구분되지 않음을 말해준다. 거의 모든 여성의 노동은 성애화되었고,[21] 여성의 성은 매춘화되었다.[22]

한국 사회는 유흥업소에 종사하는 여성뿐 아니라 교사, 스튜어디스, 간호사, 음식업소 종사자, 사무직 여성 등 성산업과 관련 없는 일에 종사하는 여성에게도 일상적으로 '여성으로서'의 규범을 노동 조건으로 요구한다. 여성 노동자에게 동료를 위해 커피를 끓이라고 한다든가, 모욕적인 성적 폭언에 '여유 있게' 대응하라고 주문한다든가, '애교'와 같은 성애화된 의사소통을 요구한다. 주류 판매업소의 댄서, 노래방 도우미, 내레이터 모델, 출장 마사지사와 같은 '엔터테인먼트', 서비스 산업과 성매매의 경계는 매우 모호하다.

성매매 형태는 '미아리 텍사스', '청량리 588' 등 전통적인 성매매 집결지('집창촌')에서 일하는 전업형 성판매 외에도 매우 다양하다. 숙박업소 주변에 대기했다가 출동하는 '전화발이', '여관발이', 이태원 등지에서 일본 남성 관광객만을 상대하는 '단기 걸 프렌드'인 '다찌(일본어의 친구를 뜻하는 '도모다찌'의 줄임말)', 여대생이 남성의 자위를 도와준다는 '대딸방,' 청소녀 성매수('원조 교제')에서 장애 여성 감금 성매매까지, 지금 한국 사회의 성산업은 '사랑'에서부터 오락, 인신매매까지 가부장제 사회에서 남성이 여성과 맺는 관계 방식을 총망라하고 있다고 해도 과언이 아니다.

'성판매 여성'과 '페미니스트'

2004년 9월 성매매 방지법 시행 이후, 거리로 쏟아져 나온 '성판매 여성'들의 '생존권 투쟁'은, 가부장제 세력에 의해서도, 여성주의 진영에 의해서도 동일한 집단으로 간주되어 온 여성 집단 내부의 차이를 선명하게 드러냈다. 성판매 여성들의 계속된 시위는, 여성운동가가 고통받는 성판매 여성을 대변할 수 있다는 기존 여성주의 시각에 정면으로 도전하는 것이었다. 성매매를 여성에 대한 폭력으로 인식하는 여성주의자들에게, 성매매 집결지에 종사하는 여성들을 중심으로 한 계속된 저항은 이해할 수 없는 것이었고, 당황을 넘어 분노할 지경이었다. 이러한 상황은, 1990년대 이후 가정폭력 방지법, 성폭력 특별법 등 '피해 여성을 대변해 왔던' 여성주의 주도의 입법 운동 사례와는 매우 다른 양상이었다.

현재 한국 사회에서 성매매를 둘러싼 논쟁 구도인 '근절 대 허용'론은, 둘 다 "여성은 모두 같다."라는 입장에서 자신들이 성판매 여성의 이해를 대변한다고 주장한다. 성매매 근절론자들은 생존권 데모에 나온 성판매 여성들을 '업주의 꼭두각시'로 간주한다. 허용론자, 성매매 방지법 반대론자들은 자신들이 성판매 여성들의 노동권·생존권·이해를 대변한다고 주장한다. 근절론자들은 성판매 여성의 피해와 여성들의 일상적 성폭력 피해는 동일한 원인("남성의 성욕은 통제할 수 없다.")에 의한 것으로 보고, 성판매 여성과 그렇지 않은 여성의 젠더 (성별) 이해가 같다고 본다. 이에 반해 허용론자들은 여성은 남성을 기준으로 남성과 다름으로부터 구성되는 존재라고 보면서, 남성과 달리 여성에게는 성노동이 사회적 노동일 수 있다고 주장한다.

그러나 이러한 이분법적 논의 구도 안에서는 1) 여성주의자와 성판매 여성의 대립은 불가피하며, 2) 여성들 간의 차이는 곧 대화 불능으로 이해되며, 3) 당사자 운동으로서 반(反)성매매 운동의 가능성은 모색하기 힘들어진다. 가장 큰 문제는, 성매매 찬반 논쟁을 넘는 다른 방식의 사유와 언어가 없다는 것이다.

여성주의 '내부'의 입장에서 보면, 성매매 방지법 시행 이후 벌어진 일련의 다양하고 복잡한 사건들은, 한국의 여성운동과 여성학에 대한 일종의 도전이었다. 여성 관련 법 제정에서 모든 여성의 이해를 동일하게 가정할 수 있는가? 여성운동가와 여성학자와 여성부의 관계는? 여성 내부의 차이에 대해 말하는 여성은 '전체' 여성을 위해 말하는 여성에 의해 침묵당할 수밖에 없는가? '전체 여성'을 위해, 성매매 근절이 우선인가 아니면 성판매 여성에 대한 낙인을 거두는 것이 더 효과적인가? 성판매 여성에게 힘을 주는 반(反)성매매 운동은 불가능한가? 그들의 목소리를 듣는 연구 방법론은 무엇인가? 반(反)성매매 운동(anti prostitution)은 반(反)성판매 여성(anti prostitutes)을 피하기 어려운가? 등등의 질문이 한꺼번에 쏟아진 것이다.

왜 구매자인 남성의 이름은 없는가

이름 짓기는 정치학이다. 명명(命名)의 과정과 결과는 명명하는 집단의 시각과 이해로부터 자유롭지 않다. 때문에 객관적이거나 보편적 언어는 존재하지 않으며, 현재 사용되는 언어는 그 언어를 둘러싼 사회적 투쟁의 연속선의 한 지점일 뿐이다. 우리 사회에서 성매매만큼 사회적 투쟁과 인식의 변화가 극명하게 반영된 언어도 없을 것이다.

'윤락'은 이 문제를 사회적·정치적 사안이 아닌 개인의 도덕적인 문제로 보아 낙인을 전제하는 성 보수주의 시각이라는 점에서, '매춘'은 사는 사람, 수요자인 남성이 가시화되지 않기에, '매매춘'은 성(性)을 봄(春)이라는 자연 현상으로 비유하여 성을 사고파는 행위를 만들어진 제도가 아니라 '생물학적 본능'으로 간주한다는 점에서 비판받았다.[23]

그러나 현재 가장 많이 통용되고 있는 '성매매 여성'이라는 용어도 문제적이다. 여성은 성을 매매(賣買)하지 않는다. '팔기만 한다'. 여성이 남성의 성을 사는 경우가 없는 것은 아니지만, 남성이 여성의 성을 구매해 온 역사와 규모에 비할 수는 없다. '성매매 여성'이라는 말은, 가정폭력, 배우자폭력, 부부폭력이란 용어가 아내폭력의 성별 권력 관계를 은폐하는 중립적 용어이듯이, 성매매의 명백한 남성 권력을 보이지 않게 한다.

여성은 성을 사는 집단이 아니라 주로 팔거나 혹은 팔리는 위치에 있으므로, '성매매 여성'이 아니라 '성판매 여성' 혹은 '성산업에 종사하는 여성'이라고 표현해야 한다. '성매매 피해 여성'이라는 말은 더욱 논쟁적이다. 이 용어에 성매매에 대한 모든 논쟁이 함축되어 있다고 해도 지나친 말이 아니다.

이제까지 성을 사는 남성은 문제화되지도 않았고 사회적 낙인의 대상도 아니었다. 만일 성매매가 '더러운 것'이라면, 프리드리히 엥겔스의 말대로, 성을 파는 여성은 일부지만 성을 사는 남성은 대다수이므로 '더 더러운' 것은 남성 집단이 아닌가? 성을 사는 남성은 타자가 아닌데, 왜 성을 파는 여성은 타자인가? 남성은 여성보다 더 섹스를 필요로 하고 남성의 성욕은 거의 무한대로 인정받음에도 불구하고, 왜 남성은 성적 존재나 성적 대상으로 간주되지 않는가? 왜 남성은 가난해도 성을 팔지 않는가? 왜 여성은 남성만큼 이성의 성을 사지 않는가? 성판매 여성이 겪는 고통은 성매매가 불법이어서 발생한 문제일까, 아니면 성의 이중 윤리(이중 잣대)에서 비롯된 여성의 성에 대한 혐오 때문일까? 왜 '창녀'에 대한 낙인과 비하는 모든 여성에게로 연결, 확대될까? 서구에서 마르크스주의 페미니즘, 자유주의 페미니즘을 비판하면서 탄생한 급진주의 페미니즘 이론은 성매매에 대한 가장 포괄적이고 명쾌한 그리고 여성주의 진영의 '전통적인' 논리를 제공한다.

성폭력, 인신매매로서 성매매

급진주의 페미니즘은 가부장제를 여성의 몸, 성(섹슈얼리티)에 대한 남성의 통제와 지배의 권리 체제로 정의한다. 이들은 성매매를 남성의 돈과 여성의 몸이라는 '평등한' '자유로운' 교환이 아니라 성 착취라고 보며, 사랑, 성폭력, 성매매를 연속선으로 파악한다. 가부장제에서 이성애와 성폭력, 성매매의 억압성은 질적인 차이가 아니라 정도의 차이라는 것이다. 현실적으로도 성 구매자와 판매자는 압도적으로 성별화되어 있다.

급진주의 페미니즘은 성판매 여성에 대한 이러한 남성 사회의 이중적 시각이, 성을 통한 여성 억압의 기본 구조라고 분석한다. 가부장제는 섹슈얼리티를 통해 작동한다는 것이다. 성매매가 필요악이라는, '필요'와 '악'의 이중 시선은 모두 남성의 관점과 이해를 대변한다. 남성의 입장에서 필요하고, 남성의 입장에서 악인 것이다.

만일 남성 사회의 주장대로 성매매가 평등한 교환이라면, 왜 유독 파는 여성만이 그토록 혐오의 대상이 되며, 성을 파는 여성에 대한 비하가 여성 집단 전체에 대한 비하와 통제로 연결되는지 설명할 수 없다. 여성이 성산업에 종사하는 것은, 그가 가난해서라기보다는 여성이기 때문이다. 가난하지 않은 여성도 인신매매에 의해 성판매 여성이 된다. 가난한 남성이라 할지라도 여성에게 성을 팔지는 않는다. 성매매는 계급의 문제가 아니라 성차별의 문제인 것이다. 자본주의 사회에서 남성이 파는 것은 몸이지 성이 아니다. 그러나 여성의 몸은 그 자체로 성으로 간주되며, 여성의 성은 팔거나, 팔리는 상품이 된다. 남성 노동자가 파는 것은 성이 아닐 뿐만 아니라, 자본주의 사회의 남성 노동자는 노동자일 뿐 팔리는 노예가 아니다.

급진주의 페미니스트들이 성매매를 반대하는 것은 성 보수주의자이기 때문이 아니다. 성매매는 성 보수주의나 윤리의 문제와는 아무런 관련이 없다. 성매매는 기본적으로 성별 권력 관계의 문제이다. 성매매와 포르노그래피는 남성이 여성의 몸을 사용하는 것을 정상화, 정당화하는 남성 중심 시스템의 핵심이다. 성매매는 성폭력과 다르지 않다. 우리 사회에서도 법 시행 이후 "성매매 방지법은 남성 인권 침해", "18~32살 남성의 성욕을 어떻게 책임질 것인가.", "성매매를 금지하면 강간이 증가하므로, 성매매 허용은 여성을 보호하는 것"이라는 남성들의 분노와 흥분은, 이제까지 한국 남성들에게 성이 얼마나 성매매, 성폭력과 동일시되었는지를 보여준다. 성매매는 강간할 권리를 사는 것과 다름없다.[24]

인류 역사상 가장 오래된 직업은 '창녀'가 아니라 포주다. 이는 성판매 여성이 성을 파는 것이 아니라 팔리는 상품이라는 의미이다. 즉, 성매매는 여성이 남성에게 파는 것이 아니라 남성이 (여성을) 남성에게 파는 것이다. 특히, 빈부 격차가 극심해지고 있는 글로벌 자본주의 사회에서 성매매는 더욱 인신매매적 성격을 띠고 있다.

급진주의 페미니스트들은 성판매 여성을 가부장제의 피해자로 간주하면서도, 한편으로는 성판매 행위는 당사자 여성이 의도하건 의도하지 않건 간에 남성의 성적 실천에 기여하게 된다고 본다. 이러한 논리에서는, '자율적 의지'로 성판매를 '선택'했다고 주장하는 성판매 여성들의 주장은 남성들에게 '세뇌'된 '허위의식'에 불과하다. 이 점이 바로, 섹슈얼리티와 여성 종속에 대한 풍부한 이론을 생산했으며 실천적으로도 헌신해 온 급진주의 페미니스트들이 가장 많이 비판받는 부분이다. 이들의 관점은 성판매 여성의 행위성을 무시하고, 피해자화할 수밖에 없다는 것이다.

성 노동자로서 성판매 여성

한국 사회에서 성매매에 대한 성인지적 관점이 절대적으로 부족한 것은 사실이지만, 성매매는 성(차)별 구조만으로는 설명할 수 없는 문제이다. 성판매 여성이었다가 여성운동가가 된 여성들도 있지만, 성판매 여성의 억압과 이해는 여성 억압 일반으로 환원할 수 없다는 점에서, 성매매는 (남녀 간 계급 격차이자) 여성들 간의 계급 차이에 의한 모순이기도 하다. 여성주의자가 '이혼녀'가 되거나 성폭력 피해 여성이 될 수는 있어도, 성판매 여성이 되지는 않는다. 또한 성매매는 젠더 모순 외에도 성 보수주의와 성 자유주의, (상업적이지 않은) 가족 내부의 성의 (상업적인) 가족 제도 밖의 성에 대한 차별 등 섹슈얼리티 자체의 위계화의 결과이기도 하다.[25] 따라서 어느 한 가지 모순으로 다른 모순들을 환원할 때, 성매매 문제에 접근하기 어려워진다.

자유주의 페미니스트, 마르크스주의 페미니스트, 성 노동자 인권 옹호 페미니스트, 실존주의 페미니스트들은 다양한 방식으로

'피해자로서 성판매 여성'에 대한 다른 견해를 제시한다. 타자성의 문제에 천착하여 《제2의 성》을 쓴 시몬 드 보부아르(Simone de Beauvoir)는, 성판매 여성을 그 사회의 성적 관습에 도전하는 여성으로 본다. 성판매 여성은 타자, 대상, 착취당하는 여성이지만, 다른 한편으로는 자아, 주체, 착취자라는 것이다. 보부아르는 '길거리 창녀'와 '고급 콜걸'을 구분하면서, 고급 콜걸은 자신의 타자성을 이용하여 이익을 본다고 주장한다. 가부장제 사회에서 타자인 여성은 일방적으로 억압받는 것이 아니라 자신의 타자성을 활용한다. 타자는 제한당하지만 힘을 갖기도 한다. 남성 욕망의 대상으로서 여성은 남성에게 권력을 행사할 수 있다.

보부아르에 의하면, 고대 그리스 사회에서 '창녀'는 세 가지 계급이 있었다. 고객에게 몸을 팔기 전에 철저히 조사당하는 가장 낮은 계층의 여성, 예술 연주자인 여성, 부와 지식으로 공적 세계에서 상당한 영향력을 행사한 높은 계층의 성판매 여성(당시에는 아내, 어머니인 여성은 교육받지 못했다).[26] 이처럼 여성이 성을 파는 행위가 공적 영역에 진출하고 교육의 기회에 접근할 수 있는 기회였던 시대도 있었다. 성판매 여성에 대한 사회의 시각은 역사적으로 다르다. 4천 년 전 중동의 수메르 사회에서 성판매 여성들은 지혜롭고, 교육받고, 문화적으로 세련된, 남성을 길들이는 여성들이었다. 그들은 이후 도시 국가에서 가족 제도가 확립되면서부터 '아내'와 구별되기 시작했다.

대만의 마르크스주의 페미니스트 조세핀 호(Josephine Ho)는,

성매매 근절은 중산층 여성의 이해일 뿐이라며, 프롤레타리아 계급 여성이 중산층 여성의 정치적 이상(理想)을 위해 생존권을 포기할 수 없다고 주장한다. 조세핀 호는 성매매는 성별 권력의 문제이기도 하지만, 성별 제도는 계급을 축으로 작동한다고 본다. 그녀는 1998년 대만에서 타이베이시 시장이 선거에서 성매매 합법화(성산업 종사 여성들에게 허가증 발급)를 약속했다가 이를 지키지 않아 성판매 여성들이 대규모 투쟁을 일으켰을 때 이론적 기반을 제공했으며, 이를 저지한 여성주의 세력을 강하게 비판했다. 조세핀 호는 성매매가 인권 침해가 아니라 성판매를 하지 못하게 하는 것이 인권 침해라며, 성판매 여성은 피해자가 아니라 성 전문가('professional')라고 주장한다.[27] 여성이 성매매를 한다는 사실보다 성판매 여성에 대한 낙인이 더 여성 억압적이라는 것이다.

성 노동자 인권 옹호 페미니스트들은 다양한 성매매를 동일하게 파악하는 급진주의 페미니즘이 성판매 여성을 수동적이고, 무기력하고, 비참한 피해자로 본다면서, 급진주의 페미니즘이 성판매 여성을 바라보는 입장은 가부장제 시각과 크게 다를 바가 없다고 비판한다(예를 들어, 반反성매매 페미니스트들은 이주 노동 자체를 인신매매의 한 형태로만 파악한다는 것이다).[28] 이들은 성매매와 성폭력은 다르며, 성판매 여성의 '선택'을 '강제된 동의'로 환원하는 시각은 성판매 여성의 주체성을 말살하는 것이라고 주장한다.[29] 결국, 기존 페미니즘의 '반(反)성매매' 태도는, '반(反)성판매 여성'으로 귀결될 수밖에 없다는 것이다.

그러나 성매매를 성폭력이 아니라 성 노동이라고 주장하는 페미니스트들의 견해는, 여성의 성 노동을 옹호하는 남성의 시각과는 구별된다. 성 노동자 페미니즘은 성매매 자체를 지지하는 것이라기보다는 성판매 여성에 대한 가부장제 사회의 낙인을 비판하는 데 초점을 둔다. 또한 여성에 대한 폭력을 반대하는 기존 페미니즘이 자칫 성 보수주의와 이성애 중심주의를 강화할 위험성을 지적하는 것이다. 이들은 가부장제 사회의 성판매 여성 혐오와 기존 페미니즘의 피해자화 모두, 성판매 여성의 목소리를 침묵시킨다고 주장한다. 섹슈얼리티의 위계라는 성 모순은, 성별 모순으로 환원되지 않는 독자적인 사회적 모순이라는 것이다.

　따라서, 이들의 정치적 목표는 성매매 근절이라기보다는, 성판매 여성에 대한 지지이다. 그러나 이들의 입장은 성매매의 성별 차이, 즉, 왜 언제나 파는 사람은 여성이고 사는 사람은 남성인지를 설명할 수 없고, 결과적으로 젠더 억압을 은폐한다고 비판받고 있다. 급진주의 페미니즘과 성 노동자 인권 옹호 페미니즘의 주요 주장을 정리하면 다음 페이지의 표와 같다.

	반(反)성매매, 급진주의 페미니즘	성노동자 인권, 자유주의 페미니즘
포르노에 대한 입장	포르노는 이론이고 강간은 실천이다. 검열 주장	페미니스트 포르노를 만들자, 검열 반대
성매매 진입의 강제성 문제	동의냐 강제냐의 구분은 무의미, 구조적 강제, 자발성은 없음	동의=강제 입장은 여성의 행위성 말살
성폭력과 관련성	성매매, 성폭력, 이성애의 연속성 혹은 동일성	성매매와 성폭력은 엄연히 다름
성 판매 여성은?	희생자, 허위의식과 세뇌된 여성	성 노동자, 성 전문가, 성 치유자
무엇이 인권 침해?	성매매 자체가 인권 침해	성 노동 금지가 생존권 침해
왜 억압?	가부장제의 여성의 성에 대한 혐오와 이중 윤리 때문에 억압받음	불법이기 때문에 억압받음
금지 대상	모든 성매매	동의 없는 아동·장애 여성 성매매, 인신매매
억압인가 자원인가	여성의 섹스는 억압	여성의 섹스는 자원이기도 함
젠더와 섹슈얼리티	섹슈얼리티는 젠더의 산물, 가부장제의 기본 작동 기제이며 주요 모순	섹슈얼리티 억압과 젠더 억압은 별개, 기존 페미니즘은 섹슈얼리티 위계에서 억압자
주요 이론가	캐슬린 배리, 캐서린 매키넌, 로빈 모건, 안드레아 드워킨, 다이애나 러셀 등	캐럴 반스, 게일 러빈, 니키 로버츠, 조세핀 호, 질 네이글, 알렉산더 프리실라 등

'제국'적 상황, 성폭력과 '성 노동'을 넘어서

1990년대 초 사회주의권의 붕괴 이후, 세계는 전 지구적 자본주의 사회로 통합되어 자본주의 내외부가 없는 '제국'의 상황으로 급속하게 재편되고 있다. 북반구와 남반구의 심화된 빈부 격차는 노동자와 자본가보다 노동자와 노동자 간에, 여성과 남성보다는 여성과 여성 간의 차이를 더욱 극심하게 만들고 있다. 때문에 지구화 상황에서 여성주의 시각은, 남성과의 대비뿐만 아니라 계급·인종·국적에 따른 여성들 간의 차이에 대한 인식이 요구되고 있다.[30)]

이제 성판매는 성별뿐만이 아니라 빈곤의 문제와 관련되어 있다. 서구 유럽 남성들의 동남아시아, 남미, 아프리카 등지로의 섹스 관광에서, 성판매자는 현지 여성뿐만 아니라 소년으로까지 확대된다. 빈부 격차로 인해 성매매는 점차 젠더뿐만 아니라 계급, 인종 모순의 성격을 띠게 된다. 섹스 관광에 나선 서구 백인 남성들은 남반구의 가난한 여성들과 소년들을 정복해야 할 '자연'으로 간주한다. 성매매를 젠더·계급·인종의 상호 작용의 결과로 보는 페미니스트들은, 성폭력과 성 노동의 이분법을 넘어 탈식민 여성주의, 에코 페미니즘(생태 여성주의)의 시각으로 인식의 지평을 확대한다.

마리아 미즈(Maria Mies)는 유럽 백인 남성의 섹스 관광을 자연으로부터 소외된 결과라고 본다.[31)] 자본주의가 발달하면 할수록 사람들의 노동 생활은 점점 자연과의 교류와 상호 작용을 어렵게 한다. 섹슈얼리티는 총체적인 타자로 가정된다. 섹슈얼리티는 일을 방해해서는 안 되며 철저하게 노동 생활과 분리되어야 한다. 이들에게 성은 노동의 초월, 여가의 본질이며, 섹스 관광은 레저 활동의 절정으로 간주된다.

가난한 사회의 여성에게 몸은 유일한 자원이 되는 경우가 많다. 현재 중남미 도미니카 여성들에게 섹스는 가난에서 탈출할 수 있는 유일한 자원으로 비자(visa)와 동일어이다.[32] 식량난에 시달리는 북한 사회에서 '꽃뱀'과 당 간부만이 기아를 피하고 있다는 증언이나[33] 노벨 문학상 수상자인 탈식민주의 작가 존 쿳시(John Coetzee)의 소설 《추락》(1999)에 등장하는, 아파르트헤이트 이후 남아프리카공화국에서 농장을 지키기 위해 흑인들로부터 반복적인 집단 강간을 견디는 백인 여성의 이야기[34] 등 지구촌 곳곳의 여성들의 다양한 상황은, 젠더와 섹슈얼리티 억압이 동일한 방식으로 작동하지 않음을 보여준다. 이는 성매매가 불가피하다는 의미가 아니라, 성매매가 젠더와 섹슈얼리티 모순 외에도 지역, 인종 등과 같은 다른 사회적 모순과 복잡한 상호 관계의 결과라는 것이다.

역사와 문화를 초월하여 분석 과정에 선행하는 동일한 집단으로서 '여성'은 존재하지 않는다. 구체적인 여러 사회 관계의 현장에 진입하기 전에, 이미 성적·정치적 주체로 구성된 남성과 여성은 없다는 것이다.[35] 따라서 여성주의와 관련된 지식에 대한 판단 역시, 그 지식이 구성된 사회에 대한 맥락화 없이는 불가능하다. 여성에게 성은 본질적으로 억압적이거나 동일한 방식으로 억압적인 것이 아니다. 이 입장은 성매매는 근절되어야 한다는 정치적 지향을 갖고 있으면서도, 성매매를 젠더 모순으로 환원하지 않는다.

여성 억압을 누가 말할 것인가?

서울시의 지원으로 여성운동가들에 의해 운영되고 있는 성매매 피해 여성 자활 지원을 위한 '다시함께센터'는, 성판매 여성을 업주들에게서 분리하기 위해 노력하는 한편, 성매매의 피해를 강조하는 방식으로 성매매 근절 활동을 펼쳐나가고 있다.[36] 이들에게 성매매는 "먹고 사는 문제가 아니라, 건강에 치명적이며 생명을 앗아갈 수도 있는 범죄"이고, 이는 여성들의 구체적인 현실이기도 하다.

문제는, 여성운동의 치열하고 헌신적인 근절 노력과 여성을 남성의 성의 도구로 보는 남성 우월주의 주장이 모두, 성판매 여성들의 시위 목적을 '성매매를 하고 싶다'는 것으로 판단한다는 것이다. 성판매 여성들의 목소리는 누군가에 의해 계속 전유되고 있다. 성판매 여성들의 목소리를 계속 업주 (남성) 혹은 '일반 여성'의 이해로만 환원할 때, 그들의 몸은 단지 '빈 껍데기'가 된다. 누구나 그 안에 들어갈 수 있다고 보는 것이다. 성판매 여성의 상황에 대한 '외부자'의 개입이 반드시 틀린 것도 아니지만, 동시에 외부자가 성판매 여성들의 입장을 대변할 수 없음도 분명하다. 여성 억압의 동일성에 대한 강조는, 차이에 대한 강조만큼이나 소통을 어렵게 할 수 있다.

남성들이 서로 다르듯 여성들도 모두 다르다. 중산층 이성애자 비장애 여성에게 가족은 '젠더 공장'[37]으로, 여성 억압의 장소이자 젠더를 인식하는 출발이다. 그러나 장애 여성이나 레즈비언에게 가족은 종종 쟁취해야 할 정치적 투쟁의 목표가 되고, 흑인 여성에게는 인종 차별에 저항할 근거지가 된다. '여성' 내부의 타자들의 목소리는 끊임없이 기존 여성주의를 해체, 재구성할 것이다.

목소리와 침묵에 관한 이슈들은 여성주의 이론의 가장 핵심적인 주제이다. 우리는 정치적 의제 설정 과정에서, 누구를 배제하고 누구와 토론할 것인가, 누가 말하고 누가 들을 것인가, 어떤 주제를 토론하고 토론하지 않을 것인가는 모두 권력 관계의 결과임을 알고 있다. 때문에 특정한 질문에 대한 논쟁이 일시적으로라도 폐쇄된다면 진보는 불가능하다.[38] 변화의 가능성을 열어놓는 것은 여성주의 내부자와 외부자의 경계를 복잡하게 만든다. 성판매 여성들의 목소리는 강간범을 옹호하는 여성, 여성을 혐오하는 여성과 같은, 가부장제 사회에서 남성의 이해를 대변하는 여성일 뿐인가? 아니면, 그들이 제기하는 '차이'는 여성주의를 더욱 복잡하고 풍부하게 할 '자원'이 될 것인가? 아니, 이러한 생각 자체가 주체(여성주의자)의 각성과 성찰을 위해 타자(성판매 여성)를 동원하는 것은 아닌가?

성매매 근절론자들이 정치적 투쟁의 최종 목표를 '근절'로 가정한다면, 대화는 불가능해질 것이다. '횡단의 대화'에서, 대화의 경계는 '메신저'가 아니라 '메시지'에 의해 결정된다는 것은,[39] '성판매 여성', '여성주의자' 모두 고유한 정체성이 될 수 없음을 의미한다.

여성주의자와 성판매 여성의 차이는 본질적인 것이 아니라 구체적이고 물질적인 현실에 의해 정해진다. 여성주의는 공통된 본질과 정체성을 지닌 경험적 집단의 투쟁이 아니라, 여성이라는 범주가 종속적으로 구성되는 복합적 형식에 대한 투쟁이라는 것을 인식한다면,[40] 성매매 역시 다른 방식의 접근을 모색해볼 수 있다. 여성주의자의 입장이나 성판매 여성의 입장이나 모두 '부분적 진실'이고, '상황적 지식'이다.

반다나 시바(Vandana Shiva)와 마리아 미즈 같은 여성주의자들은 근본적인 인간의 욕구 충족을 바탕으로 한 절대주의와 보편주의는, 근대 서구 남성 중심적 보편적 인권 개념과는 다르다고 주장한다.[41] 만일 여성주의가 '성매매 근절'이라는 입장보다 '근본적인 인간 욕구 충족'을 정치적 목표로 상정한다면, 성판매 여성과 대화의 폭이 넓어질 것이다. 이러한 대화는 성매매를 반대하는 여성운동이 다양화, 다원화되어야 함을 의미한다. 그리고 여성운동의 다원화는 성별 의제(gender issues)에 대한 한국 사회의 성숙을 요구한다.

군사주의와 남성성

반전론자들은 강간당한 국가를 모른 척하며 침묵하는 이들이다.
— 아돌프 히틀러

'통일'은 둘이 하나가 되는 것이 아니라, 하나가 여럿이 되는 것이다.
— 조한혜정

2004년 공수창 감독의 영화 〈알 포인트〉와 인터넷 신문 〈평화만들기〉 129호의 '미군의 이라크 포로 성 학대' 사진 게재 사건은, 현재 군사주의와 젠더에 관한 한국 남성의 사유 지형을 살펴볼 수 있는 매우 흥미로운 현상이다. 〈알 포인트〉와 〈평화만들기〉의 정치학은 상반되는데, 이 두 가지 에피소드는 이 글의 주제인 한국 사회의 군사주의와 남성성, 근대성의 관계, 군사주의 극복의 가능성과 한계를 상징적으로 보여주고 있다. 다소 비약해서 말한다면, 한국 사회에서 군사주의 비판은 사회운동 혹은 '평화운동' 진영보다는, 문화산업이나 근대적 의미의 거대 담론으로부터 자유로운 성찰적 남성 개인들 사이에서 더욱 '급진적'으로 제기되고 있는 것은 아닌가 하는 생각마저 든다.

〈알 포인트〉의 근대성과 남성성 비판

알 포인트(R point)는 로미오 포인트(Romeo point)의 약칭으로, 베트남의 호찌민시에서 서남부 방향으로 150킬로미터 떨어진 캄보디아 접경에 있는 섬이다. 식민 지배 시절 프랑스 군이 휴양지와 군 병원을 설립했던 곳이며, 1949년 프랑스 군 소대원 열두 명이 호찌민 세력의 게릴라 군과 교전 중 이유 없이 실종된 적이 있다. 1972년에도 한국의 맹호부대 소속 소대원 아홉 명이 실종되었는데, 6개월간 사단 본부로 구조 요청 무전이 왔다고 한다. 이곳은 베트남전 이전 중국 군이 베트남 사람들을 학살한 현장이기도 하다. 영화의 내용은 6개월 전 알 포인트에서 실종된 한국인 동료의 흔적(시체, 군표……)을 수색할 것을 명령받은 병사들의 이야기다.

이 영화는 한국 근현대사를 지배해 왔던 제국주의 '희생자로서 한국'이라는 피해의식에서 벗어나, 베트남에 대한 가해자와 미국에 의한 희생자라는 이중 정체성에서 배태되는 한국 남성의 자기 성찰성의 진동과 진통을 가늠할 수 있는 중요한 전기를 마련하고 있다.[42] 무엇보다 이 영화는 성별화된 주체이자, 시각 주체(the seeing subject)로서 근대적 남성 주체와 군사주의의 필연적 연결성을 보여주는 매우 뛰어난 반전 영화이다. 〈알 포인트〉는 타자 없이 존재할 수 없지만 타자와 공존할 수도, 거리를 둘 수도 없는 남성의 자기 분열과 죽음을 고백한다. 영화에서 한국 군 지휘부는 알 포인트가 전투가 일어나지 않는 곳이라며(그러므로 적은 보이지 않는다), 병사들에게 작전에 지원할 것을 격려하지만, 실명한 한 명을 제외하고는 모든 대원이 의문의 죽음을 당한다. 실명한 병사만 살아남는 마지막 장면은 영화의 주제를 함축적으로 보여준다.

'적'이란 인식 주체인 '나'의 투사일 뿐, 실재하지 않는 존재이다. 영화에서 병사들은 적을 쏘는 것이 아니라 내가 본 너를 쏘는데, 그러나 내가 본 너는 곧 나 자신이다. 영화 초반에 등장하는, 알 포인트 지역의 바위에 중국인들이 새겼다는 문구, "내가 있는 곳에 네가 있다."가 보여준 대로 적이라는 대상은 주체의 자기 복제인 것이다. 즉, 대상('적')이 먼저 존재한 다음에 그것을 보는 것(쏘는 것)이 아니라, 보는 내가 곧 적을 생산한다. 타자에 대한 공포가 상상력의 산물인 이유가 여기 있다. '지구 보안관'을 자처하는 세계 최강대국 미국 사회에 만연한 공포 문화와 피해의식이 대표적인 예이다(미국 헌법은 '방어를 위해' 권총 소지를 시민의 권리로 규정하고 있다).

영화의 주인공들은 피아(彼我)의 경계가 무너진 상태에서 극도의 공포를 경험하며, 상대를 죽이지도 살리지도 못한다. 나를 바라보는 사람을 죽이는 것은, 곧 나를 죽이는 것이기 때문이다. 영화에서 두려움에 떨거나 생명을 애원하는 자는 모두 살해되는데, 이들을 죽이는 병사는 그들에게서 자기 안의 나약함, 공포를 본다. 이들이 타인을 살해하는 행위는 자신을 방어하려는 투사이면서 동시에 살인이자 자기 처벌인 것이다.

전쟁을 통해 '심각한' 주제를 논하고 싶었던 감독은, 관객들이 전쟁 이야기는 싫어하지만 공포 영화는 좋아하는 데 착안, 이 영화를 '전쟁 호러'로 만들었다고 한다. 하지만 〈알 포인트〉에서 가장 공포감이 고조되는 장면은, 양동이로 피가 쏟아지거나 여자 귀신이 피 흘리는 장면이 아니라, 대낮의 갈대밭 수색 장면과 같은 인식 불능의 상태다. 자기가 본 것, 자기 인식을 믿을 수 없을 때, 내가 있기 때문에 대상이 있다고 믿지만 실제로는 보이지 않는 상태, 내가 인지하지 못하는 누군가가 나를 보고 있다는 느낌, 아무리 걸어도 계속 그 자리를 맴돌고 있다는 것, 표적 없는 총질……. 이러한 공포 속에서 병사들은 미쳐 가고 죽어 간다.

모든 폭력 행위 혹은 폭력이 행사되는 순간에는, 폭력 주체와 폭력 대상이 배타적인 존재로 설정된다. 폭력은 행위자와 대상자 사이에 그 어떤 공감, 소통, 연민, 관계성이 없다고 믿을 때 가능해지므로, 폭력은 극단적인 형태의 이분법적 인식론을 전제한다. 이때 폭력 행위자가 임의로 설정한 대상자와의 경계(b/order)는 그 자체로 절대 질서(order)가 된다. 인종주의, 성차별주의, 국가주의 등이

'우리'가 가장 일상적으로 경험하는 경계일 것이다. 〈알 포인트〉는 그러한 경계를 비웃고 붕괴시키는, 탈식민화된 귀신들이 등장하는 영화다. 이 영화는 기존의 '한국적' 남성 문화에서처럼, 전쟁, 군대, 폭력과 같은 남성 트라우마(trauma)를 여성과 같은 사회적 타자에게 전가, 투사하거나 자기 연민에 기대지 않는다. 대신 전장에서 적과 나의 경계가 붕괴되는 공포, 정복되지 않는 타자('베트남인', '여성'……) 등 남성 주체의 모순을 정면으로 응시하는 성찰적이고 용기 있는 텍스트다.

남성들이 일상적인 군 복무든 전쟁터에서든, 군대 안의 노동과 고통을 견딜 수 있는 이유는 여성에게 돌아가기 위해서이다. '후방에 있는' 여성의 후원과 인정, 감사의 치사가 없다면, 이에 대한 기대가 없다면, 남성 지배 세력은 피지배 세력 남성을 동원할 수 없고 전쟁도, 군대도 제도로 기능할 수 없다. 이 영화에서 베트남 참전 한국인 병사들을 움직이게 만드는 이유는, "알 포인트 작전에 지원하면 쭉 빠진 스튜어디스들이 주스를 따라주는 비행기를 탈수 있다." "이번 훈련만 끝나면…… 정숙아, 기다려라." "서울 가면 바니걸스하고 뽀뽀하게 해줄게." "귀국하면 딸내미와 창경원에 갈수 있다."는 것 등이다.

이처럼 상상이든 실제든, 여성을 매개하지 않는 군사주의는 존재하지 않는다.[43] 이 글은 한국 사회에서 군사주의와 성별 제도가 교직, 상호 생산되는 양상을 성 인지적 관점에서 살펴보기 위한 것이다. 여성주의 언어를 제외하면, 일상의 차원이든 학문의 영역이든 기존 담론에서는 중요하게 다루어지지 않고 있지만, 젠더(성별)는 군사주의를 작동시키는 가장 강력한 사회적 기제이다. 군사주의는 남성성, 여성성, 성별 이분법 같은 개념과 문화에 의존하는, 그 자체로 성별화된 사회 현상이며, 동시에 성별 구조의 핵심을 이루는 제도이다.

한국 사회의 군사주의는, '신사', '생계 부양자'라는 전통적인 남성의 성역할을 하지 않으면서도(할 수 없으면서도), 남성의 권위를 강조하고 폭력을 자원으로 삼는 이른바 '제3세계 식민지 초남성성(hyper-masculinity)'의 주요 요소이다. 문제는 이 과정이 여성 혹은 여성의 성(섹슈얼리티)에 대한 타자화와 동일화의 이중 메시지 속에서 이루어진다는 점이다. 군 가산제 논쟁에서 "가산점을 인정하라."는 주장이, 남성의 억압 행위를 정당화하기 위해 대상화하는 타자(여성)에게 차이를 억지로 강요하는 것이라면, "여자도 군대 가라."는 주장은 대상화하는 타자가 차이를 가질 수 있는 권리를 부정하는 동일화 논리이다.

젠더가 사적인 문제로 간주되는 가부장제 사회에서 군사주의와 성차별은 모두 탈정치화되기 쉽다. 성차별이 군사주의의 주요 은유 체계(metaphor)가 될 때, 군사주의는 자연화, 정상화, 일상화, 비가시화된다. 한국 사회에서 여성 혹은 성별 제도와 관련한 군사주의(혹은 전쟁, 폭력, 평화……) 연구는, 크게 두 가지로 구분할 수 있다. 하나는 군사주의가 여성의 삶에 미치는 영향(주로 피해와 빈곤)에 관한 담론이고, 다른 하나는 젠더가 군사주의 작동의 '연료'가

되는 측면을 강조하는 관점이다. 전자는 일제하 군 위안부, 해방 후 기지촌 성매매, 일상적 성폭력 등 군사 문화가 여성에 대한 폭력에 끼친 영향, 전쟁으로 인한 여성의 비극적 경험, 군비 증강으로 인한 여성과 사회적 약자에 대한 복지 예산 감소와 여성의 빈곤화 등 주로 피해 상황을 제기한다. 이에 반해, 후자는 가부장제 자체가 남성의 폭력을 정상화, 합법화하는 제도라는 인식 아래, 구조적 차원이든 개인적 차원이든 여성성, 남성성과 같은 성별화된 문화가 어떻게 군사주의의 생산과 실천을 가능하게 하는지에 관심을 갖는다.

전자가 '거시 구조로서 군사주의'와 '종속 변수로서 여성'을 전제하는 (물론, 이러한 전제와 상관없이 이 같은 연구는 여전히 중요하다) 반면, 후자는 젠더를 독립 변수로 다루며, 젠더와 군사주의의 상호 관계에 초점을 맞춘다. 젠더를 군사주의의 핵심 요소로 보는 후자의 관점에서 성별화된 군사주의의 양상들은 1) 모든 권력 관계에서 지배자는 남성 젠더로, 피지배자는 여성 젠더로 성별화된 정체성을 갖게 되며, 2) 이제까지 군사주의의 담론과 행위는 철저히 성별화—몰성적이거나 성 중립적(gender neutral)이어서 결과적으로 남성 중심적인—되어 있음에도 불구하고, 성별 정치학을 간과했기 때문에 여성주의 관점이 배제된 탈군사화의 대안 역시 불완전할 수밖에 없다는 점, 3) 폭력(전쟁)과 평화의 이분화와 이러한 이분화의 성별화, 4) 전쟁과 폭력의 성애화, 성별화 등이 있다. 이 글은 성별, 성별화된 성 활동(섹슈얼리티)이 군사주의 작동의 전제라는 관점에서, 군 가산제 논쟁, 기지촌 성매매, 남성 중심적 평화운동 등 한국 사회에서 군사주의와 젠더에 관련한 사회적 담론을 분석하고, 근대적 남성성의 극복과 평화주의의 관계를 다루고자 한다.

군사주의와 성별화된 시민권

대한민국 국민의 4대 의무는 국방, 교육, 근로, 납세이고, 헌법 제39조 1항은 "모든 국민은 법률이 정하는 바에 의하여 국방의 의무를 진다."고 규정하고 있다. 이처럼 우리 사회에서 사회적 구성원으로 인정받는 시민권(한국 사회에서는 주로 '국민'을 의미한다)을 획득하는 방법은, 병역 의무 이행과 직접적인 관련이 있다.

근대 이후 여성은 공사 분리 제도·이데올로기를 통해 남성과는 다른 형태로 국가, 사회와 관계를 맺게 되었다. 남성들의 세계인 공적 영역은 남성만을 주체로 세우기 때문에 여성이 공적 영역과 관계를 맺거나 경찰, 법 같은 공적 자원을 이용하려면 가족 제도를 통해 남성을 매개할 때 가능하다. 여성과 달리, 남성의 시민권은 가족 제도와 관련이 없다. 남성은 국가와 직접 연결되거나 국가그 자체이지만, 여성은 남성을 통해 간접적으로 국가에 닿을 수 있다. 때문에 '남자가 없는 여자들'(레즈비언, 비혼 여성, 이혼 여성……) 혹은 남성에게 선택받기 어려운 여성들은 한국 사회에서 시민권을 갖기 어렵다. 여성은 병역의 의무가 있는 남성에게 밥을 해주거나 섹스 상대가 됨으로써, 즉 성역할 노동을 통해 국민인 남성의 요구에 부응함으로써, 남성 국가의 인정에 의해 '국민'이 된다. 북한 사회—특히 식량난 이전—는, 젊은 여성이 '영예 군인'('상이군인')이나 북송 장기수와 결혼하도록 적극 장려하였는데, 이는 남성을 통한 여성의 국방('애국') 행위의 가장 극적인 사례로 여겨진다. 체제를 초월하여 어느 사회에서나, 국가에 헌신한 남성에게 '젊고 예쁜' 여성과의 결혼은, 남성의 '희생'에 대한 확실한 보상이다.

한국 사회에서 젊은 남성이 군대에 가면, 또래 여성은 애인으로서 성역할을 강하게 요구받는데, 이는 개인 차원의 연애를 넘어 탈영과 같은 일탈을 방지하는 일종의 간접적인 국방 행위로 인식된다. 이른바 '고무신 거꾸로 신는' 여성에 대한 남성들의 격렬한 비난은 이 같은 인식과 관련이 있다. 애인을 군대에 보낸 여성과 연애하는 남성은, 남성 연대를 깬 남성으로 간주되고 역시 비난의 대상이 된다. 군기지 주변의 성매매나 '군 위안부' 제도가 남성들의 군대 내 긴장과 폭력을 '완화'하는 것처럼, '사회에 있는 애인'이 하는 역할도 이와 비슷하다. 애인을 군대에 보낸 여성들의 인터넷 커뮤니티인 '사군사모(사랑하는 사람들을 군대에 보낸 사람들의 모임)'에는 이런 사연들이 넘쳐난다. 1999년 모 여자대학에서 '국방에서 여성의 역할'을 강의한 천용택 당시 국방부 장관은 여대생들의 질문에, "애인의 관등 성명을 대면, (애인을) 휴가 보내주겠다."라고 말할 정도였다.[44]

"군대 다녀와야 어른 된다", "철든다", "남자 된다", "사람 된다" 등 우리 사회의 일상적 언설은, 병역 의무 수행이 시민권뿐만 아니라 문화, 정서, 의식 등 모든 차원에서 '인간됨'의 내용을 구성한다는 것을 의미한다. 또 이러한 인식에서는 "어른, 사람=남성"을 뜻하게 된다. 여성을 '철들게 하기 위해' 입대를 권하는 사람은 없다. 군 가산제 논쟁 때마다 등장하는 남성 논리인 "여자들이 의무는 다하지 않고, 권리만 주장한다."라는 비난이 있는데, 근대 민주주의 사회에서 의무와 권리는 대립하는 개념이 아니다. 일정한 자격을 갖출 경우, 국가는 개인을 '국민', '시민'으로 인정하고, 국민으로 인정받은 사람은 권리와 의무를 동시에 갖는다. 의무는 수행하지 않으면 처벌을 받을 수는 있어도, 이행했다고 해서 보상받을 수 있는 개념이 아니다. 군 가산제 제도는 여성과 장애인 등 처음부터 국방의 의무가 면제된 사람들에게 그 면제된 의무를 이행하지 않았다고 처벌하는 격이다. 면제의 기준을 문제삼아 여성과 장애인의 징병을 주장할 수는 있어도, 처음부터 면제된 의무를 안 했다고 해서 개인의 권리와 생존권(취업권)을 박탈하거나 감수하라고 말할 수는 없다.[45] 즉, 여성과 장애인은 '특권층'이어서 병역의 의무가 면제된 것이 아니라, '2등 시민'이므로 군 가산제라는 권리도, 병역이라는 의무도 없다는 것이 더 정확하다. 의무나 권리는 국민에게만 해당하는 것으로, 국민 되기에 적합하지 않은, 국민의 기준에 미달하는 2등 시민에게는 의무도 권리도 없다. 여성은 병역의 의무가 면제된 것이 아니라 배제된 것이다.[46]

군 가산제를 주장하는 남성들에게 군 경력은 '희생'인 동시에 '대한민국 남자'로서 정상성과 자부심의 원천이다. 이들은 이중적,

분열적 위치일 수밖에 없다. 군 가산제 논란의 본질은, 남성들 간의 계급 차이가 남성과 여성의 관계로 치환, 전가된 것이기 때문이다(한국 사회의 많은 사회적 갈등이 이렇게 성별화된 구조를 갖기 때문에 해결하기 어려운 경우가 많다). 군 가산제 논란은 이른바 '이회창가(家)'와 같이 군대를 가지 않는 남성 혹은 남성을 군대에 동원할 수 있는 남성 지배 세력과 군대에 가야 하는 남성 간의 갈등이, 군대를 가는 남성과 '군대도 못 가는' 여성 간의 갈등으로 이동한 것이다. 이는 말할 것도 없이 성차별적 현상이다. 군대를 가는 남성은 안 가는 남성에 대해서는 부러움을, 못 가는 여성에 대해서는 우월감을 느낀다. 군대를 안 가도 되는 남성에 대해서는 분노와 적대감을 가져도 그것을 공식적인 저항으로 표출하지는 않으며 여성, 장애인, '방위' 등에 대해서는 남성성에 미달, 남성다움이 훼손된 존재로 인식하고 비하와 조롱을 일삼는다.

남성성은 이러한 이중 논리의 핵심 기제인데, 군대에 '끌려간' 남자는 군대를 면제받은 특권층 남성들의 계급적 지위에 대해서 남성으로서 열등감을 갖지만, 군대를 경험하지 않은 남자는 남자답지 못하다고 생각한다. 군 면제를 받을 수 있는 '능력 있는 남성', 즉 계급성도 남성다움을 구성하지만, '근육질', 노동 강도, 고된 훈련도 남성성을 상징하기 때문이다. 한 텔레비전 토론 프로그램에서 군 가산제를 강력하게 주장한 정창인 재향군인회 연구위원은, 남성들의 병역에 대해 군 가산제 같은 직접적인 방식의 보상보다 군대 민주화, 현대화, 사병 인권 보호 등을 제안한 여성 토론자에게, "가서 고생을 안 하면 군대가 아니다."라며 군 개혁에 반대했다.

북한에서도 어디에서 군 복무를 했느냐에 따라 남성들 사이의 위계가 달라지며, 전방에서 근무한 남성은 후방에서 근무한 남성을 '원수 보듯' 한다. 이는 여성성을 타자화하는 노동 계급 남성의 남성성이 계급의식 형성을 불가능하게 한다는, 마르크스주의 문화 이론가들의 지적과도 만나는 지점이다. 남성성에 대한 비판과 성찰 없이는 노동운동이나 평화운동이 어렵다는 것이다. 브라질의 민중 교육자 파울루 프레이리(Paulo Freire)의 말대로, 남을 억압하는 사람은 자신을 해방시킬 수 없기 때문이다. (물론, 이 명제는 단지, 남을 위해 자신을 희생해야 한다는 도덕적인 언설이 아니다. 남을 억압하는 행위는 자신 안의 타자를 억압하는 행위에서 비롯된다.)

군사주의가 작동하기 위해서는 싸워야 할 적, 지키는 주체, 보호의 대상이 있어야 한다. 가부장제 사회의 '보호자 남성, 피보호자 여성'이라는 전형적 성역할은, 이 세 가지 요소의 모델이 된다. 군대의 존재가 설득력을 갖기 위해서는, 남성이 군대에 복무하지 않으면 자신들의 남성다움을 검증할 수 없다고 느끼도록 해야 하고, 그들의 경험은 여성에 대한 지배와 보호, 여성들의 고마움에 의해 증명되어야 한다. 그러므로 적과 피보호자를 상정하는 군대가 존재하는 이상, 여성이 군 복무에 남성과 평등하게 참여한다고 해서 시민권이 보장되지는 않는다. 성별에 상관없이 전 국민 징병제인 이스라엘이나 북한의 경우를 보면, 군대 자체가 성별화되었기 때문에 여성이 병역을 이행하려면 여성성을 부정해야 하고, 배제되면 2등 국민이 되는 이른바 '같음과 다름의 딜레마'가 반복된다. 평등의 기준 자체가 남성을 기준으로 했기 때문이다. 이때 평등은 공정함을 추구하는 정의가 아니라, 남성과의 같음을 강요하는 남성 동일화이다. 때문에 여성의 '평등한' 군대 참여는, 역사상 어느 국민국가에서도 채택된 적이 없고, 어떤 여성해방 이론에서도 주장된 일이 없다.

세계에서 유일하게 여성 징집을 실시하는 이스라엘은 여성이 남성보다 4개월에서 1년까지 복무 기간이 짧다. 여성 군인 중에서 계속 군에 근무하는 비율은 10퍼센트 미만으로 거의 하급 직종에 집중되어 있으며, 여군은 여성적 태도와 화장술을 지도받는다. '전인민의 군사화'를 시행하고 있는 북한 역시, 여성의 군대 참여는 철저히 성별화된 방식으로 이루어진다. 북한 여성은 결혼 전까지만 군사 훈련에 참가하며, 결혼하면 그 의무가 중단된다. 한편, 일부 북한 여성은 남성보다 더 뛰어난 전쟁 영웅으로 재현되는데, 이는 남성, 특히 어린 남성을 동원하기 위해서이다. 여성'조차도' 총을 들 정도로 나라가 위기에 처해 있음을 보여주는 것이다. 즉, 북한에서 여군의 존재는 '양성 평등'의 상징이 아니라 남성 징집을 보장하고, 남성을 조종하는 데 이용된다. 제대한 여성은 어머니로서 자녀를 훌륭한 공산주의자로 키우는 것으로 국방의 의무가 대체된다.[47] 이것이 근대 서구 사회주의의 경험과 이론에서와 마찬가지로—그리고 여성 문제에 있어서는 자본주의 사회와 다르지 않은—여성은 출산과 자녀 양육을 통해 국가에 복무한다는 '사회주의 모성론'이다.

한국 '평화운동'의 군사주의와 남성성

한국 사회에서 평화운동과 통일운동의 개념 규정과 구분은 대단히 어려운 문제이다. 평화운동, 통일운동, 민족운동의 관계 설정 역시, 복잡한 논쟁을 유발하는 이슈이다. 이는 '평화'의 개념을 정의하기 어렵다는 문제와도 관련이 있지만, 많은 여성주의자들은 '한국 사회에 과연 평화운동이 존재하는가'라는 의문을 갖고 있다. 대개의 폭력 행위자가 남성이라는 점에서 그리고 모든 폭력이 '우리'라는 배타적인 정체성에서 시작된다고 볼 때, 본질적인 정체성을 비판하고 정체성의 경계가 담론에 의해 형성되는 과정의 역사성과 정치성에 주목하는 여성주의자들의 시각은 폭력에 대한 핵심적 통찰을 제공함에도 불구하고, 한국 평화운동의 언설과 방법은 기존 남성 문화에서 크게 벗어나 있지 않기 때문이다.

'민족주의 시각의 통일운동'보다는 '평화운동이나 인권운동으로서 통일운동'이 젠더 문제에 더 많은 관심을 가질 가능성이 높다. 그러나 아직까지 한국 사회에서는 평화운동, 환경운동 등 이른바 신사회운동이나 '탈근대적' 사회운동에서도 성(젠더)은 중요한 고려 대상이 아닌 경우가 많고, '평화운동가'라고 해서 저절로 성 평등 의식을 갖추고 있는 것도 아니다. 김엘리는 평화운동 진영의 성별 분업 논리를 두고 1) 전 국민적 활동으로 보이기 위해 구색 맞추기 차원에서 여성을 동원하는 것(tokenism), 2) '거시적' 차원의 정치와 통일운동 차원의 활동은 남성이 담당하고 '일상적' 평화운동은 '어머니'인 여성이 담당하게 되는 구조를 지적했다. 최정민의 아래 글[48]은, 평화운동 시위 현장에서 여성들이 느끼는 문제의식을 예리하게 지적하고 있다.

나는 촛불 시위에서 '민족 주권 회복'의 구호가 울려 퍼질 때, 일본 여성평화운동가의 연설을 '쪽바리'라며 거부하는 사람들을 볼 때…… 시위 도중 "남자 앞으로! 남자 앞으로!" …… 이런 소리를 들을 때, 너무나 많은 생각을 하게 된다. 항상 운동 진영은 전투적인 운동의 방식을 선택하고 그것을 통해 운동가로서 정체성을 획득한다. 이는 '군사화된 남성성'의 문제이다. 그 속에서 항상 주변부로만 보조자의 역할로만 머물 수밖에 없는 여성의 문제이다. 그날 그 자리에서 나는 한없이 작아짐을 느꼈다. …… 사실 나는 '하나됨'이나 '대동단결'의 구호나 분위기에 민감하다. 그런 구호나 분위기 때문에 자신의 목소리를 내지 못하거나 묵살당했던 많은 사람들을 보았고…… 관제 민족주의와 뭐가 다른가…….

한국 '평화운동'의 성별에 대한 몰이해와 남성의 성찰성 부재를 보여주는 대표적인 사건은, 글의 서두에 적었던 이라크 아부 그레이브(교도소) 사건 당시, 〈평화만들기〉 129호의 '미군의 이라크 포로 성 학대' 사진 게재와 이에 대한 사과 성명서이다. 〈평화만들기〉의 발행인이자 평화운동가로 알려진 한 남성은, '반미를 위해' 하드코어 포르노(노골적인 성행위를 내용으로 하는 포르노)로 보이는 사진을 미군에 의한 성폭력 피해 사진이라며 게재했고, 여성주의 저널 〈일다〉를 비롯하여 많은 여성주의자들의 항의를 받았다. 그러자 그는 다음과 같은 사과 아닌 사과 성명서를 냈다(이 성명서가 발표된 후, 여성주의자들은 더 분노했고 처음보다 강도 높은 비판을 쏟아냈다).

저는 그 사진들을 보고 '동물도 저지를 수 없는 성 학대극'을 벌인 전쟁광 집단의 하수인(이라크 주둔 미군)에 대한 분노로 머리가 터질 지경이었습니다. 간신히 정신을 가다듬어 이 사진들을 어떻게 다루어야 하나 고민하기 시작했습니다. 그러나 예상밖으로 저의 '이성의 명령'은 "그 사진들을 공개하라."는 것이었습니다……. 그러나 이 바람에 독자 여러분(특히 여성 독자, 여성학자, 여성운동가)께 본의 아니게 심려를 끼쳐드린 점에 대하여 사과합니다. 남성 독자 여러분에게도 남성성(남성의 sexuality)을 보호하는 데 게으른 편집을 한 점에 대하여 심심한 사의를 표명합니다. 이번 성 학대 사건의 피해자인 이라크 남성들의 남성성이 짓밟히는 사진을 보고 저 역시 남성으로서 성적인 모욕을 느꼈습니다.

이 성명서가 '사과'하고 있는 것은 여성 인권 침해에 대해서가 아니라 1) '음란'한 사진을 게재해서 여성들에게 미안하며 2) 남성을 가해자 취급했기 때문에 남성의 명예를 훼손했다는 것 3) 이라크 남성의 남성성이 짓밟힌 것에 대한 사과이다. 여성주의 정치학이 반대하는 것은 폭력이지 '음란'이 아니다. 이 성명서는 폭력 비판과 성 보수주의를 구분하지 못하고 있으며, 피해자에 대한 사과가 아니라 가해 남성 문화와 가해자 자신에 대한 사과이다.

사실, 이 사건은 〈평화만들기〉뿐 아니라 거의 모든 한국 남성들의 일반 의식을 대표한다. 보호 관찰소에서 상담 명령을 받은 성폭력 가해자들을 심층 면접한 연구[49]에 따르면, 성폭력 가해자들은 일반적으로 피해 여성에 대해 죄의식을 느끼기보다는, 성폭력으로 인해(정확히 말하면, 성폭력이 발각됨으로 인해) 남성의 명예를 훼손시켰기 때문에, 남성 일반과 자기 자신에게 죄의식을 느낀다고 보고하고 있다. 이처럼 상대방의 존재나 고통을 인정하지 않는 남성의 자기 연민, 자기 도취는 한국 사회에서 유일한 사회적 자아, 시민은 남성뿐이라는 남성 중심주의에서 비롯된 것이다. 한국 사회에서 남성의 목소리, 남성의 자존심, 남성의 기, 남성의 상처는 너무나 중요하고 지나치게 존중받는다.

여성의 시각에서 보면, 아부 그레이브 사건은 〈평화만들기〉와 정반대로 분석된다. 미 여군이 이라크 남성 포로를 벌거벗기고 채찍으로 희롱하는 사진이 전 세계에 충격을 준 것은, 전시 포로 보호에 대한 제네바 협약과 유엔 협약을 위반한 미군의 만행 때문이기도 하지만, 가장 중요한 것은 성고문과 성폭력의 가해자가 여성이라는 사실 때문이었다. 이 사건은 군대 제도의 피보호자, 수혜자,

보조자, 피해자로서의 기존 여성 이미지를 전복시켰고, 여성도 그녀가 미군이라면 제3세계 남성에게 성폭력을 가할 수 있다는, 인종에 의한 젠더 역전의 상징처럼 보였다. 그러나 미군이 이라크 남성 포로들에게 여자 속옷을 입혔다는 것, 이라크 남성 포로들 간에 오럴 섹스와 자위를 강요하고, 이라크 여성 포로에게는 미군 남성에게 강제로 키스하게 했다는 것, 가죽 채찍을 들고 사진에 가해자로 나왔던 미군 여성이 사건 당시 담당 상관이었던 남성과의 성관계로 임신했으며, 그 남성은 가정폭력 가해자라는 사실 등은 거의 알려지지 않았다.[50]

흔히, 전쟁에서 여성은 전리품(戰利品)으로 여겨지는데, '전리품을 소비하는 행위', 즉 전시 강간의 특징은 윤간이다. 이는 약자에 대한 공격을 통한 남성 연대의 확인이다. 전시 강간은 종종 관객이 있는 곳에서 이루어지는데, 이는 일종의 승리 의례이기에 볼거리(스펙터클)를 강조할 필요가 있기 때문이다. 아부 그레이브 사건은 전쟁에서 점령군이 성폭력을 통해 피점령지 남성을 여성화하는 데 점령군 여성을 동원하여 더욱 수치심을 가중시킨 전형적으로 성별화된 사건이었다. 이 사건은 군대와 군대 밖에서의 여성다움(약자), 남성다움(강자)이라는 일상적 상징 체계의 의미 작용이 없다면 일어날 수 없는 일이었다. 특히, 가해 미군 여성은 가해 남성에 비해 지나치게 언론에 노출되었는데, 이 자체가 전통적인 여성성을 위반한 여성에 대한 대중의 호기심, 여성 혐오로, 젠더의 작동을 설명해준다. 이 사건에서, (미 여군을 포함) 미군이 침해한 것은 이라크의 남성성이 아니라 이라크를 여성화함으로써 여성성을 침해한 것이다. 즉, 〈평화만들기〉가 분노한 미군의 이라크 남성성 훼손은 피해가 아니라 오히려 가해 구조의 일부이다.

2003년 6월, '고(故) 윤금이 씨 주검 사진 게재에 반대하는 여성주의자 네트워크'는 미군 범죄를 고발하기 위해 고 윤금이 씨의 주검 사진을 거리에 게시한 '여중생 범대위'를 비판했다(미군에게 참혹하게 살해된 고 윤금이 씨 주검 사진은 전교조 소속 교사의 수업 시간에서도 '반미를 위해' 활용되어 많은 논쟁이 벌어졌다). 〈평화만들기〉에 실린 사진은 실제로는 미군에 의한 이라크인 학대 사진이라고도 볼 수 없는 관객의 관음증을 자극하는 '저급 포르노' 사진이었지만, 한국의 사회운동에서 '대의를 위해' 여성 비하적, 혐오적인 재현물을 게재하는 것은 어제오늘의 일이 아니다.

미국의 이라크 침략 전쟁에서, 후세인의 비참한 사진 전시에 대한 이라크인들의 격렬한 분노와 거부감에서 보이듯이, 정치적 선전물에서 남성 인물 전시는 거부감을 초래하지만 여성이 전시되는 것은 쾌락을 생산한다. 여성과 남성의 이미지가 각기 다른 방식으로 생산, 소비되는 것이다.

기지촌 여성이 잔인하게 살해된 주검 사진은 반미 의식을 고양하기 위해 전시되는 것이 아니라, 그가 힘없는 '매춘 여성'이었기 때문에 전시되는 것이다. 대통령이 잔인하게 살해된 사진은 거리에 전시되지 않는다. 해마다 2천여 건씩 발생하는 주한 미군 범죄 피해자 중 남성 피해자의 사진이 그런 식으로 전시되지는 않는다.

여성주의 세력의 지속적인 항의에도 불구하고 고 윤금이 씨 사진이 전시된 것은, 사회적 약자의 피해를 개인의 인권이 아니라 민족적 분노를 촉발하는 수단으로 동원하는 것이다. 다시 말해, 기지촌 매춘 여성의 주검 사진 전시는 그를 한국인의 범주에서 제외하여 여성의 인권과 민족의 이해를 대립시킨 결과다. 여성을 타자화하여 민족의 범주에서 제외하는 이러한 방식의 평화운동은, '민족 전체'가 참여하는 '철저한' 반미 투쟁을 불가능하게 할 뿐 아니라 평화를 지향한다고 볼 수도 없다.

기지촌 여성으로 윤금이가 살았던 삶의 모순과 억압(성매매, 성차별)은 전혀 문제화되지 않고, 미군에게 죽었다는 사실만이 중요한 이슈가 된다. 생전에는 인간/민족의 범주에 들지 못하다가 미군에게 죽음을 당한 후에야 민족의 성원이 되는 기지촌 여성의 현실은, 남성의 이해 관계에 따라 여성의 삶이 죽음으로 환원되는 과정을 잘 보여준다. 그는 살아서는 '진보' 남성들도 침을 뱉는 '가장 더러운' '양갈보'였다가, 죽어서야 '순결한 민족의 누이', '우리의 딸'이 되었다. 이러한 사실은 남성 중심적 사회운동의 논리가 자기 모순과 위선에서 자유롭지 않으며, 이들의 감수성과 일상 문화가 일반 남성 대중문화와 크게 다르지 않다는 것을 보여준다.[51]

주한 미군에 의해 희생된 두 중학생을 위한 추모 촛불 시위에서 열창된 〈퍼킹 유에스에이(Fucking USA)〉라는 노래도 같은 경우이다. 이 담론의 전제는 여성은 'fuck' 할 수 없다는 것이다. 'fuck'의 주체는 남성이다. 한국 남성이 이 노래를 열창하는 것은, 그간 한미

관계에서 약자였기에 여성으로 간주되었던 자신의 성별화된 타자성을 극복하고 남자가 되고 싶기 때문이다. 강간이든 섹스든 미국을 'fuck' 하게 되면, 한국은 남성이 되고 미국은 여성이 된다. 이런 논리에서 성폭력은 여성 인권 침해가 아니라 국가 간 갈등의 지표가 된다. 한국 여성이 한국 남성에게 성폭력당하는 것은 '개인적'인 일이지만, 미국 남성에게 성폭력당하는 것은 민족 모순의 결과로 정치적 사건이 된다. 때문에 윤금이 혹은 한국 여성은 미군에게 성폭력을 당해야만 성폭력으로 인정받고 '보호'받으며 '정치적' 희생자로 간주된다. 그런데 〈퍼킹 유에스에이(Fucking USA)〉 담론은 그 '보호'가 한국 남성이 한국 여성을 직접 보호함으로써 가능한 것이 아니라, 한국 남성이 미국 여성을 강간함으로써 가능하다는 논리다.

결국 남성은 한국 남성이나 미국 남성이나 모두 강간할 수 있는 권력을 갖지만, 한국 여성이나 미국 여성의 몸은 남성 집단 간 싸움의 대리 전쟁터로 제공된다. 〈퍼킹 유에스에이(Fucking USA)〉의 논리는 바로 르완다, 구(舊) 유고, 동티모르 등 모든 무력 갈등에서 자행되는 여성에 대한 집단 강간의 면죄부였다. 이러한 남성 이데올로기에서 여성은 '인간'이 아니라 남성 국가가 소유한 기호(icon), 상징, 한반도, 가족, 민족 그 자체가 된다. 그러므로 강간하는 남성의 입장에서는 여성을 강간하는 것이 아니라 적국을 강간한 것이 된다. 1차 세계대전 당시의 전쟁 독려 포스터들은 국가 자체를 여성의 몸으로 간주하여, 독일이 "벨기에를 강간했다."며 연합군 동원 논리를 만들었다. 이렇게 국가가 여성의 몸이라는 남성 논리는 1992년 윤금이 투쟁 당시에도 그대로 재연되었다. 당시 수많은 유인물들은, "미국이 한반도(윤금이)를 강간했다." "윤금이 몸에 뿌려진 하이타이(세제)는 한반도에 뿌려진 미군의 정액이다."라고 주장했다.

〈퍼킹 유에스에이(Fucking USA)〉는 한국 남성도 미국 남성처럼 여성을 강간하고 싶다는 미국 남성에 대한 동일시 욕망, 남성 연대이지, 반미가 아니다. 〈퍼킹 유에스에이(Fucking USA)〉가 주장하는 또 다른 중요한 논리는, 한국인으로서의 정체성과 남성 주체성이 매우 성적인 함의를 지니고 있다는 것이다. 한국인이 되는 것, 남성이 되는 것은 모두 미국 여성이든 한국 여성이든 여성과의 섹스(강간)를 통해 성립된다는 것이다. 〈퍼킹 유에스에이(Fucking USA)〉는 10대 남성들이 남성성을 획득하는 집단적 통과 의례로 윤간을 행하는 것, 군대 입대 전 '진정한 남자 되기'('총각 딱지떼기') 과정으로 성 구매 행위 독려와 같은 남성 일상 문화의 연장선에 있다(총각 딱지 '떼기'라는 탈피의 은유는, 마치 애벌레의 경우처럼 남성에게 섹스가 성인되기의 완성 수단이라는 것을 의미한다).

남성 섹슈얼리티와 군사주의

군대 내부의 여군에 대한 성차별, 성폭력과 남성 동성 간 성폭력 피해자에 대한 여성화는, 여성의 군 참여에 상관없이 군대 자체가 남성성 숭배와 남성 연대를 위한 조직임을 보여준다. 한국에는 1962년에서 1972년까지 '미스 여군 선발 대회'가 있을 정도였으며, 1984년에 중사 이상 여군의 결혼이 허용되었고, 1988년에서야 기혼 여군의 출산이 허용되었다.[52] 이후 사회 전반의 민주화와 여성운동의 발전에 따라, 2005년 6월 여군 장교와 부사관 수는 3,701명에 이르렀지만, 여전히 간부 정원 대비 2.23퍼센트에 불과하다. 국방부는 2020년까지 전체 간부의 5퍼센트를 여성으로 구성하는 것을 목표로 하고 있다. 그러나 젠더에 대한 문화적 관념이 변화하지 않은 상태에서 여성이 '진정한 군인'이 되는 것은 불가능하다. 군대 내 여성 인력은 대부분 간호, 전산 같은 이른바 '여성 직종'에 격리되어 근무한다. 예를 들어, 국군간호사관학교의 여군들은 군인이 아니라 '병사들의 어머니'로 간주된다. 여성은 전방이나 전투 지역에서 근무할 수 없으며, 여성이 전차를 타면 전차가 내려앉는다는 군대 내 금기 때문에 포병이나 기갑 분야에도 배치되지 않는다. 최근 해군은 함정 병과를 여성에게 개방했지만 육군은 아직도 기갑, 포병에 여군의 지원을 제한하고 있다.[53]

군대에서 일하는 여성, 군인들이 상상하는 여성 이미지는 가부장제 사회가 여성을 성을 기준으로 분류하는 '어머니' 아니면 '창녀'의 재현에서 크게 벗어나지 않는다. 군대에서 일하는 여성들은 업무 내용이나 계급에 상관없이 '매춘 여성' 취급을 받는 경우가 많다. 군대가 남성의 공간이기 때문에 거친 남성들 사이에 사는 여성들—특히, 낮은 직급일 경우—은 '돌려도 되며', 군대에 들어온 여성은 이미 그것을 각오한 여성이라고 생각하기 때문이다. 미국에서는 공군에 근무하는 여성들을 공군(women's air force)이 아니라 '창녀'(women's all fuck)라고 부른다. 이러한 현상은 젠더와 계급의 관계를 보여주는 것이기도 한데, 전투에 종사하지 않는 비전투 종군자의 전형적인 이미지는 가난한 여성이다. 존중받고 보호받아야 할 규범적인 여성성을 대표하는 중산층 여성은 군대에서 허드렛일을 할 이유가 없다. 때문에 남자들 틈에서 살기로 작정한, '고귀함을 잃어버린' 가난한 여성들은 함부로 대해도 상관없으며, 이들에 대한 성적 비하는 남성 군인들의 성 정체성 확립과 남성 연대를 확인하는 중요한 수단이 된다.

가부장제 사회에서 정치적, 군사적 갈등은 정치적 주체인 남성들 사이에서만 발생하는 것으로 여겨진다. 여성은 비정치적, 비역사적 존재로 간주되기 때문에, 전선(戰線)의 개념은 남성 대 남성의 관계를 전제한다. 여성 대 남성은 전선을 구성하지 못한다. 여성 군인을 전투에 배치하면 군대로서는 감당할 수 없는 문제들이 발생하는데, 여성이 적의 포로가 되거나 성폭력당할 경우 남성 국가는 치명적인 심리적 타격을 받기 때문이다. 전방에서 여성의 존재는 성적 추문을 일으키거나 군의 일사불란함을 방해한다고 여겨지고, 이성과 감성의 근대적 이분법과 이러한 이분법의 성별화된 이미지로 인해 전방에 여성이 있으면 비이성적 상황이 발생할 것이라고 상상된다. 무엇보다 가장 중요한 이유는, 남성성은 여성에 대한 비하와 혐오를 전제로 구성되기 때문에, 후방에서 남성의 보호를 받아야 할 여성이 남성과 참호에 같이 있는 것은 남성의 자아를 짓밟는다("내가 기집애랑 이러려고 군대에 왔나."). 여성이 전투직에 종사하는 것은, 그 자체로 남성 정체성을 위협하는 성역할 파괴를 의미한다.

　한국 남성들의 군 입대는 일종의 '2차적 오이디푸스 단계'로의 진입을 의미한다. 군대는 어머니나 애인의 보살핌을 받던 '여성적인 일상 세계'와 이별하고, 남성 연대를 위해 본격적으로 아버지의 세계로 진입하는 미지로의 여행이다. 군대는 남성성을 훈련하는 곳이기 때문에, 군대가 요구하는 이상적인 남성에 도달하지 못한 남성은, 여성화 혹은 비(非)남성화된다. 단체 기합이나 폭력에 적응하지 못한 병사는 선배로부터, "××년, 똑바로 못 서!" "오빠가 안아줄게."같이 여성으로 취급받는다. 그리고 장애 남성이나 '방위병' 등 '정상적인' 군 복무를 마치지 않은 남성은, "남자 구실 못하는", "성적으로 문제가 있는" 남자로 의미화된다.

　2004년 국가인권위원회가 한국성폭력상담소에 의뢰한 군대 내 성폭력 실태 조사는 군대 성폭력이 일반적 상식보다 훨씬 더 심각함을 보여준다. 유효 응답자 671명 중 직접 피해 경험이 있다고 응답한 사람은 103명으로 전체의 15.4퍼센트, 직접 가해 경험이 있다고 응답한 남성은 48명으로 7.2퍼센트, 군대 내 남성 간 성폭력을 목격하거나 들은 경우는 166명으로 24.7퍼센트였다. 성폭력은 비가시화되고 축소 보고된다는 사실을 감안하면, 실제는 이보다 더 많을 것이라고 추정할 수 있다. 전체 가해 건수 중 피해를 입은 병사가 다시 가해를 하게 되는 경우도 83퍼센트로 매우 높은 비율을 보였다.

권인숙, 권김현영 등의 지적에 의하면, 군대 내 남성 간 성폭력 가해자는 통념과 달리, 동성애자가 아니다. 오히려 동성애자는 피해자 그룹에서 더 많이 발견된다. 남성이 두려워하는 것은 동성애 자체가 아니라 특정 형태의 동성애이다. 능동적인 동성애는 남성을 불안하게 하지 않는다. 남성 사회에서 보통 동성애자라고 하면, 실제로 남성을 사랑하는 남성을 의미하는 것이 아니라, '수동적인 남성', '계집애 같은 남자', '호모', '동성연애자' 등, '여자 같은 남자'를 의미한다. 남성 문화에서 능동적인 동성애는 남성의 힘을 보여주는 수단이지만, 수동적인 동성애는 굴욕의 상징이다. 남성에게 성적 공격을 하는 남성과 당하는 남성 사이에는 지배/종속, 남자다움/남자다움을 잃음(여성화), 권력의 획득/권력의 상실 등의 의미가 만들어진다. 군대에서 상대방의 성기를 만지는 것은 후임병을 통제하기 위한 것이다. 그래서 전쟁시 상대 남성을 완전히 굴복시킨다는 의미로 상대방 여성을 강간하거나 남성의 성기를 절단하여 전시하는 경우가 많다. 남성의 신체 중 성기는 권력과 힘의 상징이기 때문이다. 성기에 대한 탈취와 놀림, 강제 접촉은 상대를 무력화하는 수단이 된다. 고대 아테네 사회에서는 남성이 항문 강간을 당하면 체면만 잃는 것이 아니라 여성화된 자로서 시민권까지 박탈

당했다.

　군대뿐만 아니라 동성 사회(homosocial), 남성들만 있는 공간에서 벌어지는 권력 투쟁은 언제나 성적인 의미를 동반한다. 미국 중서부의 남학생 사교 클럽에서, 신참들은 상급생이 될 '형제들'에게 여러 가지 방식으로 성폭력당한다. 이 성폭력 중에는 언어폭력도 포함되는데, 신입생들은 처음 일주일간은 '작은 여자애', '소녀들', '여자 같은 겁쟁이'로 불린다. 이 기간 신입생들은 전형적인 여성의 모습을 과장되게 보여줄 것을 요구받는다. 교도소 안의 성폭력도 마찬가지다. 1989년 미국에서는 남성 재소자의 30퍼센트가 남성에게 성폭력당했다는 보고가 있다. 한국은 공식 통계는 없지만, 문학 작품이나 수기 등에는 교도소 내 성폭력이 종종 등장한다.

　군사주의는 여성 혐오를 근거로 형성되지만, 동시에 군대는 반드시 여성, 여성의 성, 젠더의 작동을 필요로 한다. 남성 폭력은 매우 성적인 현상이다. 국가 기관이든 적군이든 집안에서든, 남성이 여성을 고문할 때, 주로 고문은 여성의 생식기와 가슴에 행해진다. 전투 중의 병사들이 적군을 교수형에 처할 때, 발기와 사정(射精)한다는 보고 역시, 이러한 남성 섹슈얼리티 메커니즘을 설명해준다. 미사일과 폭탄, 각종 기념탑이 남근의 형태를 띤다는 것은 주지의 사실이다. 걸프전 중 미국의 항공모함 케네디호에 승선한 폭격기 조종사들은 민간 목표물을 파괴하고 군인과 민간인을 살해하기 위해, 출전 직전 포르노 영화를 보았다.[54]

　남성에게 섹스나 포르노그래피는 폭력, 권력, 정치와 같은 공적 영역에서의 활동이 야기하는 긴장을 견딜 수 있게 해준다. 이처럼 가부장제 성 문화의 특징 중 하나는 남성에게는 폭력과 성(섹슈얼리티)의 구분이 모호하다는 것이다. 남성 문화에서 강간은 대개 '격렬한 섹스'쯤으로 여겨지기 때문에, 이성애 섹스와 성폭력은 이질적이거나 반대 개념이 아니라 연속선상에서 행해지고 수용된다. 남성의 섹스는 폭력, 분노, 스트레스와 동반 상승한다. 남성의 성적 오르가슴과 폭력은 동일한 생리적 현상을 공유하는데, 한편으로는 욕망을, 한편으로는 공포를 추구한다.

가부장제는 여성 혹은 '창녀'에 대한 혐오 살인과 섹스(강간) 후 여성 살해(femicide)의 역사이기도 하다. 남성은 살인 후 섹스하거나 섹스 후 살인한다. 폭력과 살인의 성애화(eroticization)와 오락화는 일상 문화를 구성한다. 폭력을 섹스로 재현하는 인터넷 동영상, 여성의 뒤통수에 권총을 겨눈 채 성기를 삽입하는 남성을 그린 만화(1983년 5월호 〈펜트하우스〉)가 넘쳐난다. 1999년 미국 콜로라도주 리틀톤의 콜럼바인 고등학교 총기 난사 사건 당시, 하워드 스턴이라는 저명한 방송인은 방송에서, "정말 잘 빠진 여학생들이 손을 위로 올린 채 밖으로 허겁지겁 빠져 나오더군요. 그 정도 소녀들이라면, 그 녀석들이(총기 살해범) 섹스를 하려고 했겠지요? 만일, 당신이 모든 애들을 죽이고 자살할 생각이라면, 죽기 전에 그런 늘씬한 애들하고 섹스라도 한번 해야 하는 것 아닌가요?"라고 말했다.[55] 평소 자신을 '트렌치코트 마피아'라고 자칭했던 남학생 두 명이 9백여 발의 총탄을 쏘아 학생 열두 명과 교사 한 명을 죽이고,

그 자리에서 자살한 이 사건에서 가해 남학생들은 평소 '호모'라고 놀림받았는데, 같은 학교 학생들은 이 사실을 사건의 원인 중의 하나로 보았다.[56] 이들의 범행(폭력성)은 '호모'가 아님을 증명하기 위해, 다시 말해, '계집애'가 아님을 증명하기 위함이라는 것이다.

총을 쏘는 것, 과녁을 맞추는 행위는 보는 행위다. 미술에서 원근법은 인식 주체인 개인의 등장과 함께 발명되었는데, 근대적 의미에서 이러한 보는(인식) 주체는 백인 남성을 의미한다.[57] 전통적으로 남성과 여성의 관계에서 보는 사람, 재현하는 주체는 남성이며, 보이는 사람, 재현의 대상은 여성이었다. 보는 주체가 남성일 때 보이는 대상, 타자는 보는 주체를 기준으로 차이가 구성되는데, 젠더에서 가장 두드러진 차이는 섹스라고 간주되기 때문에, 보이는 대상은 성애화된다. 사격(射擊), 사정(射精), 투사(投射), 촬영하다(shoot)는 모두 '쏜다'는 뜻을 포함한다. 일상적인 언설에서 그리고 영화 〈알 포인트〉에서도 사진을 '찍다', '박다'라고 하는데, 이 역시 성적인 함의를 담고 있다. 히틀러는 연설을 듣는 청중이나 지켜야 할 조국을 '여자'라고 주장했고, 열정적인 연설을 "오르가슴에 이른다."라고 하거나, "정치란 창녀와도 같아서 그녀를 사랑하게 되면 그녀가 너의 머리를 물 것이다."(이는 여성의 질이 이빨처럼 남성의 성기를 물어 삼켜버릴 것이라는 'vagina dentata' 신화의 재연이다) 등의 말을 남겼는데,[58] 이는 단순한 비유가 아니라 남성 주체가 대상과 맺는 관계가 얼마나 성별화, 성애화되어 있는지를 보여준다.

고대부터 전쟁과 섹스는 하나의 역사였다. 군신(軍神) 마르스와

미의 여신 비너스는 인류사 전반에 걸쳐 손을 잡아 왔다. 로마 제국에서부터 공창은 군대와 함께 발전해 왔다. 군대에서 미신은 보편적인데, 그중에는 섹스와 관련된 것이 많다. 전투 전의 성교가 부상을 피하게 하는 효과가 있다거나, 여성을 정복하고 전쟁에 나가면 불사신이 된다는 믿음 등이 그것이다. 2차 세계대전 당시 일본군 중에는 '위안부' 여성들의 체모나 개인 소지품을 부적으로 지닌 병사들도 많았다.[59]

이처럼 섹스는 군대의 사기에 결정적이다. 여성과 섹스가 남성의 긴장을 풀어줄 뿐만 아니라, 더 중요한 점은 군대 내부 남성들 간의 계급 갈등과 이로 인한 불만과 폭동의 가능성을 완화, 약화시키기 때문이다. 여성은 남성 정치학의 충격 흡수대다. 가장 낮은 계급의 병사라 할지라도, 여성에 대해서만큼은 '지배자'가 될 수 있으며, 섹스를 통해 주체가 될 수 있기 때문이다. 또한, 성매매든 성폭력이든 여성과의 '섹스' 금지는, 군대 내 동성애를 양산한다고 여겨진다. 이는 군인 중 일부를 여성화할 위험이 있기 때문에 전력의 손실로 이해되어, 철저히 통제해야 하는 것이 된다. 2차 세계대전 당시, 몇몇 나치 지도부가 군대 내 동성애의 파괴성에 대한 공포 때문에, 파시즘 정권의 순결 이데올로기에도 불구하고 군대 내 성매매의 필요성을 강조한 것[60]도 이 때문이다.

이처럼 여성 없이 존재하는 군대는 없다. 2차 세계대전 말기 일제는 연합군의 폭격을 피해 깊은 동굴 등에 숨어 지내면서도, '종군 위안부'들을 그런 대피소에까지 끌고 다녔는데('움직이는 본부'),

이는 종군 위안부가 전쟁 스트레스를 풀기 위한 존재, 전쟁의 부산물이 아니라 전쟁을 구성하는 핵심 제도라는 것을 보여준다. 베트남전에서 미군이 사용하던 라이터에는 "평화의 이름 아래 사람을 죽이는 것도, 여자를 강간하는 것도 병사의 특권이자 임무이다."라고 새겨져 있었다.[61] 성매매, 성폭력과 같은 군대의 여성에 대한 조직적 성적 수탈은 전의(戰意) 고양 수단, 참전이라는 희생에 대한 보상 행위, 불만, 분노와 공포의 '하수구'로 기능하여 폭력을 합법화하는 군사주의를 뒷받침한다.[62]

1945년 미군 주둔과 함께 시작된 한국의 기지촌 성매매는 1986년 기지촌 여성운동 단체 '두레방'이 설립되면서 본격적으로 여성운동의 의제가 되기 시작했다. 하지만 지난 20여 년 동안 기지촌 성매매에 대한 한국 사회의 논쟁은 기지촌 성매매가, "민족 모순으로 인한 것이냐, 성 모순으로 인한 것이냐?"에 머물러 있었다. 군대가 젠더의 산물이며, 폭력과 섹스가 결합한 제도라는 것을 고려한다면, 기지촌은 이미 그 자체로 성별화된 공간이다. 군대 내 성매매를 '위안'이나 '휴식' 등의 용어로 표현하는 것은, 정치적 권력 행위로서의 성폭력 문제를 '신체의 요구'라는 생물학적 주제로 이동시켜, 가해 남성의 책임을 비가시화하고 여성의 고통을 주변화한다.

남성 연대 대신 타자와의 연대를

한국은 군대에서의 폭력 문화 습득이 바람직한 사회화 방법으로 간주되는 사회이다. 2004년 4·15 총선 즈음, 각 정당 공천자의 병역 이행 여부를 검증한다는 '총 쏴본 적 없는 후보 114명'이라는 제하의 신문 기사들은, 한국 사회의 군사화된 의식 세계를 단적으로 표현하고 있다. '총을 쏜다'는 살상 행위를 마치 정치 지도자의 '도덕성'의 징표이자 '정상 규범'인 것처럼 전제하는 이 같은 언어는, 생명에 대한 무감각과 병역 의무'조차' 갖지 못한 사람들에 대한 차별을 정당화한다. 물론, '평등'의 차원에서 병역 의무를 회피한 특권층 남성에 대한 비판은 매우 중요하지만, 그것을 '총을 쏜 경험이 없는'이라는 식으로 말할 이유는 없으며, 이러한 표현은 여전히 국민을 '군대 가는 남성'과 '안 가는 남성'으로 분류하는 남성 중심적 시각이다.

정유진의 지적대로, 군대는 속성상 그 자체로는 독립성, 완결성을 갖기 어려운 불안정하고 위험한 조직이다. 타자의 존재를 생존 근거로 삼고 있기 때문에 타자에 의존할 수밖에 없으면서도 타자를 억압하기 때문이다. 군대로 인한 여성에 대한 폭력과 차별, 훈련 과정에서 필연적으로 발생할 수밖에 없는 사고와 환경 파괴, 범죄 등은 군대가 존재하는 한, 늘 예정되어 있는 사건들이다. 군대와 군사적 폭력은 성차별주의와 장애인 차별, 성적 소수자 혐오, 인종주의에 의해 구성된 일상과 밀접하게 관련되어 있다. 그러므로 군대를 성찰하는 것은 곧 우리 사회의 모순과 직면하는 일이며, 그중에서도 젠더와 계급이 교직되어 드러나고 있는 일상 문화의 남성성에 관한 문제이다.

전쟁과 군대는 성별화된 제도이자 남성들 간의 계급 정치다. 평화를 위해 전쟁이 불가피하다고 주장하는 지배 계급 남성의 아들은 군대에 가지 않는다. 이들은 전쟁으로 돈을 벌고 권력을 얻는다. 정작 전쟁에 참가한 혹은 끌려간 남성은 전쟁의 이익과 무관하다. 안타까운 것은 전쟁의 피해자이자 가해자였던 한국의 베트남전 참전 군인들이 자신을 사회적 주체로 만드는 방식이다. 그들은 자신이 베트남전에서 저질렀던 반인도적 행위를 보도한 신문사에 난입해 기물을 부수는 것으로 주체가 된다. 군 가산제 폐지론에 화가 난 남성들은 현행 징병제를 문제삼는 대신, '2등 국민'으로 군대에 가지 못한 여성이나 장애인을 공격함으로써 피해를 보상받으려 한다.

중일 전쟁 시기 난징대학살에 참가하여 생체 실험, 종군 위안부 동원, 민간 학살을 주도한 일본의 참전 병사 중 일부가 평화운동가로 활동하는 경우[63]나, 자신이 경험한 살인, 인간의 추악함, 공포를 불러오기 위해 고통을 기억하고 그에 대해 글쓰기를 멈추지 않는 베트남의 참전 작가 바오 닌[64] 같은 사례가 한국 사회에는 그리 많지 않다.

지배 세력에 의해 군대나 전쟁에 끌려간 일반 남성들은 '용병', 희생자일 뿐이며 '진짜' 문제는 체제나 구조에 있다고 보는 '거시적' 시각은 계급 환원의 단순한 논리이며, 많은 남성들이 피해자이자 행위자가 되는 현실을 제대로 볼 수 없게 만든다. 명령한 자는 명령한 자의 책임이 있고, 실행한 자는 실행한 자의 책임이 있는 것이다. 군대나 전쟁터에서 "살아 있는 인간을 해부하라."는 식의 명령을 피하는 병사도 있고, 명령 이상으로 과잉 수행하는 병사도 있다. (비인간적 명령에 대한 이 저항도 단호하게 명령을 거부하는 '남자다운' 사람이어서 가능한 것이 아니라, 손이 떨려서 하지 못하는 나약한 사람이 되는 것을 의미해야 한다.)

군대와 전쟁을 경험한 한국 남성들에게 '해병대 문화' 외에는 없는 것일까. 군사주의는 성차별을 발판으로 한 남성들의 계급을 초월한 남성 연대로만 작동 가능하다. 군 제도에 동원되는 피지배 계급 남성들이 자신의 남성성을 성찰하여 지배 계급 남성과의 연대와 동일시 욕망을 극복하고 여성들과 연대할 때, 군사주의에 대한 사회적 문제 제기가 시작될 수 있을 것이다.

글로벌 자본주의와 남성성, 폭력의 시장화

오래된 논쟁, 폭력의 '이유'

사실 최근 빈발(재현)하는 이른바 '묻지마 폭력'은 여성의 시각에서 보면 인류 역사상 가장 오래된 인간 행동 중 하나다. '평화시'에는 말할 것도 없고, 전쟁이나 무력 갈등이 벌어질 때 상대편 여성에 대한 성폭력은 정부/반정부, 좌/우, 혁명/반혁명 등 정치적 입장을 막론하고 남성들의 중요한 투쟁 전략의 일부이다. 가부장제 사회에서 여성의 몸은 남성들의 전쟁터다. 남성들 간의 갈등이 여성의 몸에 실현된다는 이야기다. 즉, 기존의 전쟁과 평화라는 이분법은 남성의 입장에서 만들어진 것이며, "개인적인 것은 정치적인 것이다."라는 논의처럼 여성주의자들은 이 이분법 논쟁을 재구성하려고 노력해 왔다.

폭력의 개념을 '타인의 의지에 반한 일방의 행위'로 한정한다면, '이유 없는 폭력'은 모순어다. 타인의 신체를 침해하는 것은 어떠한 논리를 동원한다 해도 부정의하다. "폭력은 어떤 경우에도 행사되어서는 안 된다." 물론, 이는 규범일 뿐 진실도 개념도 정의도 아니다.

정당방위를 제외하고, 상대방의 '잘못'이 폭력을 정당화해서는 안 된다. 사법 체계에서 범죄 용의자에게 고문이나 폭력을 가하는 것은 불법이다. 그가 간첩이든 강간범이든 군사 쿠데타를 기도했든 간에, 국가는 개인에게 폭력을 사용해서는 안 된다. 합법적 폭력인 공권력은 외적 등 반(反)국가 집단에 대해서만 행사할 수 있다.

가해자가 생각하는 피해자의 잘못은 언제나 자의적이다. '이유 있는 폭력'은 대개 '교육', '처벌', '괴롭힘' 심지어 '놀이'라고 불린다. 이유가 있으면 타당하고 이유가 없을 때 폭력이라면, 폭력 개념이 성립할 수 없다. 즉, 우리는 아내가 잘못해서, 자녀가 잘못해서, 학생이 잘못해서 '폭력으로 가르친다'는 논리를 비판하는데, 실제로 이는 범법(가정폭력방지법 위반) 행위다. 폭력과 '이유'는 무관하다. 이것이 '폭력' 개념이 성립될 수 있는 근거다.

폭력의 피해자와 그들을 지지하는 사회운동은 '아무 잘못도 없는 피해자'론을 강조한다. 피해자가 '잘못'이 있다면, 개인적 항의도 사회적 저항도 어렵다고 간주하기 때문이다. 하지만 이는 기본적으로, "잘못을 했으면 몰라도……" 내지는 "잘못을 했으면 맞을 수도 '있다'" 혹은 "맞아야 한다"는 통념을 수용한 대응이다. 일단,

'잘못'이라는 개념 자체가 전혀 중립적이지 않다. 철저히 성별적, 계급적, 인종적, 연령주의적 개념이다. 잘못은 객관적으로 존재하는 것이 아니라 사회적 규범(위계)에 의해 구성되고 판단된다.

전철 같은 공공장소에서 남성이 여성에게 (성)폭력을 가하려는 경우 대개 여성들은 "어머, 왜 이러세요?"라고 말한다. 항의나 비판이 아닌 '겸손한 태도'로 이유를 질문한다. 정말 궁금한 것이다. 이 질문에는 "나는 아무 잘못도 없는데/우리는 모르는 사이인데/다른 여자들도 있는데 왜 하필 나한테……" 같은 말들이 내포되어 있다. 반면, (비슷한 연령대의 경우) 남성들은 "이 자식 왜 이래, 미쳤어?"라는 식으로 대처한다.

남남(男男) 간 폭력과 남녀 간 폭력에는 근본적인 인식론의 차이가 있다. 전자는 정치적이고 사회적인 사건이며, 갈등이고 폭력이다. 후자는 그러한 남성 간 갈등의 부산물이거나 '장난', '격렬한 로맨스', '희롱', '추근거림', '스트레스 해소', '농담', '잘못 바로잡기' 심지어 '호감의 표시(예를 들면, 남자 아이들의 치마 들추기, 고무줄 끊기……)'로 여겨진다. 남성은 여성을 때릴 권리를 타고났다고 간주되기 때문에, 폭력 그 자체는 논쟁거리가 되지 않는다. 이때의 폭력은 폭력을 의미하지 않는다. 따라서 쟁점은 행위 자체라기보다 어느 정도인가, 왜, 언제인가 등 폭력을 인과적인 것으로 해석하려는 시도이다. 그래서 여성들은 "당신 미쳤어? 너도 나한테 맞을래?"가 아니라 "왜 이러세요?(지금이 그 때인가요?)"라고 가해자에게 묻는 것이다.

'묻지마 폭력'이 가장 오래된 폭력인 이유는 이 용어 자체가 성별화, 계급화되었기 때문이다. 여성이나 사회적 약자(부랑자, 노숙자, 걸인, 병자, 정신질환자, 장애인……)에 대한 '묻지마 폭력'은 언제나 존재해 왔다. 그러므로 새삼 '묻지마 폭력'을 지나치게 문제삼는 것은 수천 년간 그들이 당했던 폭력의 역사를 구조적으로 삭제하는 것이다.

가정폭력 발생 건수, 동성애자 인구, 자살, 히키코모리(은둔형 외톨이) 등 사회적으로 잘 드러나지 않는 현상이나 비(非)가시화 자체가 작동 원리(강간이나 자살)인 사회 현상은 계량적으로 파악하는 것이 불가능하다. 그뿐만 아니라 이러한 문제가 왜 발생하는지도 알기 어렵다. 원래 만연했던 문제인데, 특정한 정치적 의도에 의해 보도가 자주 되는 것인지, 아니면 진짜 사건이 빈발하는 것인지 단언하기 어렵다. 이런 사건들을 파악하는 방법(론)이 없기 때문이다. 현실(present)은 언제나 재현(re/present)이다. 재현되지 않는 현실은 없는 현실이 되는 것이다.

히키코모리를 10만 명으로 보는 사람도 있고 1백만 명 혹은 그 이상으로 추산하는 사람도 있다. 히키코모리는 숫자 파악 자체가 곧 '문제 해결'이 되는 현상이기도 하다.

또 다른 이슈는 인과론 자체의 문제이다. 1960년대 서구에서 근대성에 대한 도전과 성찰이 시작된 이래, 인류는 인과론과 그 극단인 환원론과 구조주의가 모두 근대라는 특정 시대의 요구이자 산물이었다는 것을 깨닫게 되었다.

폭력은 이유가 없다. 권력 행동에 무슨 이유가 있겠는가. 폭력에 이유가 있다면, 그것을 가능케 하는 조건이 있을 뿐이다. 사회운동은 그 이유를 묻는 것이 아니라 조건을 파악해 그것을 '제거'하고 제약하는 것이다. 사랑과 폭력은 원래 같은 의미지만, 특히 상대방의 상태와는 무관하다는 점에서 더욱 비슷하다. 사랑이나 폭력은 모두 자기 확신 행위이지 상대방의 매력이나 잘못과는 무관하다. 이렇게 본다면, '묻지마 폭력'의 이유는 단지 피해자가 '거기 있었다'는 것이다. 물론, 이것이 피해자의 잘못을 의미하는 것은 아니다. 폭력의 시비와 정의를 분석하려는 시도에서 폭력을 둘러싼 사회적 조건을 고찰하는 시각의 전환이 필요하다는 의미다.

남성 실업과 폭력의 산업화

전통적으로 폭력은 남성 실업과 관련이 있다. 일자리가 없을 때 여성은 가사 노동, 결혼 시장, 성 산업으로 흡수되지만 남성은 그렇지 않다. 중산층의 경우 말할 것도 없이 여성의 노동 시장 조건(취업, 승진, 보수……)이 남성에 비해 열악하지만, 저소득층은 상황이 다르다. 남성은 저소득층일수록 다른 계급의 남성은 물론 같은 계급의 여성보다 일자리가 불안하다. 또한 다른 인종의 남성과도 경쟁해야 한다.

역사적으로 노동(계급), 남성성, 폭력 문제는 하나의 세트였다.

폴 윌리스의 고전적인 지적대로, 혁명이 안 일어나는 이유는 남성의 계급적 타자성이 폭력과 같은 남성성(젠더)으로 상쇄되기 때문이다. 남성성은 민중 연대와 혁명을 불가능하게 만드는 '완충' 역할을 한다. 이것이 진보적 역사주의자들의 바람과 달리, 민중이 반동적인 이유이고 역사가 반복적으로 실패하는 이유다.

나치의 전신이자 전위대였던 자유군단(Freikorps), 제주 4·3 사건 당시에 '육지 용병'이었던 서북청년단,[65] 큐클럭스클랜(KKK단) 등은 모두 소외 계층이나 저소득층 남성들의 '킬링 타임'과 관련이 있다. 그들은 자신들도 지배 계층 남성들처럼 뭔가 바쁘게 보이고 싶다. 이들은 일과 후에 집에 가서 가사 노동을 하는 대신, 술집에서 의기투합하면서 자경단 같은 '의미 있는 일'을 찾는 과정에서 조직화되었다.[66]

인류 역사상 가장 오래된 직업은 '포주'가 아니라 '용병'일 것이다. 병사(soldier)의 어원은 급료로 지급되었던 소금을 지칭하는 라틴어(sal)에서 왔고, 용병(mercenary) 역시 급료, 보수라는 의미의 라틴어(merces)에서 유래했다. 국가의 폭력 독점은 근대 국가의 기본 특성으로서 많은 비판을 받아 왔지만, 사실 인류가 국가의 이름으로 군대를 공식 통제하기 시작한 것은 1백여 년밖에 되지 않는다. 오랜 세월 동안 군인은 사병(私兵)으로서 돈 있는 자에게 고용된 직장인이었다.[67]

지금 자본주의 체제에서는 경제가 성장할수록 일자리가 줄어든다. 해결책 중의 하나로 등장한 것이 용역 서비스 산업으로서 폭력이다. 현재 세계 차원, 지역 차원 할 것 없이 폭력은 중요한 3차 산업으로 자리 잡았다. 전쟁 대행 주식회사(Private Military Company), 교도소 같은 국가 기관의 민영화, 기업 경영에 필수적인 폭력 자회사들, 부자나 자영업자들의 개인 '구사대'들, 민간 청부 폭력회사, 폭력 프리랜서…… 폭력은 이미 시장에 안착했다.

인류 전체로 보면 군사(軍事)처럼 모순적인 일도 없을 것이다. 일의 성격 자체가 전쟁 준비('대비')여서가 아니라 한 사람의 고용이 다른 사람의 죽음과 직결되기 때문이다. 미국에서 가난한 흑인 여성들에게 군대는 학업, 취업, 의료를 해결할 수 있는 거의 유일한 기회이다. 우리처럼 남성 징병제 사회라면 불가능 했을 일이다. 여성주의자들은 이를 두고 '군사화된 해방(Liberation militarised)'[68]이라는 '슬픈' 용어를 쓴다. 가난한 자만이 군대를 선택하게 된다는 의미에서 모병제를 '빈곤 징병제(poverty draft)'라고 하는데 이는 젠더화되어 있다. 한국 사회에서 IMF 사태 이후 남성들이 상대적 고임금을 보장하는 이라크 파병 지원단에 경쟁적으로 지원한 현상, 한국에서 여군의 비중이 높아지는 현상과 비슷하다. 취업 차원에서 참전하는 이들에게 진보 진영의 '평화'는 설득력 있는 구호가 되기 어려웠다.[69]

9·11 사건 이후 미국의 140만 병력은 미국이 주도하는 군사적 지구화를 지지할 뿐 아니라, 사회 복지를 대체하는 효과가 있었다. 이들은 대부분 남부와 서부의 노동 계급 출신인데, 전체 장교와 사병의 15퍼센트가 여성이다. 이들 여성 사병 중에 50퍼센트는 흑인

여성이다. 미 정부로서는 군대 고용이 원래 지출해야 할 사회 복지 비용을 줄일 수 있는 더할 나위 없이 좋은 정책인 것이다.

폭력의 산업화, 군사의 민영화는 국내외에서 진행되고 있지만, 피해자는 '국제'라는 가상 공간에 있는 것이 아니라 일상 안에 있다. 2000년대에 들어 한국의 경제 성장과 국제 사회에서의 위상 변화 중의 하나는, 우석훈의 표현을 빌리면 "드디어 우리도 납치당하는 나라의 국민"이 된 것이다. 2004년 6월 이라크에서 미군에 각종 물품을 제공하던 군납 업체인 가나무역의 직원 김선일 씨가 겪은 참극은 애도와 예의를 갖추고 다루어야 할 문제이다. 하지만 그가 근무하던 회사가 딕 체니 전 미국 부통령이 최고 경영자로 일한 세계 최대의 다국적 전쟁 대행 주식회사인 켈로그 브라운 앤 루트(Kellogg Brown and Root)의 하청 업체였다는 사실은 별개로 다루어져야 한다. 이 회사는 2005년 3월에 한국 지사를 설립했다.

그의 죽음은 이 사실과 관련이 있다. 김선일 씨를 살해한 이라크인들의 입장에서, 그는 자기 나라를 침략한 전쟁 회사의 직원이자 독실한 기독교 신자였다. 아마 '미국'='세계'라는 생각과 기독교적 세계관을 보편적인 진실로 여겼을 김선일 씨와 대다수 우리나라 국민들에게는 이라크인들이 그를 어떻게 생각했을지 역지사지하기가 힘들 것이다. 그들에게 '김선일 씨 같은 사람'은 자신들의 삶이자 정체성의 전부인 이슬람을 미개한 것으로 보고 적대시하면서 이를 명분으로 침략한 자들이다. 김선일 씨는 이 세계사의 소용돌이 속에서 지구 반대편에서 '순교'했다. (만일 다국적 자본이 고용한 국적 불명의 전쟁 주식회사의 직원이 선교라는 사명감을 품고 한반도에 쳐들어왔다고 생각해보라.)

냉전 구조[70] 해체 이후 지난 18년간 유럽 각국 국방비의 절대 액수는 55~81퍼센트 수준으로 떨어졌고, 병력은 60퍼센트 내외로 급감했다. 세계는 실업 군인과 판로를 잃은 무기 회사로 넘쳐났고, 이러한 상황은 국제 사회의 민간 군사 시장 형성으로 이어졌다. 신자유주의 체제에서 군사화된 국가주의는 고비용, 저효율 이데올로기다. 각국은 사설 감옥처럼 군대를 시장에서 아웃소싱하기 시작했다. 민간 군사 대행 산업(Privatized Military Industry)이 그것이다. 1990년대 걸프전 때는 100명 중 1명이 용병이었는데, 이라크전에서는 10명 중 1명이 용병이었다.

이제 전쟁 대행 회사가 정권을 바꿔준다. 전쟁은 점차 국민이 아니라 전 세계의 가난한 국가에서 지원한 자들에 의해 수행되고 있다. 그간 국제정치학에서 전쟁은 국가 간 안보의 역학을 극적으로 변화시키는 사건이었지만, 전쟁 대행 주식회사의 등장은 전쟁을 '정치가 아니라' 통제 불능의 무역 행위로 만들었다.

폭력의 시장화와 노동 개념의 변화

폭력의 산업화는 자원이 편재(偏在)되고 분배의 가능성이 완전히 닫힌 사회에서 일어나는 개인과 구조의 '합동' 대응이다. 문제는 자본에 의한 폭력의 산업화와 사용화(私用化)는 다른 분야의 민영화와 근본적으로 성격이 다르다는 점이다. 2007년에 한화그룹 김승연 회장은 자신의 아들을 폭행한 이들에게 보복하려고 '직원'을 고용하고 보복 폭행을 벌여 사회적 물의를 일으켰다. 기업인들의 사병 고용과 '폭력 경영'은 어제오늘의 일이 아니지만, 이 사건은 회사 경영이 아닌 집안일에 폭력배를 동원한 것이었다. 그러나 이 일이 기업인이 집안일에 폭력배를 고용한 최초의 사건이라고 믿는 사람은 없을 것이다.

돈만 있으면 폭력을 구매할 수 있고, 전쟁을 대행하는 회사를 좌우할 수 있다고 생각해보라. 살인 청부가, 조직 폭력 집단의 업무가, 더 나아가 전쟁이 '일일 뿐'이라면 힘없는 사람들은 이들의 '신성한 노동'으로 죽어 갈 것이다. 이는 노동이 아니라 인간을 대상으로 한 권력층의 소비 활동이다.

지금은 차라리 국가가 군대를 독점해 달라고 요구하는 사회운동이 필요한 시대이다. 구소련 국가보안위원회(KGB)의 엘리트들은 세계 자본가들의 경호원이 되었다. 탈북한 김일성 주석의 전 경호실장이 지방의 한 마약 관련 조직 폭력단 보스의 경호원으로 나오는 한국 영화도 있었다. 후자의 경우 실제인지 아닌지는 모르겠지만, 충분히 가능한 일이다. 영화 〈공공의 적〉 시리즈 마지막 편 (2008)은 돈, 학력, 부모 같은 아무런 자원이 없는 10대 남성들이 조폭 산업으로 어떻게 유입되는지 그 경로를 상세히 묘사한다. 있는 자들은 10대의 남성성을 자극하고 조폭을 영웅시하고 살인을 사주하며 부자 대신 감옥살이를 시키고 버린다(죽인다).

민간 청부 폭력업의 경우, 살인 업무가 3천만 원, 폭력 업무가 1백만 원부터 시작하는데 비해[71] 수능 대리 시험 비용은 1억 원이라는 설(說)이 있다. 인명 경시의 문제일까. 예전에는 공부와 폭력 모두 노동으로 여겨지지 않았다. 그보다는 수련, 의무, 권리, 험악한 행동 등 다른 언어가 있었다. (물론 대리시험은 공부가 아니라 범죄, 그것도 매우 질 나쁜 범죄다.) 지금은 똑같이 '임금 노동'으로 간주된다. 두 가지 일을 비교해보자. 일을 수행하는 데 들어가는 노동 강도, 숙련에 걸리는 노력과 시간, 숙련도 자체, 위험도, 전문성 등을 고려할 때 가격차가 너무 크다. 물론 적발되었을 때, 사회적 비난 정도도 다를 것이다.

대리 시험이 청부 살인보다 더 '고급 노동'이라는 얘긴데, 나는 개인적으로 매우 부정의한 현상이라고 생각한다. 물론 이런 일에 정의, 부정의를 논하는 것 자체가 어불성설일지 모른다. 그렇다면, '애인 알바'라든가 중매 회사에서 벌어지는 일들은 어떨까? 인간의 특정 행위가 각종 대행업체들에 의해 상품화 되면, 기존에 없던 노동 철학 논쟁이 불가피하다. 공부, 연애는 노동이지만 타인의 몸을 빌려 수행될 성질의 것은 아니다. 불가능한 일이다. 그런데 그런 일이 상품이 되고 있다. 공부와 폭력이 상품이 되었다면, 서비스의 품질과 가격 비교는 어떤 기준으로 이루어져야 하는지 연구가 필요한 시대가 된 것이다.

국가의 탈영토화와 국민에 대한 방치

현재의 '묻지마 폭력' 사태를 국가의 치안 역할 부재에 따른 '만인에 대한 만인의 투쟁'의 재래로 분석한다면 오류를 반복하는 셈이다. 일단, 국가는 개인을 보호한 적이 없다. 우리가 생각하는 정상 국가(normal state)는 이상 혹은 이데올로기일 뿐, 인류 역사상한 번도 그리고 어디에서도 존재한 적이 없다. 국가는 인간 역사로보면 등장한 지 얼마 되지 않은 신생 '담론'이다.

토머스 홉스(Thomas Hobbes)는 원자화된 개인이 본격적으로등장하기 시작한 시대에 살았으며, 정신도 미세한 물질로 구성되었다고 생각할 정도로 철저한 유물론자였다. 그의 위대함은 가부장제를 인간 본성으로 보지 않고 "이기적인 남성들의 집단적 동의에 의해 탄생한 시민법의 일종인 결혼법"[72)]에 의한 '여성의 2차(?)세계사적 패배'로 인식한 점이다. 결혼 제도로 인해 여성은 만인에서 제외되었다. 홉스의 '만인에 대한 만인의 투쟁'이 전제하는 자연상태는 개인의 탄생과 남녀 불평등의 시민사회 등장과 관련 있는것이지, '동물의 왕국'을 의미하는 게 아니다.

'만인에 대한 만인의 투쟁'에 관한 오해는 물질과 담론의 이분법에서 출발했다. 국가는 관계이자 제도이고 상징이지, 실체가 아니다. 국가를 영토, 인구, 주권을 갖춘 실체로 인식시키는 가장 손쉬운 방식은 국가를 의인화된 행위자로 만드는 것이다. 이 의인화된국가들의 모임이 국제 사회이고, 국제 사회는 약육강식의 정글로 이루어져 있어서 언제든지 힘의 공백이 생기면 전쟁이 불가피하다는 것. 이것이 전통적인 국제정치학과 안보 논리의 출발이다.

국가는 의인화된 상징이자 그 상징성으로 인해 실제 권력을 행사하기 때문에, 국가라는 정체(政體)와 개인의 몸의 경합은 언제나 불가능한 것이었다. "개인이 중요한가, 국가가 중요한가? 국가가 없다면 개인도 없다." 이것이 모든 언설을 침묵시키고 사고를 정지시킬 수 있는 안보 논리이다. 국가 안보는 국민을 보호하는 것이 아니라 실재하지 않는 국가의 상징 권력을 위한 것이다. 이 논리 구조 안에서 국가는 국민을 보호할 필요가 없다. 아니, 보호할 수 없다.

정의로우면서도 강한 국가를 원하는 진보적 국가주의자들이 제시하는 '묻지마 폭력'의 해법은 국가가 사회 정의에 앞장서고 약한 국민을 보호해야 한다는 것이다. 나도 희망하는 바이지만, 이런 일은 발생하지 않을 것이다. 일단, 비국민의 입장에선 그렇게 주장하는 이들 역시, 구조적으로 일상 폭력의 '가해자'들이다. 이 논의는 국가에 대한 탈식민적 사유를 위해 쓰는 것이다. 서구가 정상 국가의 기원이며 우리는 경제 성장이든, 민주화든, 통일이든 언제나 국가 건설 '과정'에 있다는 사고를 버리지 않는 한, 우리는 영원히 서구를 따라잡아야 할 미완의 공동체로 남아 있게 된다. 일단, 국가 자체는 인간이 사회 생활을 영위할 수 있는 유일한 공동체 형식이 아니다. 진보는 국가 건설 과정에 인권과 절차적 민주주의가 포함되어야 한다는 것이고, 보수는 강한 국가 건설을 위해 이를 잠시(?)

유보하자는 것이 담론의 차이이다.

이미 국가는 글로벌 대도시들의 연합, 그들만의 클럽으로 변화한 지 오래다. 글로벌라이제이션의 가장 중요한 특징은 자본을 중심으로 한 국가 범주의 유동성이다. 그러므로 국가의 쇠퇴라는 지구화나 이에 대한 반동으로 발생하는 민족주의의 부활은 모두 수시로 변화하는 단면의 일부분이다. 지금은 그저, 다른 형태의 국민 국가(post nation-state) 시대인 것이다.

첨단 도시들 간의 연대는 국가와 국경을 재정의했다. 자본 축적을 통한 교통과 커뮤니케이션 기술의 발달은 공간적·시간적 거리를 단축했다. 뉴욕, 도쿄, 런던, 파리, 시드니, 프랑크푸르트, 암스테르담, 홍콩, 취리히 등 거대 도시들 사이의 관계가, 각국의 내부 지역 간의 관계보다 이동 시간, 의식, 문화 등의 면에서 더욱 가까워졌다. 앙리 르페브르(Henri Lefèbvre)가 지적한 소련 붕괴의 가장 큰 이유 중의 하나는 바로 내부의 지역(도농) 차이였다. 예를 들어 서울과 도쿄는 서로 다른 나라지만 경제 활동이나 규모에서 보면 두 도시 간의 차이는 서울과 '울릉도'의 차이보다 적다. 이처럼 근대 국가의 원리는 원래부터 국내 차이가 국외 차이보다 크지만, 지금은 아예 지리의 종말(국경)에 가까운 수준이 되었다. 자본과 미디어의 발달에 힘입어 국민 국가적·민족적·문화적 귀속을 기초로 한 기존의 경계는 재구획되고 있다.[73]

요약하면, 국민과 영토 없는 국가의 시대가 도래한 것이다. 지구화 시대의 '위 아 더 월드(We are the world)'는 '메트로폴리탄 연합국가'를 의미한다. 글로벌 차원에서는 대도시들만의 커뮤니티가 존재하고, 개별 국가에서는 0.1퍼센트의 부자들이 공간적으로 그리고 문화적으로 격리되어 살고 있다. 이런 상황에서 기존의 국민 보호라는 국가의 규범적 의무는 자연스럽게 '면제'되었다. 미셸 푸코의 오래된 지적대로 국민을 억압함으로써가 아니라 내버려둠으로써 통치가 '저절로' 이루어지는 것이다.

인간 — 개인, 타자, 잉여로

'만인에 대한 만인의 투쟁' 담론에서는 만인이 (성별화되기 이전의) 추상적 개인을 의미했다. 국민을 보호한다는 국가의 명분상 역할은 모든 인간이 만인, 개인일 경우에 한정된다. 그러나 생물학적 인간이라면 누구나 개인(individual)이라는 근대 초기의 명제는 곧 가부장제, 계급주의 등 기존의 모든 억압 체제와 갈등하게 되었다. 철학자들의 개입이 시작되었다. 이를테면 인간과 여성의 개념 사이에서 생겨나는 모순을 해결하기 위해 공/사 영역 분리 이데올로기가 등장했다.

이는 개인, 정치, 인권, 자유 등의 근대 담론은 공적 영역에서만 적용된다는 논리이며, 이 논리에 따라 여성은 개인의 범주에서 자연스럽게 제외되었다. 사적 영역인 가정은 남성의 휴식처이지, 노동과 정치의 공간이 아니라는 것이다. 여성 노동의 공간인 가정은 정치에서 제외되고 여성의 시민권은 남성을 통해서만 행사할 수 있게 되었다. 이 아이디어가 인류 역사에서 비교적 최근(근대)에 탄생한 것임을 고려하면, 가족 이데올로기는 기이하리만치 익숙하다.

물론, 이는 여성에게만 해당하는 이야기가 아니다. (이 글에서 '여성'은 타자의 상징일 뿐이다.) 백인 중산층 이성애자 남성을 제외한 모든 인간은 '만인에 대한 만인의 투쟁'에서 논외의 대상이었다. 대신, 보부아르가 분노한 대로 여성은 인간과 자연의 중간에, 파농이 분노한대로 흑인은 인간과 동물의 중간에 존재하게 되었다. 노동 종말의 시대에 인간의 범주는 더 축소되어, 이제 대부분의 사람들은 사회적 주체에서 배제된 데 이어, 아예 생명(생존)의 영역에서 밀려나게 되었다. '쓸모없는 존재들'이란 단지, 시민권이 없는 사람들이 아니다.

분노 상태의 인간은, 분노하는 자신과 분노의 대상이 존중되어야 할 실체로서 의식되지 않는다. 이 상태가 폭력이다. 분노하되, 상대와 자신의 사회성을 의식할 때 사람들은 이를 '쿨'하다고 말한다. 폭력이 아닌 것이다. 인간의 존재가 자본주의를 거치면서, 개인에서 타자로 다시 잉여로 축소된 것이다. 국가가 없는 국민은 포스트모던 시대의 주체인 이동하는 유목민이 아니라 어디에도 존재가 등록되지 않은 기민(饑民), 즉 잉여이다. 이들이 법을 지켜야 할 이유가 있을까. 존재가 없는데 자기 행동을 설명해야 할 의무가 있을까.

'묻지마 폭력'에서 물어야 할 것은 폭력의 이유가 아니라 존재의 이유다. '묻지마 폭력'을 행사하는 사람에게 내가 묻고 싶은 것은 국가와의 관계에서 또는 사회와의 관계에서 "당신 자신을 누구라고 생각하는가?"이다. '묻지마 폭력'은 잉여 인간들 간의 이전(泥田)에서의 이전(泥戰)이다. 이 상태를 근대 초기 산업화 시대의 폭력 개념으로 이해하려 한다면, 질문 자체가 '답'을 가로막는 논리로 작동하게 된다.

이 투쟁의 가해자와 피해자는 모두 아래와 같이 타자화 된다. 이들이 '경제적 공포'에 시달리고 있다면, (자신은 이들이 아니라고 생각하는 사람들로 이루어진) 사회는 이들에 대한 공포에 떨고 있다. 진흙이 언제, 어떤 방식으로 튈지 모르니까.

"…… 그들은 귀찮고 성가신 존재들이다. …… 옆에 있다는 것만으로도 피곤하게 만드는 이 대중들을 도대체 어떻게 하면 좋을까? 흥을 깨어버리는 이들, 거머리같이 들러붙어 피를 빨려는 이들, 꼭 필요한 자들이 되겠다고 조르며 모든 권리를 누리면서 존재하고 싶다고 성가시게 구는 이들, 이들이 없다면 얼마나 좋은 세상이 될까! 이들이 있기에 재정과 시간을 낭비하고 있다는 것을 생각하면 얼마나 울화가 치미는 일인가! 그들만 없다면 남은 사람들끼리 정말 잘 지낼 수 있을 텐데……."[74]

변태하기 위하여

주변 사람들에게 물어보니, 이 책의 제목 '페미니즘의 도전'을 맘에 들어하는 이가 없었다. 도전은 아무나 하냐? 너만 도전하냐? 네가 처음 도전한다는 얘기냐?(건방지다) 페미니스트만 도전 세력이냐? 네가 (선배들의) 페미니즘에 도전하겠다는 얘기냐? 하나도 도전적이지 않다, 너무 도전적이다……. 나 역시 만족스럽지 않다. 나는 '경합하는 페미니즘', '모순 속의 페미니즘'이 좋다고 생각했지만, 출판사 측을 설득하지 못했다. 독자들이 한눈에 제목의 의미를 파악하지 못할 것이란 우려 때문이었다. 요컨대, '대중적'이지 않다는 뜻일 것이다.

하지만 나에게 가장 가슴 아픈 지적은, "페미니즘이라는 말 자체도 부담스럽고 무서운데, 거기다 도전이라는 말까지 붙이면 사람들이 싫어하지 않을까?"라는 여성운동을 하는 친구의 말이었다. 이 말을 들으니, 나도 좀 위축되었다. 어쩌면, 사람들은 이렇게까지 생각하지 않을지도 모른다, 자기 검열이 지나친 것은 아닐까? 그다지 도전적이지도 않은 글을 써놓고 과대망상이 아닐까? '우리'의 생각이 한국 사회에서 어느 정도 수용되고 있을까? 여성주의자이면서 동시에 '대중적'일 수는 없는가? 아니, 그럴 필요가 있을까? '왕따' 당하고, 조금 외롭게 살면 어떤가? …… 갖가지 상념이 꼬리를 물었다.

내 글을 찬찬히 다시 읽어보니, 내가 무슨 구한말 선각자나 지사처럼 현실에 비분강개하며 '상록수'를 자처하는 모습이 보인다. 민망하다. 부끄러움 속에서 내가 깨달은 것은, 결국 나는 자기 변화를 위해 글을 쓰는 사람이라는 것이었다. 물론, 내가 "나를 바꾸고 이전과 같이 생각하지 않기 위해서 책을 쓴다."는 미셸 푸코 같지는 않겠지만, 이 책이 한국 사회와 여성주의 공동체, 내가 사랑하는 사람들과의 관계라는 지도 속에서 나의 용량, 문제, 위치를 깨닫는 문턱이 되었다는 점에서 책을 내기를 '잘했다'는 생각이 든다.

나의 실천 대상 범위는 기껏해야 나 자신이다. 여기서 '나'는 사회와 대립되는, 동떨어진, 독자적인 개인이 아니라, 변화의 시작 지점으로서 '나'이다. 인간이라는 유기체는 서로에게 굴복당하거나 서로를 선택하는 자아들의 연속체다. 삶은 언제나 막다른 그러나 꺾어진 골목과 마주하는 것이다. 나는 고유한 생물학적인 몸이 아니라, 물이 끓듯 매순간 의미를 생성하고 휘발하는 투쟁의 장소이며 외부와 구별될 수 없는 존재(social body)이다. 사회가 내게 '각인'하는 것, 이에 대한 나의 수용, 저항, 협상, 반응 사이에 내가 존재한다. 바다 위에서 세상을 보면 인간은 서로 상관없이 각자의 섬에 살지만, 바다 밑에서 보면 섬들은 모두 연결되어 있다. 우리의 몸은 세상과 타인에게 열려 있다. 생물이 사회에 적응해 왔다면, 이미 '생물학적'으로 인간의 몸은 개별적이지 않다.

흔히 말하는 "의식은 바뀌었는데 몸이 바뀌지 않았다."라는 개탄은, 일상의 변화가 중요하다는 의미다. 일상을 넘거나 일상을 극복하는 정치가 아니라, 모든 정치와 운동은 일상으로부터 시작되어야 한다. 머리(mind)가 변하는 것이 '의식화'라면, 몸(mindful body)이 변하는 것은 '변태'다. 그래서 언제나 혁명보다 개혁이 어려운 거다. 혁명은 이름과 의식을 바꾸는 것이지만, 개혁(改革, re/formation)은 몸의 형태를 바꾸는 것이다. 개혁은 글자 그대로 살갗을 벗기는 것. 피가 쏟아질 수밖에 없다(때문에 어느 시대나 개혁을 외치는 지도층 스스로 피 흘리는 고통을 보여줄 때, 국민을 설득할 수 있다).

"미디어는 메시지다."라는 주장으로 유명한 마셜 매클루언(Marshall McLuhan)의 걸작 《미디어의 이해》의 부제는 '인간의 확장'인데, 오늘날 인터넷, 휴대 전화가 우리 몸의 일부이듯, 몸이 인식의 미디어(매개체)라는 이야기다. 얇은 인식 주체가 인식 대상에게로 자기 몸을 확장하는 과정이다. 인식과 발상의 전환을 경험하게 되면, 다시는 알기 이전의 과거로 돌아갈 수 없다. 안다는 것은 자신의 확장된 몸에 사로잡히는 것이기 때문이다.

모든 변화는 새로운 인식을 의미하는데, 앞에 말한 것처럼 이는 '머리'에서 이루어지는 것이 아니라 몸에서 발생한다. 알이 부화하여 나비가 되는 것처럼, 몸이 여러 가지 형태로 변화하는 변태(變態, metamorphosis)의 고통을 뜻한다. 금연, 다이어트, 일찍 일어나기, 관계·초콜릿·카페인·알코올 중독에서 벗어나기 등 보통 사람들의 수많은 결심과 계획이 대개 실패하는 것처럼, 자기 변태는 너무나 어렵다. 변태는 기존의 나를 유지할 수 없다는 점에서 위협적이며, 미래에 오는 것이기 때문에 알 수 없어 두려운 것이다. 어렵지만, 모든 변태는 의미를 생산한다. 의식화는 '변절'이나 '전향'이 가능하지만, 변태는 형태가 지속적으로 변화하는 과정이기 때문에 의식화 이전의 과거로 돌아가는 '변절'이 불가능하다.

'변태'가 '변태 성욕'의 줄임말로 사용되는 것은, 어떤 면에서 오용이 아니라 가장 정확한 파생이다. 섹스와 사랑은 정의와 평등의 문제이지, '변태'와 '정상'을 논하는 영역이 아니다. 폭력과 착취가 없다면, 몸으로부터 자기 변화를 실천하는 모든 변태는 바람직한 것이다. 성과 사랑은 가장 늦게 진보하는 인간의 존재 양식이다. 뒤집어 말하면, 변화했을 경우 지금 여성들의 출산 파업처럼, 한 사회의 토대를 뒤흔드는 가장 급진적인 영역이 된다. 성적 실천은 몸의 변태가 가장 예민하게 적용되는 정치적 장이다. 기존 질서를 유지하려는 사회는 사람들의 몸의 변화를 가장 두려워하며, 그러한 변화를 선도하는 이들을 성 보수주의를 이용하여 '변태'로 낙인찍는다. 섹스의 '변태자'들은 혁명적 전위인 셈이다.

한국 사회를 성(젠더)의 관점에서 분석하고 실천하는 것은, 단지 '여성 문제'에만 국한되는 것이 아니다. 구체적 일상, 개인들 사이의 관계의 민주화 없이, '정치' 개혁이나 역사의 진보가 가능하겠는가? 일상의 정치학의 핵심은 성별 관계, 즉, 젠더이다. 공적인 것과 사적인 것의 분리에 저항하는 여성주의는 개인의 성장과 사회의 민주주의를 대립시키지 않는 사유 방식이다. 나의 변태는 곧 사회의 변화이다. 사회와 나는 연속선상의 한 몸인데, 어느 지점에서 그 몸을 자를 수 있단 말인가?

개정증보판 머리말

1) 통념과 달리 뼈는 딱딱하지 않다. 신체 활동에 따라 매순간 변형된다. 남녀 간 신
체의 차이는 지나치게 과장되어, '과학적 사실'과는 정반대인 경우가 대부분이다. 뼈
는 이를 상징적으로 보여준다. 저메인 그리어, 이미선 옮김, 《여성, 거세당하다》, 도서
출판 텍스트, 2012, 35쪽. 1970년에 출간된 이 책의 원제는 The Female Eunuch(여
자 환관)이고, 서구의 초기 급진주의 페미니즘을 대표하는 책 중 하나다.

1부

1) 홍기령, 〈모녀관계와 여성 욕망 정체감 : 크리스테바의 욕망 이론〉, 《시학과언어
학》 제2호, 시학과언어학회, 2001.
2) 이삼성, 《20세기의 문명과 야만 — 전쟁과 평화, 인간의 비극에 관한 정치적 성
찰》, 한길사, 1998, 38쪽.
3) 정경아, 〈여성주의적 직무평가를 위한 연구〉, 이화여자대학 여성학과 석사논
문, 1999.
4) 셰리 엘 서러, 박미경 옮김, 《어머니의 신화》, 까치, 1995.
5) 박예랑, "드라마는 현실이다", 〈한겨레〉 2005년 6월 16일.
6) 한승주, "[새영화] '어바웃 러브' …… 바람기 있는 당신, 조심할지어다", 〈국민일
보〉 2005년 4월 19일자에서 재인용.
7) 여성주의 연구활동가 권김현영의 지적.
8) 한서설아, 《다이어트의 성 정치》, 책세상, 2000.
9) 수잔 보르도, 박오복 옮김, 《참을 수 없는 몸의 무거움 — 페미니즘·서구문화·
몸》, 또하나의문화, 2003.
10) 아니타 존스턴, 노진선 옮김, 《달빛 아래서의 만찬》, 넥서스BOOKS, 2003.

2부

1) 정경아·정금나, "한국 사회의 연령 차별과 인권", 〈한국인권의 현황과 과제〉, 《2002 인권학술회의 자료집》, 한국인권재단, 2002.

2) 박혜란, 《나이 듦에 대하여》, 웅진닷컴, 2001.

3) 캐슬린 배리, 정금나·김은정 옮김, 《섹슈얼리티의 매춘화》, 삼인, 2002, 41쪽.

4) 문은미, 〈'여성 직종'에서 노동자원으로서의 섹슈얼리티 연구〉, 성신여자대학교 여성학과 석사논문, 2000.

5) 김소영 외, 《(한국형 블록버스터) 아틀란티스 혹은 아메리카》, 현실문화연구, 2001.

   김은실, 〈지구화, 국민국가 그리고 여성의 섹슈얼리티〉, 《여성학 논집》 제19집, 이화여자대학교 한국여성연구회, 2002.

6) 홍성희, 〈여승무원은 왜 미모여야 할까?〉, 《여성의 일 찾기, 세상 바꾸기》(또하나의문화 동인지 제15호), 또하나의문화, 1999.

7) 수잔 포워드·조안 토레스, 서현정 옮김, 《여자를 미워하는 남자, 그 남자를 사랑하는 여자》, 명상, 2003.

8) 정서연, 〈나의 이십대, 뜨거운 여름 같았던 시절〉, 《여성의 몸, 여성의 나이》(또하나의문화 동인지 제16호), 또하나의문화, 2001.

9) 김은실, 《여성의 몸, 몸의 문화정치학》, 또하나의문화, 2001, 38쪽.

3부

1) 니키 로버츠, 김지혜 옮김, 《역사 속의 매춘부들》, 책세상, 2004, 587쪽.

2) 사라 러딕, 이혜정 옮김, 《모성적 사유 : 전쟁과 평화의 정치학》, 철학과현실사, 2002.

3) 가와이 가오리, 육민혜 옮김, 《섹스 자원봉사 — 억눌린 장애인의 성》, 아롬미디어, 2005.

4) 10대 매춘 '거리 접속', 〈한겨레〉 1999년 12월 19일자. / 회사원 김 아무개(30세, 서울 동대문구 이문동) 씨는 얼마 전 카페촌으로 유명한 서울 홍대 앞에서 당혹스런 경험을 했다. 자정께 집으로 돌아가려 택시를 잡던 김씨에게 교복 차림의 한 여학생이 다가와 "차비가 없으니 택시를 좀 태워 달라."고 한 것이다. 측은

한 마음에 "어디까지 가느냐."고 묻자 "아저씨가 원하는 곳으로."라는 답이 돌아왔다. 놀란 김씨가 "무슨 그런 말을 하느냐."며 훈계하려 하자 여학생은 "싫으면 관두라."며 자리를 떴다……. 차 아무개(38세, 경기 고양시 일산) 씨도 지난 16일 자정이 넘은 시각에 대학로에서 "차비를 꿔 달라."고 부탁하는 10대 소녀에게 1천 원을 건네줬다. "꼭 갚겠다."며 휴대전화 번호를 알아 간 그 10대는 이튿날 "돈을 갚겠다. 만나자."고 연락해 왔다. 차씨가 "그럴 필요 없다."고 거절하자 10대는 "술도 한잔 하면서 사귀어볼 수 있는 것 아니냐."는 당돌한 말을 하더라고 차씨는 전했다……. 엄기호, 《포르노 All boys do it!》, 우리교육, 2000, 130쪽에서 재인용.

5) 원미혜, "성매매 감소와 성 판매자의 인권을 위한 모색 : 해외의 경우", 〈황해문화〉 2005년 봄호.

6) 민가영, 〈성매매, 누구와 누구 혹은 무엇과 무엇 사이의 문제인가?〉, 변혜정 엮음, 한국성폭력상담소 기획, 《섹슈얼리티 강의, 두 번째》, 동녘, 2006.

7) 김문희(가명), "'성매매의 종말'을 원하는가 — 관련 산업 종사자와 여성단체 대표, 국회의원까지 함께 한 불꽃 튀는 전격 대담", 〈한겨레 21〉 제530호(2004년 10월 13일).

8) 이선희(가명), "성매매 여성이 성매매 특별법을 말하다 — '한터여성종사자연합' 김문희 대표와 이선희 부대표를 만나다", 인터넷 사이트 언니네(www.unninet. co.kr) 편집팀, 2004.

9) 〈한겨레 21〉, 앞의 대담.

10) "프리섹스는 OK, 성매매는 NO!—'성매매 특별법' 제정 산파 지은희 여성부 장관 인터뷰", 〈신동아〉 2004년 11월호.

11) 우에노 지즈코·나카무라 유지로, 장화경 옮김, 《인간을 넘어서 — 늙음과 젊음, 남과 여》, 당대, 2004.

12) 이명선, 〈식민지 근대의 '신여성' 주체 형성에 관한 연구〉, 이화여자대학교 여성학과 박사학위 논문, 2003, 28쪽.

13) Willis, Paul(1980), "Notes on Method", edited by Stuart Hall et al., *Culture, Media, Language : Working Papers in Cultural Studies : 1972-1979*, Routledge.

14) 정유진·정혜진 엮음, 주한미군범죄근절운동본부 기획, 〈아직 남아 있는 사람들의 이야기〉, 2005(근간 원고).

15) 정희진, "멜로드라마의 남성 연대", 페미니스트 저널 〈이프〉 2004년 겨울호.

16) 니키 로버츠, 앞의 책, 560쪽.

17) 조진경, "'성매매의 종말'을 원하는가 — 관련 산업 종사자와 여성단체 대표, 국회의원까지 함께 한 불꽃 튀는 전격 대담", 〈한겨레 21〉 제530호(2004년 10월 13일).

18) 정희진, 〈죽어야 사는 여성들의 인권, 한국기지촌여성운동사〉, 《한국여성인권운동사》, 한울, 1999.

19) 미국 국무부는 2001년 한국을 국제 인신매매의 송출국이자 경유국, 최종 기착국으로 지목하여 인권 침해 3등급 국가로 판정했다. 그러나 한국은 2002년, '방지 노력을 인정받아' 1등급 국가로 선정되었다(〈한겨레〉 2002년 6월 6일자).

20) 여성부, 〈성매매방지대책〉, 2003.

21) 조순경 엮음, 《노동과 페미니즘》, 이화여자대학교 출판부, 2000.

22) 캐슬린 배리, 정금나·김은정 옮김, 《섹슈얼리티의 매춘화》, 삼인, 2002.

23) 원미혜, 〈우리는 왜 성매매를 반대해야 하는가〉, 한국성폭력상담소 엮음, 《섹슈얼리티 강의》, 동녘, 1999.

24) Giobbe, Evelina(1991), "Prostitution : Buying the right to Rape", *Rape and Sexual Assault III: A Research Handbook*, edited by Ann Wolbert Burgess, New York : Garland; Alexander, Priscilla(1997), "Feminism, Sex Workers and Human Rights", *Whores and Other Feminists*, edited by Jill Nagle, New York : Routledge, p. 94에서 재인용.

25) Vance, Carole S.(1984), "Pleasure and Danger: Toward a Politics of Sexuality" and Rubin, Gayle(1984), "Thinking Sex: Notes for a Radical Theory of the Politics of Sexuality", *Pleasure and danger : exploring female sexuality*, edited by Carole S. Vance, Boston : Routledge & Kegan Paul.

26) 시몬 드 보부아르, 조홍식 옮김, 《제2의 성》, 을유문화사, 1993.

27) HO, Josephine Chuen-Juei(2000), "Self-empowerment and 'Professionalism':

Conversations with Taiwanese Sex Workers", *Inter-Asia Cultural Studies*, vol.1, no.2.

28) *Whores and Other Feminists*, edited by Jill Nagle, New York : Routledge, 1997.

29) 니키 로버츠, 앞의 책.

30) Yuval-Davis, Nira, *Gender and Nation*, SAGE, 1997.

31) 마리아 미즈·반다나 시바, 손덕수·이난아 옮김, 《에코 페미니즘》, 창작과비평사, 1993.

32) Brennan, Denise(2003), "Selling Sex for Visas : Sex Tourism as a Stepping-stone to International Migration", edited by Barbara Ehrenreich & Arlie Russell Hochschild, *Global Woman : Nannies, Maids, and Sex Workers in the New Economy*, New York : Metropolitan Books.

33) 좋은 벗들, 《(북한사람들이 말하는) 북한 이야기》, 정토출판, 2000.

34) 존 쿳시, 왕은철 옮김, 《추락》, 동아일보사, 2000.

35) Mohanty, Chandra(1988), "Under Western Eyes: Feminist Scholarship and Colonial Discourses", *Feminist Review*, no.30.

36) 이들이 지원하고 있는 어느 여성의 상황은 폭력으로서의 성매매의 현실을 잘 보여준다. "…… 성관계 후 질이 헐거나 붓고 찢어지고 피가 나서 일을 못하겠다고 하면, 빨리 벌어서 빚을 갚아야지, 빚진 것들이 편하게 놀려왔냐고, 여자는 누구나 질염이나 골반염은 조금씩 가지고 있다고 손님을 강요하는 주인…… 병원에도 못 가게 하는 주인…… 정신이 혼미해진 상태에서 가게로 와보니 빚이나 갚고 가라는 주인, 그 사람에게 저는 그냥 마구 함부로 쓰다가 고장이 나거나 망가지면 그냥 버리는 부속품 같은 존재일 뿐입니다……. 자궁과 한쪽 나팔관까지 적출을 했습니다……. 앞으로 여자로서의 삶, 보통 여자들이 사는 단란하고 행복한 가정을 꾸미고 사는 것조차 포기하고 죽을 때까지 살아가야 합니다……. ('다시함께센터' 보도 자료, 2004)

37) Lorber, Judith, *Paradoxes of Gender*, Yale Univ. Press, 1994.

38) Jaggar, Alison(1998), "Globalizing Feminist Ethics", *Hypatia*, vol.13, no.2.

39) Yuval-Davis, Nira(1997), "Women, Citizenship and Difference", *Feminist*

Review, no.57.

40) 김은실, 《여성의 몸, 몸의 문화정치학》, 또하나의문화, 2001.

41) 마리아 미즈·반다나 시바, 앞의 책.

42) 김소영, "남자들의 한이 출몰한다", 〈씨네 21〉 467호(2004년 8월 24일).

43) Enloe, Cynthia H., *The Morning After : Sexual Politics at the End of the Cold War*, Berkeley : University of California Press, 1993.

　　권인숙, 《대한민국은 군대다》, 청년사, 2005.

　　권오분, 〈군대 경험의 의미화 과정을 통해서 본 군사주의 성별 정치학〉, 이화여자대학교 여성학과 석사학위 논문, 2000.

　　권김현영, 〈병역 의무와 근대적 국민 정체성의 성별정치학〉, 이화여자대학교 여성학과 석사학위 논문, 2002.

　　정추영, 〈탈북 여성의 군사적 경험을 통해 본 북한의 군사화와 성별 위계에 관한 연구〉, 이화여자대학교 여성학과 석사학위 논문, 2002.

44) 권오분, 앞의 글, 34~35쪽.

45) 배은경, 〈군가산점 논란의 지형과 쟁점〉, 한국여성연구소, 《여성과 사회》 11호, 창작과비평사, 2000.

46) 김소희, "국민 49.4%, 여자도 군대 가자", 〈한겨레 21〉 제572호(2005년 8월 12일).

47) 정추영, 앞의 글.

48) 최정민(오리), "'민족주권 회복' 유감", 평화인권연대, 〈월간평화연대〉 2003년 1월호, 2003.

49) 현혜순·정희진·정유희·김애라, 〈성폭력 가해자 치유 프로그램 개발〉, 한국성폭력상담소·이화여자대학교 한국여성연구원, 《성폭력 피해자 치유 프로그램 개발》, 여성부, 2005.

50) Enloe, Cynthia H.(2004) "Wielding Masculinity Inside Abu Ghraib : Making Feminist Sense of an American Military Scandal", *AJWS : Asian Journal of Women's Studies*, vol.10, no.3, Asian Center for Women's Studies, Seoul : Ewha Woman's Univ., 2004.

51) 정희진, 〈여성주의 시각에서 본 평화와 인권〉, 정희진 엮음, 《성폭력을 다시 쓴

다 — 객관성, 여성운동, 인권》, 한울, 2003.

52) 유영숙, 〈여성 장교의 경험으로 본 한국 군대의 젠더 정치〉, 연세대학교 사회학과 석사논문, 2003.

53) 이동흔, 〈군대문화의 남성 중심성과 兩性平等敎育〉, 연세대학교 사회학과 석사논문, 2002.

54) 요한 갈퉁, 강종일 외 옮김, 《평화적 수단에 의한 평화》, 들녘, 2000.

55) 수잔 브라이슨, 여성주의 번역모임 '고픈' 옮김, 《이야기해 그리고 다시 살아나 : 성폭력의 기억은 절대로 잊혀지지 않아》, 인향, 2003.

56) 마이클 무어 감독의 영화 〈볼링 포 콜럼바인(Bowling for Columbine)〉(2002).

57) 주은우, 《시각과 현대성》, 한나래, 2003.

58) 월터 C. 랑거, 최종배 옮김, 《히틀러의 정신분석 : 미 OSS의 극비 보고서》, 솔, 1999.

59) 조지 힉스, 전경자·이성은 옮김, 《위안부 : 일본 군대의 성노예로 끌려간 여성들》, 창작과비평사, 1995.

60) 조지 L. 모스, 서강여성문학회 옮김, 《내셔널리즘과 섹슈얼리티 : 근대 유럽에서의 고결함과 비정상적 섹슈얼리티》, 소명출판, 2004.

61) 다카자토 스즈요, 〈여성, 아이들의 안전 보장 — 안전 보장의 재정의〉, 군사주의에 반대하는 한국여성평화네트워크, 〈군사주의와 여성 — 2001 국제여성인권세미나 자료집〉, 2001(미간행).

62) 정유진, "'민족'의 이름으로 순결해진 딸들? — 주한미군범죄와 여성", 〈당대비평〉 11호, 2000.

63) 노다 마사아카, 서혜영 옮김, 《전쟁과 인간 : 군국주의 일본의 정신분석》, 길, 2000.

64) 바오 닌, 박찬규 옮김, 《전쟁의 슬픔》, 예담, 1999.

65) 사실, 이 경우는 용병이라고도 할 수 없다. 이승만 정권이 이들에게 임금을 지급하지 않고 "현지에서 해결하라."며 공권력을 급여로 대신했기 때문이다. 이리하여 제주도민에 대한 약탈, 폭력, 갈취는 합법적으로 이루어졌다.

66) Theweleit, Klaus, *Male Fantasies : Women Floods Bodies History*, University of Minnesota Press, 1987.

67) 관련 도서는 아래를 참고할 것.

피터 W. 싱어, 유강은 옮김, 《전쟁 대행 주식회사》, 지식의풍경, 2005.

켄 실버스타인, 정인환 옮김, 《전쟁을 팝니다》, 이후, 2007.

로버트 영 펠튼, 윤길순 옮김, 《용병 — 전쟁 산업을 실행하는 그림자 전사들》, 교양인, 2009.

기쿠치 요시오, 김숙이 옮김, 《용병 2000년의 역사 — 세상에서 두 번째로 오래된 직업》, 사과나무, 2011.

이장욱, 《전쟁을 삽니다 — 군사대행기업(PMC)과 국가의 활용》, 서강대학교출판부, 2011.

제러미 스카힐, 박미경 옮김, 《블랙워터 — 세상에서 가장 강력한 용병부대의 부상》, 삼인, 2011.

윤충훈, 《사막의 눈물 1. 2 — 어느 한국인 용병 이야기》, 판테온하우스, 2010.

68) Enloe, Cynthia H., *Does Khaki Become You? — The Militarisation of Women's Lives*, South End Press, 1983, p.16.

69) 정유진, "병역 거부에 대해서 상상한다는 것", 《두레방에서 길을 묻다》, 도서출판 인, 2007.

70) 냉전 체제의 붕괴는 얼음(대립)이 녹는 평화의 시작이 아니라 창고의 얼음이 무작위로 시장에 쏟아진 것을 의미한다. 냉전의 종말은 자본주의의 승리라기보다는 본격적인 위기의 시작이었다. 미국의 안보 세력과 군수 자본가에게 냉전의 목적은 승리나 패배가 아니라 가상이든 실제든 사회주의의 위협을 강조하여 군비 경쟁을 통해 '공포의 균형'을 지속시키는 일이었기 때문이다. 한편, 그간 미소 대립에 의해 억압되었던 작은 민족국가와 지역 공동체들의 독립과 내전 같은 국지전은 전쟁 대행 주식회사가 등장하는 배경의 하나가 되었다.

71) 다음은 어느 매체에 실린 기사의 일부로, 기본 계약 조건이라고 한다.

1. 청부 살인 (기본 3천만 원 - 대상에 따라 가격 책정, 사고 사망으로 위장)

2. 청부 폭력 (기본 1백만 원 - 대상에 따라 가격 차등)

3. 청부 납치 (기본 1천만 원 - 3일 기준, 의뢰자 절대 비밀 보장)

4. 총기 판매 (5백만 원 - 소련제품 탄알 10발 지급)

5. 기타 (마약류 취급, 채무 해결, 산업 절도 등)

http://www.ilyoseoul.co.kr/news/articleView.html?idxno=10008
〈일요서울〉 인터넷판, 2007년 1월 3일자.

72) 캐럴 페이트만·메어리 린든 쉐인리, 이남석·이현애 옮김, 《페미니즘 정치사상사》, 이후, 2004, 92~122쪽 참조.

73) 사스키아 사센, 남기범·유환종·홍인옥 옮김, 《경제의 세계화와 도시의 위기 – 초국적 시장 공간으로서 세계 도시의 성장과 새로운 공간적·사회적 불평등》, 푸른길, 1998.

74) 비비안 포레스테, 김주경 옮김, 《경제적 공포 — 노동의 소멸과 잉여 존재》, 동문선, 1997, 59~60쪽.

가야트리 스피박, 태혜숙 옮김, 《다른 세상에서 : 문화정치학 에세이》, 여이연, 2003.

김동춘, 《근대의 그늘 : 한국의 근대성과 민족주의》, 당대, 2000.

김양희·양애경·정숙경, 《한국여성평화운동에 대한 의식과 발전 방향》, 한국여성개발원, 2000.

김은실, 《여성의 몸, 몸의 문화정치학》, 또하나의문화, 2001.

김은실, 〈지구화 시대 근대의 탈영토화된 공간으로서 이태원에 대한 민족지적 연구〉, 《변화하는 여성문화 움직이는 지구촌》, 푸른사상, 2004.

김은정, 〈정상성에 도전하는 여성들 - 한국장애여성운동사〉, 한국여성의전화연합 엮음, 《한국여성인권운동사》, 한울, 1999.

김현미, 《글로벌 시대의 문화번역 - 젠더, 인종, 계층의 경계를 넘어》, 또하나의문화, 2005.

김형수, "나는 '나쁜' 장애인이고 싶다", 〈당대비평〉 14호, 삼인, 2001.

도미야마 이치로, 임성모 옮김, 《전장의 기억》, 이산, 2002.

마리아 미스·반다나 시바, 손덕수·이난아 옮김, 《에코 페미니즘》, 창작과비평사, 2000.

마츠이 야요리, 정유진·미야우치 아키오 옮김, 《여성이 만드는 아시아》, 들린아침, 2005.

문성원, 〈개인적 인권과 집단적 인권 - 자유주의 인권 개념의 한계를 넘어서〉, 성공회대학교 인권평화연구소 엮음, 《동아시아 인권의 새로운 탐색》, 삼인, 2002.

신혜수, 〈여성 관련 국제인권협약과 여성운동〉, 한국여성의전화연합 엮음, 《한국여성인권운동사》, 한울, 1999.

심영희, "일상생활과 권력", 〈사회비평〉 12호, 사회비평사, 1994.

앤드루 솔로몬, 민승남 옮김, 《한낮의 우울 - 내면의 어두운 그림자 우울의 모든 것》, 민음사, 2004.

어빈 D. 얄롬, 최윤미 옮김, 《나는 사랑의 처형자가 되기 싫다》, 시그마프레스, 2000.

엘리자베스 그로츠, 임옥희 옮김, 《뫼비우스 띠로서 몸》, 여이연, 2001.

이주영, 〈한국 내 조선족 여성이주자의 가사노동 경험〉, 연세대학교 사회학과 석사
　　논문, 2005.

이해응, 〈중국 조선족 기혼여성의 한국 이주 경험을 통해 본 주체성 변화에 관한 연
　　구〉, 이화여자대학교 여성학과 석사논문, 2005.

장필화, 《여성 몸 성》, 또하나의문화, 1999.

정유진, "'민족'의 이름으로 순결해진 딸들? - 주한미군범죄와 여성", 〈당대비평〉 11
　　호, 삼인, 2000.

정희진, 《저는 오늘 꽃을 받았어요 : 가정폭력과 여성인권》, 또하나의문화, 2001.

정희진, 〈젠더를 해체하라 - 여성 범주와 정체성에 대한 급진적 문제 제기, 주디스 버
　　틀러(Judith Butler)〉, 《월경越境하는 지식의 모험자들》, 한길사, 2003.

정희진 엮음, 《성폭력을 다시 쓴다 - 객관성, 여성운동, 인권》, 한울, 2003.

제인 프리드먼, 이박혜경 옮김, 《페미니즘》, 이후, 2002.

조주현, 《여성 정체성의 정치학》, 또하나의문화, 2000.

조혜정, 《탈식민지 시대 지식인의 글 읽기와 삶 읽기 2》, 또하나의문화, 1994.

조혜정·이우영 엮음, 《탈분단 시대를 열며 : 남과 북, 문화 공존을 위한 모색》, 삼인,
　　2000.

존 헐, 강순원 옮김, 《손끝으로 느끼는 세상》, 우리교육, 2001.

줄리아 크리스테바 외, 《페미니즘과 文學》, 김열규 외 옮김, 문예출판사, 1993.

캐럴 페이트먼·메리 린든 셰인리 엮음, 이남석·이현애 옮김, 《페미니즘 정치사상사》,
　　이후, 2004.

커스틴 셀러스, 오승훈 옮김, 《인권, 그 위선의 역사 》, 은행나무, 2003.

폴 윌리스, 김찬호·김영훈 옮김, 《교육 현장과 계급 재생산 : 노동자 자녀들이 노동
　　자가 되기까지》, 민맥, 1989.

프란츠 파농, 이석호 옮김, 《검은 피부, 하얀 가면》, 인간사랑, 1998.

하이디 하트만, 〈성, 계급, 정치투쟁의 장으로서의 가족〉, 이효재 엮음, 《가족 연구의
　　관점과 쟁점》, 까치, 1988.

한국여성의전화연합 엮음, 정희진 기획, 《한국여성인권운동사》, 한울, 1999.

한채윤, "어느 비이성애자, 이성애를 묻다", 〈당대비평〉 22호, 생각의나무, 2003.

Butler, Judith, *Gender Trouble : Feminism and the Subversion of Identity*, Routledge, 1990.

Enloe, Cynthia H., *Bananas, Beaches and Bases : Making Feminist Sense of International Politics*, Berkeley : University of California Press, 2000.

Jaggar, Alison, "Globalizing Feminist Ethics", *Hypatia*, vol.13, no.2, 1998.

Mohanty, Chandra, "Under Western Eyes: Feminist Scholarship and Colonial Discourses", *Feminist Review*, no.30, 1988.

Ouljic, Maria B., "Embodiment of Terror : Gendered Violence in Peacetime and Wartime in Croatia and Bosnia-Herzogovina", *Medical Anthropology*, vol.12, no.1, March 1998.

Yuval-Davis, Nira, *Gender and Nation*, SAGE, 1997.

Yuval-Davis, Nira, "Women, Citizenship and Difference", *Feminist Review*, no.57, Autumn 1997.

페미니즘의 도전 — 한국 사회 일상의 성정치학

2005년 11월 7일 초판 1쇄 발행
2012년 10월 17일 초판 14쇄 발행
2013년 2월 20일 개정증보판 1쇄 발행
2019년 9월 23일 개정증보판 15쇄 발행
2020년 9월 30일 15주년기념판 발행
2020년 12월 25일 4판 1쇄 발행
2022년 4월 18일 4판 2쇄 발행

- 지은이 ——————— 정희진
- 펴낸이 ——————— 한예원
- 편집 ——————— 이승희, 윤슬기, 양경아, 김지희, 유가람
- 본문 조판 ——————— 성인기획
- 펴낸곳   교양인
  우 04020 서울 마포구 포은로 29 202호
  전화 : 02)2266-2776 팩스 : 02)2266-2771
  e-mail : gyoyangin@naver.com
  출판등록 : 2003년 10월 13일 제2003-0060

ⓒ 정희진, 2020
ISBN 979-11-87064-57-2   03300

이 도서의 국립중앙도서관 출판예정도서목록(CIP)은 서지정보유통지원시스템 홈페이지(http://seoji.nl.go.kr)와 국가자료종합목록시스템(http://www.nl.go.kr/kolisnet)에서 이용하실 수 있습니다.(CIP제어번호: CIP2020048372)